中国农机服务发展研究

仇童伟　著

中国农业出版社

北　京

图书在版编目（CIP）数据

中国农机服务发展研究 / 仇童伟著. —北京：中
国农业出版社，2022.10
ISBN 978-7-109-29887-3

Ⅰ.①中… Ⅱ.①仇… Ⅲ.①农业机械化—研究—中
国 Ⅳ.①F323.3

中国版本图书馆 CIP 数据核字（2022）第 153545 号

中国农业出版社出版

地址：北京市朝阳区麦子店街 18 号楼
邮编：100125
责任编辑：闫保荣
版式设计：杨 婧 责任校对：刘丽香
印刷：北京中兴印刷有限公司
版次：2022 年 10 月第 1 版
印次：2022 年 10 月北京第 1 次印刷
发行：新华书店北京发行所
开本：700mm×1000mm 1/16
印张：15.5
字数：265 千字
定价：68.00 元

自　序

　　自从亚当·斯密在《国富论》中以制针为例，系统阐述了分工对提升经济效率的决定性作用以来，分工经济一直备受学界重视。在1928年，Young进一步从理论上阐明了市场规模与分工之间的互动关系，进而将规模经济的本质延伸至分工经济。然而，无可否认的是，在新古典经济学框架之中，分工并未作为经济效率的基础提出。即使在规模经济性的内涵、原理被普遍误解的情形下，新古典经济学教材中也未曾出现分工经济的身影，这属实令人费解。为弥补新古典经济性对分工经济阐述的不足，杨小凯建立了新兴古典经济学，通过超边际分析，将分工纳入经济增长模型之中。其核心要义在于，在分工与自给自足之间，一旦分工带来的报酬大于分工诱发的交易费用，人类社会就会自发卷入分工经济。而且，从产业分工的特点来看，通过诸如干中学、内生比较优势塑造等方式，可以极大提高分工的专业化水平，从而诱发规模报酬递增。从这里可以看出，规模经济并非简单的小规模累加，而是借助组织协调、专业生产和经验积累等方式，实现规模经营组织模式的优化，专业水平的提升，从而达到1＋1＞2的效果。

　　分工经济性已经被工商业实践普遍证实，但农业是否能够卷入分工经济曾经一度受到质疑。与工业的车间作业不同，农业具有经营分散、季节性强，且更多依赖生物自然生长规律的特点，这就造成其既难以进行标准化作业，又对突发状况缺乏足够的应对能力，从而降低了农业卷入分工的可能性。此外，传统农业生产的特点是生产环节多，每个农民都是"全能战士"，这一定程度上也限制了他们卷入分工的意愿。而且，正如杨小凯所言，到底选择分工还是自给自足，取决于分工效益与分工诱发的交易费用的相对大小。然而，阿维纳什·迪克西特在其著作《法律缺失与经济学：可供选择的经济治理方式》中指出，从非正式治理到组织治理，需要经历一个效率极为低下的阶段。在该阶段，既缺乏非正式治理的自发优势，组织治理又缺乏经济性。而农业分工要从家庭走向市场，就必须面临市场组织构建所需要的高额交易费用。显然，在缺乏规模作业的情形下，单方面进行组织建设与投资对于市场供给者而言是极为不利的。这也是为何在长达几千年的中华农业文明中，农业分工经济几乎没有长足发展的重要原因。

然而，在农业生产成本及其机会成本不断增加的现实背景下，以服务外包代替自营的需求日益增加。尤其进入 21 世纪以来，中国经济的飞速发展，使得农业与工商业的劳动生产率及工资率差距增长到了前所未有的高度。一方面，经济发展带来生活需求的增加，使得农业已经无法满足农民日益增长的物质需求。另一方面，外出务工的高收益使得农村青壮年劳动力大规模转移到城市，这就产生了对农业社会化服务的需求。当然，除了农业经营与非农就业之间的巨大工资差诱发的对替代性要素的需求，农业社会化服务发展的另一个前提——规模化连片经营也在迅速发展。考虑到经济作物需要更多的劳动力投入，这对于非农就业的农户显然是不可能的，由此诱发他们普遍种植粮食作物。由于每个地区适合种植的粮食作物在特定季节几乎是一样的，连片种植就在农村劳动力非农转移的过程中自然形成了。如此一来，从整地到播种，从施肥到收割，粮食作物生产环节的简易性及相对可度量性为农业社会化服务，尤其是农机服务发展提供了温床。

大约在十几二十年前，一到农忙季节，在农村就随处可见收割机队伍，从一个村开到另一个村。但在 20 世纪八九十年代，农村普遍的还是牛耕、人工插秧和手工收割。这个时间段恰恰赶上了中国市场经济的快速发展，使得农业农村的整个经营模式发生了深刻转型。这些历史性素材固然为我们提供了一种看待农机服务发展的视角，但今天中国政府对农机服务的重视及其推动策略更值得关注。尤其是近几年来的中央1号文件，普遍将农业社会化服务放在相当重要的位置。姑且不论这种提法是否正确，但就这种提法本身，必然与学术界的发现和呼吁分不开。在中国经济正处于变革的重要时期，大力发展农机服务等农业社会化服务可能是对农村劳动力大规模非农转移的一种应激策略，而并不必然表明发展农机服务会成为一种长久之计。

从严格意义上来说，毛泽东同志是新中国成立以来最早提出农业机械化的，他甚至可以被称之为中国工业化之父。早年间，他就断言农业的出路在于机械化。而在家庭联产承包责任制实施之后，农业机械化服务也有所发展。但那个阶段的整地服务、灌溉服务等均由村集体提供，并冠之以巩固农村双层经营制度之名。直至1993年中国市场经济拉开序幕之后，市场导向型的农机服务才真正在中国兴起。然而，据笔者所知，21世纪以来第一篇系统描述中国农机服务发展且发表在国际重要杂志上的学术论文是2013年刊载于《美国农业经济评论》上，由杨进和张晓波等人撰写的《The Rapid Rise of Cross‐Regional Agricultural Mechanization Services in China》。不得不说，中国学术界对农机服务的关注还是相对较晚的。也正是在2013年，中央1号文件将发展农业机械化服务作为农业农村工作的重点，随后农业社会化服务也成为中国农业政策改革的热点，随之而来的就是汗牛充栋的学术文献。据笔者观测，这些文献主要集中在两个方面：第一，阐述农机服务的积极作用；第二，剖析农机服务发展困境，试图提出相关建议助推农机服务发展。

在这些文献中，影响比较大的应该是罗必良在2017年发表在《中国农村经济》上的《论服务规模经营——从纵向分工到横向分工及连片专业化》，知网被引量达到了173次。该文借助新兴古典经济学中的市场容量和交易密度概念，从横向分工和纵向分工两个维度阐述了农业何以能够卷入分工经济。毫不夸张地说，该文是笔者所阅读文献中首次从理论层面对中国农业社会化服务为何能够发展，以及未来该如何发展做出探讨的文章。此后，笔者通过数学建模的方式，也从横向分工和纵向分工两个维度对农业分工进行了理论探讨，这都是后话。

但不得不承认，这些文献从面世就已经"过时了"。在中国农业农村发生重大变革的今天，任何实证研究或案例分析都具有典型的阶段性特征。换句话说，已有研究结论成立的前提条件在发生着深刻变化。显然，约束条件变化必然导致经济均衡的调整或变动。如果学界始终将关注点放在农机服务的益处，试图克服种种困难以大力发展农机服务，而忽略了市场本身的变化以及农业经营格局的转型趋势，那么恐怕最后会"好心办坏事"。尤其考虑到发展家庭农场和实施大农场作业已经成为不可逆的趋势，农机服务在未来是否还能如此受重视还不确定。此外，已有关于农机服务发展的研究都隐藏了一个重要假设，即市场需求强烈，且小农户倾向于使用农机服务并能够从中受益。但今时不同往日，农机服务价格的日益增长使得农业经营成本不断高企，小农户退出农业生产的可能性越来越高。如果说大农场更有动力使用农机服务，那更是无稽之谈。显然，农地经营规模越大，自置农机的规模经济性就越强，资本回收期也就越短，这反而会降低农机服务的市场需求。

随着家庭农场等大规模农地经营主体的普遍形成，农机服务市场是否仍能持续发展姑且不谈。这里首先给出一个逻辑推理供大家参考。如果假定大农场具有自置机械的规模优势，在农机服务价格上涨的背景下，投资自有机械必然是更有利于大农场的。而在完成自身的农事作业后，大农场是否会向周边的农户提供服务呢？当然有可能。一旦大农场开始普遍为周边小农户提供农机服务，那么市场对跨区作业的需求就会下降。尤其考虑到大农场提供农机服务的单位成本更低，其价格优势也将制约跨区作业和专业化服务组织的发展。进一步的问题是，除了提供兼业化服务之外，大农场在自置机械之后会不会试图进一步扩大农地经营规模呢？当然可能。农地经营规模越大，农机资本回收期就越短。那么在这种情形下，服务交易就会朝向农地交易转变，进而形成纵向一体化的农业经营格局。如果将小农户农业经营机会成本过高、农业生产收益率不足等因素考虑进去，大农场扩大规模就会更为简单。笔者通过对河南省近 4 000 户农户样本的分析，证实了上述推断。不得不说，农机服务发展、小农户退出、农机服务组织转型、服务交易向农地交易转变等新近特征，都预示着农机服务市场正在发生深刻转型，但学界和政界似乎并未给予足够重视。

本书试图从一个不同的视角来理解当前中国农机服务市场的发展。尽管取名为《中国农机服务发展研究》，但从严格意义上来说本书只是对农机服务发展的理论基础、经济效益以及转型趋势做了有限的分析。其中，经济效益又主要集中在农机服务发展对农户经营行为的影响上，试图从市场需求者的角度来阐述农机服务到底给小农户带来了什么，以及应该如何理解农机服务未来的发展。我想这样的努力尽管仍显不足，但起码能说明为什么我们不能够主观地认为现在的好在未来也一定会继续好下去，也不能单一地理解国家发展农业社会化服务的意图。因为从宏观上来看，发展农业社会化服务与培育新型农业经营主体及家庭农场是同时开展的，如果没有小农户的退出，何来大农场培育。大农场培育起来之后，农业社会化服务，尤其是农机服务是否必然为其接受也是不一定的。但从其他发达国家的经验来看，大农场的纵向一体化经营是普遍的。当然，笔者只是提供了一种推测，至于未来中国的农业农村政策会如何变化、农业要素市场会如何发展都具有较大的不确定性。但从目前已经掌握的证据和观测到的现象来看，我们确实应该转变角色，从乐观派转向理智派。经济转型必然面临很多问题，只有提前对正在发生的情况进行准确研判，才能有针对性地应对危机与变化。中国农业经营格局的变化是历史的必然，任何已经出现的政策和经济现象也很可能在短期内发生剧烈变化。作为学者，切忌过度迷恋某种特殊的模式或经验，而忽略了现实中已经发生或正在发生的故事。我想，这也是本书的贡献所在。

仇童伟

2022 年于广州五山

目　　录

──────────── 第一部分　农机服务发展的理论逻辑 ────────────

目　录

· 3 ·

引　言

　　发展农机服务已被欧洲、亚洲，甚至非洲等地区的国家普遍实施，以推动农业的现代化、集约化和规模化经营。众多研究表明，农机服务不仅有助于提高农业生产率，还可以有效缓解农户的资本约束，从而通过服务外包的方式将小农户卷入农业分工。尤其考虑到全球城市化和工业化进程的持续推进，农村劳动力非农转移的规模会越来越大，如果不发展农机服务，外出务工的农户家庭可能面临严重的劳动力短缺问题，以至于他们可能放弃农业经营，甚至出现农地抛荒，从而对本国或地区的粮食安全产生巨大影响。即便非农转移后的农户将农地流转给其他大规模经营主体，国家也很难保障这些拥有资本优势的经营主体不会进行大面积的非粮化生产。由此，发展农机服务也具有减缓小农户退出农业经营的速度，避免过快过度非粮化生产的政策考虑。

　　自 1978 年改革开放至今，中国经历了全球最大的城乡劳动力转移。尽管农民进城为经济建设、城市建设提供了源源不断的廉价劳动力和人口红利，但因农村劳动力过快非农转移带来的农村问题益发普遍。空心村、农地抛荒、农村凋敝等现象层出不穷，如今的农村俨然成了老人和小孩的农村，农业的生产经营对青壮年劳动力的吸纳能力正不断衰退。在这种情形下，不仅农业生产率难以保证，因劳动力不足诱发的抛荒也正在侵害国家粮食安全。而且，由于农村劳动力大规模外出务工，我国农地流转规模也从 2006 年的 4.57 亿亩增至 2019 年的 5.5 亿亩。其中，流转入农户的农地比例从 2009 年的 71.6% 骤降至 2019 年的 56.18%。由此造成的后果不仅是小农户退出农业生产的比例越来越高，流转农地非粮化的问题也日益突出。具体而言，流转农地种植粮食作物比例从 2009 年的 55.51% 降至 2016 年的 53.16%，西部地区 2019 年流转农地种粮比例甚至不足 30%。

　　一方面，国家不得不面对日益扩大的农村劳动力非农转移规模。另一方面，农业经营成本和农户从事农业生产的机会成本正在剧增。尤其考虑到当前的农地流转市场根本无法消化这么庞大的市场供给，又不能任由农地抛荒普遍化及农业低效率经营。因此，只有通过提供替代性要素，降低农业生产成本，尤其是劳动力成本，才有可能在保证农户持续经营的前提下，稳定农业经营的基本盘。也正是出于这种考虑，中国政府当前在大力推动农业社会化服务发展，以求最大程度地将小农户卷入分工经济。通过节本增效的方式，使得小农户退出农业经营的速度能与国家培育新型农业经营主体的速度适配，保证农业经营格局调整实现平稳过渡。换言之，发展农机服务虽然被普遍证实能够有效提升农业生产率，但如果不考虑其所处的政策环境、所针对的群体以及所面临的约束条件，其可能会被误认为是一种长久之计，且对小农户有百利而无一害。

众所周知，农机服务最大的作用在于它能够有效替代人工，极大地降低劳动力成本。尤其在非农就业工资快速上涨的情况下，农机服务无疑会成为小农户的重要替代性要素。而且，由于农机服务一般具有规模化、专业化的特征，其不仅作业效率更高，且价格也相对便宜（与人工费相比）。显然，如果上述条件都被满足，那么农机服务当然会在很长一段时间内成为小农户的不二选择。然而，农村要素市场的变化一直都远超人们想象。近年来，不仅农机服务价格呈现大幅上涨趋势，就连粮食生产的净利润也开始大幅下滑，甚至出现大面积亏损。如果说种粮的效益低可以改种经济作物，那么农户也将同时面临更多的劳动投入和更大的市场风险。所以现实中可以发现，种植经济作物的小农户比例极低，大部分都选择种粮和非农打工了。因此，问题的关键在于农机服务价格的上涨和农业经营亏损到底会对小农户家庭经营产生何种影响？

毫无疑问的是，随着农机服务价格的上涨，农业生产成本必然增加，由此压缩了农业经营利润空间。尤其当农业经营出现亏损时，小农户要么选择抛荒，要么选择将农地流转出去。当资产不再带来正收益，而是不断贬值，那么它就成了负债，继续持有只能增加损失。此时，即便使用农机服务仍能够降低劳动力成本，但其本身的高成本也将对小农户持续经营农地造成严重影响。此外，在农机服务价格不断高企背景下，小农户即使不退出农业生产，他们也会选择采用家庭剩余劳动力（如老人）替代农机服务，从而实现家庭要素配置的效益最大化。对于大农场，农机服务价格上涨会极大地激励他们自置农机。一方面，较大的农地经营规模可以保障农机的有效利用。另一方面，农机服务价格上涨可以进一步缩短自置农机的资本回收期。这意味着，只要存在替代性要素，农机服务价格的上涨就会降低农户对其的需求，从而阻断农机服务与农业生产率之间的联系。

　　进一步的问题是，随着农机服务价格上涨及大农场经营的兴起，自置机械的规模经营主体数量将显著增加。如此一来，这些在本地拥有农机的经营主体不仅具有自我服务能力，也具有向外供给服务的动力。尤其考虑到跨区作业与本地服务相比在社会网络的嵌入性与应对突发事件的及时性等方面具有天然优势，本地兼业化的农机服务很可能快速占领当地市场。这一方面极大地降低了自置农机的资本回收期，另一方面则会引发农地服务发展的本地化、分散化和多中心。

　　除了农地服务发展的组织转型，由组织转型带来的交易转型和技术转型同样不可忽视。作为农地规模经营主体，自置农机的大农场不仅具有向外供给服务的动力，同样存在扩大农地经营规模，进一步压缩资本回收期和提升机械作业规模经济性的倾向。显然，面对高昂的农业经营成本，推动农地流转市场化必然得到小农户的积极响应。只要农地租金水平达到农业生产净利润的平均水平，小农户很可能转出农地，以便将更多的家庭劳动力投入非农部门，最大化家庭劳动力价值。但话说回来，大农场自置机械是否能达到与传统农机服务同样的经营效率呢？至少从现实的观察来看，农机服务从跨区作业、本地专业化专业向大农场兼业化作业是会显著降低农业经营绩效的。其中一个最为重要的原因是，大农场与专业化服务组织相比，资本约束更强，以至于他们购置的农机以低价的品牌为主。低价的农机不仅无法实现深耕，还可能在收割过程中造成大面积浪费。而且，就大农场自身而言，如果缺乏政策性补贴，投资进口农机的代价实在过高，由此造成农机服务组织转型过程中的技术转型，并进一步反映为农业经营绩效的下降。

　　然而，截至目前，学界尚没有一本著作对上述问题进行系统分析。首先，农机服务之所以能够发展的理论逻辑是探讨其经济效应的基本前提。其次，在关注农机服务影响农业生产率和农业生产要素配置的同时，也应从市场需求者的角度出发，系统剖析市场的真实反馈。再者，探究农机服务发展的转型趋势是应对未来可能出现问题的必要前提。本书从理论逻辑、经济效应和转型趋势三个层面系统分析了我国农机服务的发展，试图在探讨农业分工理论逻辑的基础上，从农户行为响应和行为绩效两个方面评估当前农机服务发展的效果。更进一步的，本研究还针对农机服务市场正在出现的组织转型、交易转型和技术转型的新趋势，深入探讨了其内在运行逻辑。

　　图0-1描述了本书的基本分析框架。首先，本书探讨了农机服务何以实现农业规模报酬递增，并进一步从横向分工和纵向分工两个层面剖析农业规模

经济实现的内在逻辑。其次，本书分析了农机服务的经济效应。但必须指出的是，本书所探讨的经济效应是基于农户的行为决策和行为绩效展开的。在理论阐述农机服务的价格形成逻辑基础上，进一步从要素替代、成本收益角度探讨农户使用农机服务的决策及其效率决定。类似的，成本收益和效率决定同样会对农户经营农业的持续性及其退出农业生产的方式造成影响。由此，本书阐明了农机服务发展过程中小农户的应激反应，为理性看待"发展面向小农户的农业社会化，实现小农户与现代农业有机结合"的论断提供了证据。最后，在农机服务发展与新型农业经营主体培育政策同时开展的现实背景下，本书探讨了农机服务市场正在发生的组织转型，以及由组织转型引发的交易转型和技术转型，从而对未来中国农业经营格局调整做出了前瞻性判断。

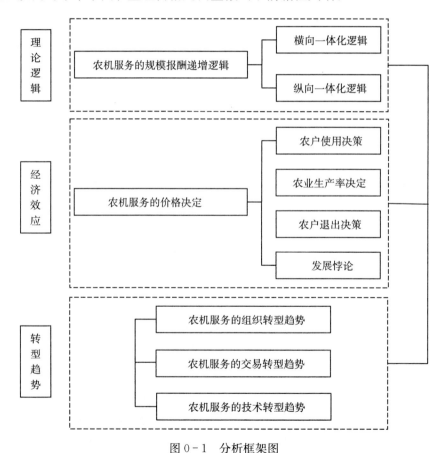

图 0-1　分析框架图

　　基于上述分析框架，本书在安排上也参照理论逻辑、经济效应和转型趋势的基本结构，各部分的具体内容与发现大致如下。

第一部分　农机服务发展的理论逻辑

第一章　农机服务发展的规模报酬递增逻辑。本章通过拓展 Arrow 和杨小凯构建的"干中学"理论模型，分析了无外生技术进步情形下，传统小农社会和农业分工阶段的农户是如何通过调整农业种植结构和卷入农机外包服务，实现农业规模报酬递增的。结果表明：①当不存在农业劳动力刚性约束时，农户在租入农地或提高农作物种植频率以充分利用农业劳动力的过程中，"干中学"会改善劳动生产效率并提高农业规模报酬；②进入农业劳动力非农转移加速阶段，农业劳动力刚性约束会使得农业规模报酬从"干中学"诱致的递增阶段进入递减阶段；③为克服农业劳动力的刚性约束，农户会自发卷入农机等外包服务，加速农业"干中学"和提高农业专业化程度，并诱致农业规模报酬递增。

第二章　农机服务发展的横向一体化逻辑。本章借助交易半径和交易密度的理论概念，一方面从农机服务商面临的交易半径选择、作业周期约束、交易费用等维度，刻画交易半径的决定机制；另一方面从信息传递和"赢定输移"策略等维度，考察农户卷入农机服务市场的需求约束。将农机服务商和农户的局限约束同时纳入模型分析发现：①农机服务市场的初始交易密度，决定了服务商交易半径的增长速度；②当市场的信息披露程度和传递速度提高，"赢定输移"策略会促使小农卷入农机服务市场，并使得交易密度、交易半径和市场容量同时提升，这将加速种植业横向一体化进程；③农机服务商的交易半径和市场容量受制于农业的时令特征和作业周期性，这为构建种植业"纬度布局"提供了理论依据。

第三章　农机服务发展的纵向一体化逻辑。本章以经典分工理论为基础，设置了自给与外包农机服务的完全替代，部分替代和完全互补的关联性，探讨了其对农机服务纵向分工的影响。结果表明，如果自给与外包农机服务满足完全替代或部分替代关系，那么外包服务交易效率和管理效率的改善，专业化经济程度的提高均会促进农机服务纵向分工。如果自给与外包的农机服务满足完全互补关系，那么自给和外包农机服务谁是"短板"决定了农业纵向分工的路径。外包农机服务为"短板"时，改善外包农机服务的交易效率和管理效率，提高其专业化经济程度均会深化农业纵向分工。自给农机服务为"短板"时，改善外包农机服务的交易效率会诱致农业生产的内生分工和纵向一体化。分析还发现，非农就业市场和产品市场的发展会诱使农户减少，甚至退出自给服务，长期来看有利于深化农机服务的纵向分工。

第二部分　农机服务发展的经济效应

第四章　农机服务发展与市场价格决定。本章从农业经营主体的"有限理性"和两类农机服务供给的信息传递结构出发，构建了因讯息费用存在而导致的农业经营预期损失的理论模型。分析表明，本地农机服务较外地农机服务在识别突发性事件和不确定性上，更具比较优势。一个重要的原因在于，农业经营的分散化和跨区服务的不确定性，造成专注于外地农机服务成本优势的经营主体将面临更大的经营不确定性。借助于群体内的频繁互动和社会关系网络的"嵌入性"，本地农机服务可以大幅降低农业经营主体的觅价成本和讯息费用，并能从该部分成本缩减中获得服务溢价。值得注意的是，如果外地农机服务的供给变得稳定或经营主体处理突发事件的时滞缩短，那么本地农机服务和外地农机服务的价格将趋同。换言之，农机服务市场的形成有赖于农业经营的特性及由此诱发的讯息费用，缓解分散化、多中心和间断性供给造成的信息识别风险，是深化农机服务市场发展和农业分工的可能路径。

第五章　农机服务发展与农户使用决策。本章利用河南省 3 440 户农户调查数据，实证检验了不同农户使用农机服务的差异。结果显示，农地经营规模与农机服务使用率之间存在倒 U 形关系，即相较于大规模和小规模农户，中等规模农户的农机服务使用率更高。其原因在于，小规模农户因种植面积小，其以家庭剩余劳动力替代农机服务的可能性更高，且这也是应对持续上涨的农机服务价格的重要策略；大规模农户具备投资自有机械的规模经济性，从而降低了对农机服务的需求。不同的是，中等规模农户既缺乏足够的农业劳动力，又不具备投资自有机械的规模经济性，从而对农机服务的依赖性更强。

第六章　农机服务发展与农业生产率决定。在第五章基础上，本章进一步探讨了差异化的农机服务使用率是否会造成农业生产率的差异。利用河南省农户调查数据的分析发现，使用农机服务确实有助于提高农业生产率，但中等规模农户的农业生产率从农机服务中得到的提升幅度较小规模和大规模农户更大。进一步证据表明，中等规模农户的农机服务使用率更高，这也是由于小规模农户更高的劳动投入和大规模农户更多的自有机械投资造成的，这与第五章的结论一致。由此表明，发展针对小农户的农机服务并未完全得到他们的积极效应。

第七章　**农机服务发展与农户退出决策**。面对日益增长的农机服务价格以及较小农地经营规模带来的低投入产出率，小农户除了会使用更少的农机服务，获得更低的农业生产率，也存在退出农业生产的可能性。本章利用河南省农户调查数据检验了农机服务价格上涨对农户退出农业生产的影响。结果显示，日益增长的农机服务价格显著正向影响农户退出农业生产的决策。尤其在考虑了快速的农业劳动力非农转移后，这种效应更为明显。我们还发现，为应对农机服务价格的上涨，农户可能还会更少地进行农地租赁或更多的进行"非粮化"生产。换言之，农机服务发展诱发的价格持续上涨，已经开始对农户的农业经营意愿、要素市场发育以及种植业结构调整产生重要影响。

第八章　**农机服务发展悖论**。上述研究表明，农机服务发展一方面具有支持农业生产的作用，另一方面则由于对不同类型农户的作用差异、价格上涨等因素迫使小农户退出农业生产。本章利用 2017—2019 年中国家庭面板调查数据分析了农机服务发展的悖论。研究表明，一方面，农机服务发展确实降低了农地抛荒率，使得农业经营的可持续性得到保障。另一方面，农机服务发展提高了农户转出农地，进而退出农业生产的可能性。进一步证据表明，当规模经营主体出现时，农机服务发展将同时造成农地抛荒率和农地转出率的提升，进而诱发农户退出农业生产。其原因在于，农机服务发展虽然改善了农地流转的市场化程度，但这也会导致细碎、地处偏远、质差的地块被市场机制排除，从而成为市场遗忘的"角落"。

第三部分　农机服务发展的转型趋势

第九章　**农机服务发展的组织转型**。随着区域性、多中心、本地化农机服务市场的发展，传统的跨区服务组织近年来呈现不断缩减态势。本章利用河南省农户调查数据分析发现，在使用农机服务的农户中，分别有 75.02%、74.12% 和 73.79% 的小农户在小麦生产的整地、播种和收割环节采用了本地规模经营主体提供的农机服务。实证分析表明，在拥有规模经营主体的村庄，农户使用了更少由跨区服务组织和本地专业化服务组织提供的农机服务。此外，规模经营主体的发展还促使小农户更多地采用农机服务，并减少了对自置机械的投资和在农业生产中的劳动投入。这表明，农机服务的供应主体正在由跨区组织和专业化组织转向本地专业大户和规模经营主体，区域性、多中心、本地化的农机服务供给模式正在成为市场主流。

第十章　**农机服务发展的交易转型**。随着农机服务发展的组织转型，农业规模经营主体的自有农机可能诱使他们在供给服务的基础上，转向农地交易，从而缩短自置农机的资产回收期，进一步改善农业规模经济性，实现服务要素向土地要素的交易转型。本章利用河南省农户调查数据分析了农业规模经营主体农机服务发展与农地流转交易的关系。研究结果显示，随着农业规模经营主体农机服务的发展，小农户转出农地的可能性大幅提高，且其农地租金收益和非农收益也随之增加。农机服务发展的组织转型还诱发了小农户农作物播种面积的下降。这表明，农机服务发展的组织转型正在诱发生产要素的交易转型，规模化、一体化和集约化的农业经营模式或许正在成为趋势。

　　第十一章　农机服务发展的技术转型。农机服务发展的组织转型不仅会带来交易转型，还可能对农机使用及其技术效率产生影响，从而诱发区域性的技术转型。本章利用河南省农户调查数据，经验分析了农业规模经营主体农机服务发展对农业生产率的影响。研究结果显示，农业规模经营主体农机服务发展显著降低了农业生产率。其原因在于，一方面，由于交易转型的原因，小农户转出了更多的农地，从而导致农业规模经济性的下降。另一方面，由于资金约束，农业规模经营主体使用的农机较专业化服务组织的质量低。由此造成的结果是，农地翻耕深度不足、收割环节粮食损失率高，从而降低了农业生产率。这表明，在农机服务组织转型的过程中，缺乏足够资金支持的本地农机服务市场，可能面临技术转型困境。

第一部分
农机服务发展的理论逻辑

第一章　农机服务发展的规模报酬递增逻辑

本章提要：本章通过拓展 Arrow 和杨小凯构建的"干中学"理论模型，分析了无外生技术进步情形下，传统小农社会和农业分工阶段的农户是如何通过调整农业种植结构和要素配置结构，实现"干中学"过程中的农业规模报酬递增的。结果表明：①当不存在农业劳动力刚性约束时，农户在租入农地或提高农作物种植频率以充分利用农业劳动力的过程中，"干中学"会改善劳动生产效率并提高农业规模报酬；②进入农业劳动力非农转移加速阶段，农业劳动力刚性约束会使得农业规模报酬从"干中学"诱致的递增阶段进入递减阶段；③为克服农业劳动力的刚性约束，农户会自发参与农机外包服务等社会化分工，由此加速农业"干中学"和提高农业专业化程度，并诱致农业规模报酬递增。

新古典经济学认为，经济发展有赖于技术进步和人力资本积累（Arrow，1962；Solow，1969；Aghion and Howitt，1992）。其中，人力资本的积累方式，除了正式教育外，"干中学"也受到学者们的普遍关注（Arrow，1962；Yang and Borland，1991；杨小凯，2003）。Lundberg 阐述的"胡恩达尔效应"就表明，在长达 15 年没有新增资本的情况下，胡恩达尔的钢铁生产依然保持了 2% 的年均增长率（Lundberg，1961）。基于 Hirsch 关于不同行业"学习曲线"的差异性（Hirsch，1956），Arrow 首次将"干中学"模型化并认为，即使没有新增资本，经验积累和技术进步都是可能存在的（Arrow，1962）。而且，随着社会制度、教育和研究的发展，学习的速度将进一步加快。本章的问题是：如果"干中学"有利于经济增长，那么它是否也会带来农业增长呢？"农业规模报酬不变"的论断又是否成立呢？

众所周知，经济增长的一个重要条件是规模报酬递增（田国强，2016）。虽然柯布-道格拉斯生产函数假定规模报酬不变，但那只是为了数学处理的方便。Arrow 的研究表明，"干中学"会使得产品增长水平高于要素投入水平，从而表现为规模报酬递增（Arrow，1962）。Romer、Grossman 和 Helpman 构建的内生增长模型，也都是以规模报酬递增为基本前提的（Romer，1986，1992；Grossman and Helpman，1990）。但在农业经济学领域，学者们普遍的论断是："农业规模报酬不变"（林毅夫，1992；恰亚诺夫，1996；舒尔茨，2009；速水佑次郎和弗农·拉坦，2001）。他们的一个重要立足点是，传统小农社会的技术进步缓慢，农业经营具有小而全的特征，难以形成规模经济。由于农业较工业的发展相对滞后（亚当·斯密，2012），加上学者们对传统农业经营特性的"刻板印象"在短期内难以转变，使得"农业规模报酬不变"的论断在学界延续至今。

不同的是，埃斯特·博塞拉普并不认为在进行现代生产要素投入之前的所谓"传统农业"是一个简单的同一体（埃斯特·博塞拉普，2015）。她认为，在人口增加诱发的生存压力下，人们会通过各种"集约化"的方式（例如刀耕火种、灌溉、翻耕和轮作等）来实现农业的技术变迁，以满足人们的食物需求并呈现阶段性稳定状态。这显然与传统意义上仅从要素规模报酬层面讨论农业规模报酬的思路是不同的。杨小凯等认为，即使在自给自足社会，每个人都会选择层次少，且迂回程度低的产品层级，以使有限的劳动集中在少数几种活动上，获取专业化经济（杨小凯和黄有光，1999）。这种趋于专业化的农业生产，显然有利于改进农业技术和组织管理方式。在进入农业分工阶段之后，"农业规模报酬不变"的论断就更缺乏理论和现实依据。从 Young 和 Yang 等的研究来看，分工带来的熟能生巧和技术进步，会极大地促进经济发展（Young，1928；Yang and Shi，1992）。在农业经济学领域，罗必良的研究已表明，农业卷入分工与农业社会化服务市场的发育，会显著改善小农的经营绩效（罗必良等，2017；罗必良，2017）。即使不考虑外生技术进步，农业专业化生产本身也会加速农户的"干中学"和生产效率的改进，这与杨小凯和黄有光（1999）的逻辑是一致的。因此，传统农业卷入分工经济，进而加速"干中学"，并由此显著提高农业规模报酬。而非舒尔茨所说的，改善农业生产效率依赖于对小农的改造，即"改造传统农业"（舒尔茨，2009）。

在经验研究方面，已有文献在考察农地经营规模与农地生产率上并未达成一致性结论。Sen（1962）、Bardhan（1973）和 Carter（1984）早期对印度的研究显示，农地经营规模与农地产出率具有负相关关系。这与恰亚诺夫（1996）关于小农具有"自我剥削"特征的分析具有一致性。类似的，Reardon 等（1996）、Larson 等（2014）和 Carletto 等（2013）关于非洲地区的研究，Heltberg（2004）、Vollrath（2007）、Hazell（2011）和 Kaginet 等（2016）关于亚洲和拉美地区的研究，Wu 等（2005）和李谷成等（2010）关于中国地区的研究均表明，小农户比大农户更有效率。Paul 等（2004）的研究则表明，农地经营规模的扩大会诱致农业规模报酬递增。Byiringiro 和 Reardon（1996）同样发现，随着农地经营规模的扩大，劳动生产率相应提高。Bagi（1982）和李谷成等（2010）的研究还得出了农地经营规模与农业的技术效率无显著关系的结果。这些关于农业规模报酬问题的实证研究，不仅结论不一致，它们立足的社会背景也存在显著差异。最近，Foster 和 Rosenzweig（2017）的研究指出，现有关于农地经营规模与农地生产率的研究往往局限于小规模或大规模的单一情景，根本无法识别从小规模向大规模转变过程中，农业生产率的变化。但是，他们关于农地经营规模与农业生产率呈 U 形关系的讨论，显然忽视了当前农业社会化服务在其他发展中国家的发展。尤其是在中国，小农户已经普遍购买机械等服务，这无疑与印度的农业生产存在较大差异（Luo，2018）。显然，农业规模报酬到底如何，实证研究也缺乏一致性结论。

因此，无论是理论分析，还是实证研究，农业规模报酬到底如何变化的疑问始终是困扰农业经济研究者的一大难题。尤其是农业规模报酬变化背后的理论逻辑，直到目前仍没有文献进行较为彻底的阐述（Foster 和 Rosenzweig，2017）。为此，本章试图借助并拓展 Arrow 和杨小凯的"干中学"理论模型，分析在传统小农社会和农业分工阶段，"干中学"是否有助于诱致农业规模报酬递增。本章目的不仅在于，以严格的数理模型重新分析小农社会的农业规模报酬问题，更重要的是，揭示农业卷入分工经济及其引致的"干中学"对改善农业生产效率的重要性。一方面为小农融入现代农业的适宜性提供证据，另一方面也为推进农业分工与发育农业社会化服务提供理论依据。

1.1　传统小农社会"农业规模报酬不变"的理论辨析

Arrow（1962）最早将"干中学"模型化时，将表征"干中学"的变量设定为新增资本。他认为，新增资本，如机器、新设备等的增加都会促进经营过程中的人力资本积累和技术进步。Solow（1969）在其理论模型中表达了同样的观点，即新增资本已经完全包含了技术进步。问题是，这些经典文献的讨论并不适合于农业。因为在传统农业生产中，通常并不存在新增资本或新增资本极为有限，但农民依靠日积月累的经验，例如采用间作套种技术、淤泥育秧技术等，仍然可以改善农业的生产管理方式，进而提高农业生产效率。因此，埃斯特·博塞拉普（2015）认为，传统小农缺乏技术进步的论断是缺乏根据的。

为便于讨论"农业规模报酬不变"论断是否成立，本章将研究情景设定为传统小农社会，外生技术无显著进步，且无大规模的农业投资和跨时期资本投入的显著变化。此时，农业"干中学"的主要途径，或者说内生于传统农业的技术进步方式，主要体现为种植规模的增加和劳动力投入的变化。增加种植规模，可以使农户更加专注于调整农业种植结构、优化管理方式，在提高劳动频率的同时加速"干中学"过程中的经验积累，实现从规模报酬不变向规模报酬递增的缓慢转变[1]。为区别于 Arrow（1962）所构建的模型的处理方式，本部分将扩大农业经营规模的途径区分为农地租赁和提高农作物种植频率[2]。

1.1.1 基于农地租赁情景的分析

首先假定，A 为农地租入规模，$\gamma(A)$ 为单位农地产出，$\lambda(A)$ 为单位农地劳动消耗，且 $\gamma(A)$ 为非减函数，$\lambda(A)$ 为非增函数。由于农地规模扩大来自租赁，那么需假定农地租赁期为 T，且农地租赁经营在租赁期限内是持续的[3]。那么农地的总产出和劳动消耗可分别表示为：

$$P = \int_{A'}^{A} \gamma(A)\mathrm{d}A \qquad (1.1)$$

$$L = \int_{A'}^{A} \lambda(A)\mathrm{d}A \qquad (1.2)$$

其中，A' 为 t 期之前农地租赁规模的净累积量，且式（1.1）和式（1.2）中的参数和变量均为 t 的函数，不予赘述。此外，类似于资本品的使用周期问

---

① 以种植规模的增加和劳动力投入的变化来刻画农业"干中学"实际上并不足够细致，但学界尚未明确界定农业"干中学"的范畴。即本研究只是一个初步尝试。第四部分会进一步详述刻画农业"干中学"的理论困境及可供参考的方向。

② 以农地租赁和提高农作物种植频率分别属于农业经营的两种不同组织形式，即空间和时间概念。小农户通过前者可以提高单季经营的规模，通过后者则可以提高反复劳动过程中的经验积累，即他们对"干中学"的作用方式存在作用形式的差异。感兴趣的读者也可以将二者结合起来讨论。

③ 中国传统社会的佃农是通过租入农地来经营农地的，实际上，可以将佃农各期租入农地的规模视为自有土地基础上的新增量。当合约较长或存在部分时期租赁的农地被收回时，可以计算出非当期租赁农地的净结余，由此可推出式（1.1）和式（1.2）。此外，按照 Arrow（1962）的处理方式，本部分不考虑农业经营的成本和价格等因素，以及不同产权结构造成的农地投资差异。

题，农地租赁也具有一定的回收期限，故需要设置如下约束①：

$$A' \geqslant A(t - \overline{T}) \ (\overline{T} \text{ 为农地的平均租赁期限}) \qquad (1.3)$$

如果不考虑农地规模和租赁期限，那么经营农地的总产出和劳动消耗为：

$$\Lambda = \int \gamma(A) \mathrm{d}A \qquad (1.4)$$

$$\Gamma = \int \lambda(A) \mathrm{d}A \qquad (1.5)$$

根据积分运算规则，由式（1.4）和式（1.1）可得：

$$P = \Lambda(A) - \Lambda(A') \qquad (1.6)$$

由式（1.5）和式（1.2）可得：

$$L = \Gamma(A) - \Gamma(A') \qquad (1.7)$$

假定 $\gamma(A)$ 和 $\lambda(A)$ 均为连续函数，那么 Λ 和 Γ 均存在反函数。根据式（1.7）可得：

$$A' = \Gamma^{-1}[\Gamma(A) - L] \qquad (1.8)$$

将式（1.8）带入式（1.6）可得：

$$P = \Lambda(A) - \Lambda\{\Gamma^{-1}[\Gamma(A) - L]\} \qquad (1.9)$$

为求出"干中学"对农业规模报酬的影响，需要对 $\gamma(A)$ 和 $\lambda(A)$ 做显式处理。按照 Fan（1991）、Lin（1992）和 Townsend 等（1998）关于农业规模报酬不变和农地亩均产出率不变的假定，本章将亩均农地产出率设置为常量。其次，李谷成等（2010）、Foster 和 Rosenzweig（2017）的研究均表明，小农户比大农户更易在单位农地上投入较多劳动。因此，本章假定随着农地经营规模的扩大，农地的劳动消耗边际递减，即劳动投入是农地经营规模的凹函数。那么有：

$$\gamma(A) = \alpha \qquad (1.10)$$

$$\lambda(A) = bA^{-n} \qquad (1.11)$$

将式（1.10）和式（1.11）分别代入式（1.4）和式（1.5）可得：

$$\Lambda(A) = \alpha A \qquad (1.12)$$

$$\Gamma(A) = \frac{b}{1-n}A^{1-n} \qquad (1.13)$$

将式（1.12）和式（1.13）代入式（1.9）可得：

---

① 式（1.3）表达的具体含义是，t 期前的农地租赁规模净累积量不低于从平均农地租赁期限至 t 期的农地租赁规模净累积量。

$$P = \alpha A \left[1 - \left(1 - \frac{(1-n)L}{bA^{1-n}} \right)^{1/(1-n)} \right] \qquad (1.14)$$

当 $n = 1$，且令 $\Gamma(A) = blogA$，那么式（1.14）可变为：

$$P = \alpha A (1 - e^{-L/b}) \qquad (1.15)$$

式（1.15）分别对 A 和 L 求偏导可得：

$$P_A{'} = \alpha(1 - e^{-L/b}) > 0 \qquad (1.16)$$

$$P_L{'} = \frac{\alpha A e^{-L/b}(1 - e^{-L/b})}{b} > 0 \qquad (1.17)$$

式（1.16）和式（1.17）表达的是，以农地经营规模扩大和劳动投入增加来体现"干中学"过程中的经验积累，那么"干中学"有助于提高农业规模报酬。而且，A 和 L 表达的是 t 期的新增量，很显然二者都有利于增加农业产出。

当 $n < 1$，A 和 L 的同比例增加，$\frac{L}{A^{1-n}}$ 也随之增加，代入式（1.14）即可得出 P 也随之增加；当 $n > 1$，A 和 L 的同比例增加，$\frac{L}{A^{1-n}}$ 也会随之增加，代入式（1.14）同样可得出 P 也随之增加。很显然，P 的增加比例要大于 A 和 L 增加的比例，这说明额外增加的 A 和 L 较之前的农地和劳动更具生产效率[①]。

实际上，如果单纯考虑式（1.14）中的农地新增量而保持单位农地上劳动要素的投入不变，A 的增加比例显然低于 P 的增加比例。这对于传统小农社会具有重要意义，由于假设了农户的劳动力无限供给，小农会在农地上投入过量的劳动（即恰亚诺夫所表达的"自我剥削"（恰亚诺夫，1996）和黄宗智（1992）所概括的"过密化"概念），那么此时式（1.14）中农地新增比例和单位农地产值增加比例的差距会越来越大。这表明，以新增农地经营规模表达的"干中学"，有利于提高传统农业的要素生产效率与规模报酬。

1.1.2 基于提高农作物种植频率情景的分析

进一步的问题是，当小农的劳动时间存在闲置，且农地租赁规模又有限时，他们会如何提高家庭劳动使用效率呢？历史经验所显示的办法是，通过调整农业种植结构（如种植劳动相对密集的经济作物）或提高农作物种植频率

---

① 这里还可以做一个类似处理，以（1.15）为例，当农地租赁规模扩大至 $2A$，那么依据新增劳动投入边际递减的假设，新增劳动投入量扩大至 uL（$1<u<2$）。由此可得 $2\alpha A(1-e^{-uL/b})>2P$，很显然，即使假定单位农地的产值不变（如式（1.10）所示），式 $(1-e^{-uL/b})$ 依然可以保证农地规模报酬递增。

（如轮作、套种、复种等），在更加充分利用时空资源的同时，提高劳作频率和劳动强度以强化剩余劳动利用率，进而提高农业生产要素的使用效率和农地产出率[①]。

提高农作物种植频率与提高劳动利用强度，在一定程度上都可体现为"干中学"的经验积累过程。但是，与租赁农地有显著不同的是，提高农作物种植频率是每个农业生产周期内农户的独立选择，即 t 期新增播种面积是相对于 0 期的播种面积而言的，且不存在经营期限约束的问题。可以假定，t 期的农地复种指数为 ξ（$\xi \geqslant 1$），各期初始的农地经营规模为 A_0，那么 t 期的农地播种面积可表示为 ξA_0[②]。为简化分析，可将 A_0 标准化为 1。参照上文，农地的经营面积和播种面积均为 t 的函数，不再赘述。式（1.1）和式（1.2）分别变为：

$$P = \int_1^\xi \gamma(A)\mathrm{d}A \qquad (1.18)$$

$$L = \int_1^\xi \lambda(A)\mathrm{d}A \qquad (1.19)$$

将式（1.10）和式（1.11）分别带入式（1.18）和式（1.19）可得：

$$P = \int_1^\xi \alpha \mathrm{d}A \qquad (1.20)$$

$$L = \int_1^\xi bA^{-n}\mathrm{d}A \qquad (1.21)$$

式（1.20）对 ξ 求偏导数可得：

$$P'_\xi = \alpha > 0 \qquad (1.22)$$

式（1.22）进一步对 ξ 求偏导数可得：

$$P''_{\xi\xi} = 0 \qquad (1.23)$$

式（1.22）大于 0 表明，随着农地复种指数的提高，农地产出会随之增加。但需要指出的是，由于式（1.10）的设置，会造成 $P''_{\xi\xi} = 0$。为考察要素投入是否会带来农地产出的边际报酬递增，需要进一步考察农业劳动力投入对农地边际产出的变化。为此，式（1.20）对 L 求偏导数可得：

$$P'_L = \frac{\partial P}{\partial \xi}\frac{\partial \xi}{\partial L} = \frac{\alpha}{b}\xi^n > 0 \qquad (1.24)$$

---

①　显然，这类强化劳动利用的做法，并非恰亚诺夫（1996）或黄宗智（1992）所说的无效的过量的投入。

②　为简化起见，此处假设农地禀赋为常量。感兴趣的读者也可以将其与农地租赁结合起来分析。

式（1.24）进一步对 L 求偏导数可得：

$$P''_{LL} = \frac{\partial(\partial P/\partial L)}{\partial \xi} \frac{\partial \xi}{\partial L} = \frac{\alpha n}{b^2} \xi^{2n-1} \qquad (1.25)$$

式（1.24）表明，随着劳动投入的增加，农地产出也会随着增加。对于式（1.25），根据对参数的设置，有 $P''_{LL} > 0$。这表明，只要农地复种指数提高或农户增加劳动投入，"干中学"所积累的经验都有利于增加农地产出。上述结果表明，提高农地复种指数，增加劳动频率，小农的劳动生产率会得到显著改善。

实际上，在传统小农社会，家庭劳动力在农业中是过剩的。如果将租赁作为农地规模扩大的外生概念，通过调整农业种植结构和提高劳动频率就是农地规模扩大的内生概念。调整农作物的种植结构，实际上是延长了农业的生产周期，将农业规模报酬概念从空间维度引向了时间维度。可见，在农地经营规模扩大的过程中，从空间维度的农作物种植多样性的下降和经验积累速度的增加，以及时间维度轮作频率的提高所积累的经验来看，传统小农社会也存在横向分工的"时空"潜能。这在以往的研究中显然是被忽略的。

1.2 分工经济与农业规模报酬

前文将传统农业的家庭劳动力假定为无限供给。事实上，当农村社会流动性增强之后，农业生产中的劳动力刚性约束会不断增强。此时，农业生产将变为家庭收益最大化目标函数的一部分，而非全部。农业劳动力的刚性约束必然会促使农户进行服务外包，并由此引发农业分工市场的发育（罗必良等，2017）。进一步参照杨小凯和黄有光的理论模型进行讨论（杨小凯和黄有光，1999），并以单一环节生产环节所用的劳动时间表征农业"干中学"[①]。他们的函数形式设置如下：

$$u_t = \prod\nolimits_{i=1}^{m}(x_{it} + K_t x_{it}^d)（效用函数）$$

$$K_t = \frac{k}{n_t}(0 < k < 0)（交易效率参数设置）$$

$$U = \int_0^\infty u_t e^{-rt} \mathrm{d}t（个人决策的目标函数）$$

---

① 与杨小凯和黄有光（1999）的模型设置类似，本部分的模型均满足瓦尔拉条件。即使在传统小农社会和农户自给自足的状态下，也可以将模型还原为鲁滨孙·克鲁索的新古典模型。

$$x_{it} + x_{it}^s = (L_{it})^a \left(a > 0, L_{it} = \int_0^t l_{i\tau} d\tau, l_{it} > 0, \sum_{i=1}^m l_{it} = 1 \right) (个人生产系统)$$

对于他们的"干中学"模型，本书做了几点简化处理及说明：①本部分不考虑动态过程，仅采用线性规模的方式进行处理；②本部分的效用函数采用农户的产出表示；③本部分的经验积累与他们采用的 $L_{it} - l_{it}$ 类似，即花费在生产产品 i 上的时间；④与他们处理不同的是，本部分区分了生产最终产品的中间品，故可以引入分工逻辑；⑤本部分考察了传统小农社会和分工经济阶段农户的"干中学"过程，因此需要将他们的模型置于自给自足和专业化分工两种情景中进行拓展。

基于上述分析，本部分考察了两种情形——自给自足和专业化分工。假定农作物的生产包括两个环节：Y（最终产品）和 X（中间产品），且生产 Y 必须投入 X。Y^c、Y^s、X^d 和 X 分别表示自己消费的 Y、供给的 Y、需求的 X 和自己生产的 X。为了便于分析，假定只有 Y 一种消费品，且只考虑生产 Y 农户的目标函数。依据"文定律"①，农户不会同时出售又购买同一种产品。根据杨小凯的分析，此时的角点均衡只存在自给自足、(X/Y) 和 (Y/X) 三种组态②。由于分析对象为直接生产 Y 农户的规模报酬问题，故本部分只考虑自给自足和 (Y/X) 两种状态。

1.2.1 自给自足阶段"干中学"与农业规模报酬

在自给自足状态下，有 $Y^s = X^d = 0$。假定 Y 和 X 的生产函数为：

$$Y = (Xl_y)^i \tag{1.26}$$
$$X = (l_x)^j \tag{1.27}$$

假定农户家庭劳动力约束为：

$$l_x + l_y = 1 \tag{1.28}$$

将式（1.27）和式（1.28）带入式（1.26）可得：

$$Y = [(l_x)^j (1 - l_x)]^i \tag{1.29}$$

式（1.29）对 l_x 求导可得：

$$Y_{l_x}' = i[(l_x)^j - (l_x)^{j+1}]^{i-1} [j(l_x)^{j-1} - (j+1)(l_x)^j] \tag{1.30}$$

式（1.30）的正负性取决于 $j(l_x)^{j-1} - (j+1)(l_x)^j$ 的正负性。由此可得，

---

① "文定律"是根据"库恩-塔克"条件计算出来的，关于分工组态不可能出现的约束条件。
② (X/Y) 和 (Y/X) 分别表示生产 X 并购买 Y，以及生产 Y 并购买 X。

如果

$$l_x \leqslant \frac{j}{j+1} \qquad (1.31)$$

那么，生产中间品 X 所消耗劳动的增加，有利于提高 Y 的产值。反之，则会抑制 Y 的产值。参考李谷成等（2010）、Helfand 和 Levine（2004）关于小农户倾向于在单位农地进行过度劳动投入的研究发现，可以认为随着农地经营规模的扩大，劳动投入规模将呈现边际递减趋势。因此，可以将 l_x 设置为：

$$l_x = \varepsilon(1+A)^m \qquad (1.32)$$

式（1.32）中，农户的农地禀赋被标准化为 1，A 为新增农地经营规模，且有 $1 > m > 0$，$\varepsilon > 0$（ε 的大小取决于农作物类型）。很显然，l_x 为 A 的增函数，那么在式（1.31）设置的区间内，扩大农地经营规模也会增加 Y 的产值。但当生产 X 的劳动需求，或农地经营规模增加值超过阈值，Y 的产值将难以增加。式（1.32）表明，农地经营规模的增加有利于劳动消耗量在边际上的下降。而且，从"干中学"的经验积累来看，在式（1.32）设置的区间内，农地经营规模的增加有利于 Y 增加值在边际上的提高，即农业规模报酬出现了递增趋势。这与前文基于 Arrow（1962）理论模型的探讨结果是一致的。

不同的是，存在农业劳动力刚性约束的情形下，"干中学"诱致的农业经营绩效改善只是缓解了资源禀赋的限制，而无法彻底消除。换言之，在农业劳动力面临刚性约束的情况下，农地规模增加到一定程度后，农业规模报酬将出现递减趋势。如果假定农业劳动力在非农市场的工资率显著高于农业部门的工资率（Todaro，1969；Harris and Todaro，1970），那么式（1.28）右侧的可支配农业劳动力将减少。由此势必造成农业劳动力的刚性约束不断提高，进而导致农业规模报酬提前进入递减阶段。为此有必要引入农业生产性外包服务进行讨论。

1.2.2 农业分工过程中的"干中学"与农业规模报酬

假定农业的各个生产环节是可以分离的，其中环节 X 可以通过生产性服务市场进行购买。当考虑农业分工的角点均衡时，农民面临一个两难选择，其从事的环节 Y 必须与环节 X 匹配，才能获得最终产品。但是环节 Y 和环节 X 保持协同的可能性为 ρ，农民为寻求合适的 X 需要付出 μ 的劳动，即交易费用系数。假定市场中存在 N 个生产 X 的服务商，那么农民寻找不到与环节 Y 匹配的 X 的概率为：

$$p_1 = (1-\rho)^N \qquad (1.33)$$

由此农民可以购买到合适的 X 的概率为：

$$p_2 = 1 - (1-\rho)^N \tag{1.34}$$

根据上述设定，并参照杨小凯和黄有光的设置（杨小凯和黄有光，1999），农民生产农产品的目标函数为：

$$Y + Y^s = p_2(X^d l_y)^i \tag{1.35}$$

约束条件为：

$$l_s = \mu\rho(购买中间品的劳动消耗) \tag{1.36}$$

$$l_y + l_s = 1(劳动禀赋约束) \tag{1.37}$$

$$rY^s = X^d(收支平衡约束) \tag{1.38}$$

其中，l_s 为农民花费在寻找合适的 X 或调整自身生产技术以匹配 X 上的时间，r 表示农产品 Y 与中间品 X 的相对价格。对于单个农户而言，其消费的 Y 可以视为常数，故 Y^s 可以视为农业生产的报酬，其对农地规模增加量的偏导数也与总产品的对农地规模增加量的偏导数也一致。为了使得方程处理更简单，本章将 Y 赋值为 $0^{①}$。经处理，式（1.35）变为：

$$Y^s = p_2(rY^s l_y)^i \quad \Rightarrow \quad Y^s = (r^i p_2)^{1/1-i} l_y^{i/1-i} \tag{1.39}$$

首先，不考虑交易费用对生产的影响，式（1.39）对 l_y 求导可得：

$$(Y^s)'_{l_y} = \frac{i}{1-i}(r^i p_2)^{1/1-i} l_y^{2i-1/1-i} \tag{1.40}$$

其中，根据杨小凯等的处理可得 $i < 1$，如果不这样的话，那么每个 Y 专业生产者的现有贸易伙伴的角点均衡人数都会大于 1，此时他们的 X^d 的概率分布就是一个二项分布，这会使得模型难以演算。因此可得 $(Y^s)_{l_y}' > 0$，所以 l_y 的增加会提高 Y^s。实际上，l_y 的增加意味着，农业生产环节互相学习的交易费用下降。如果将农业分工各环节的匹配性 ρ 作为他们互相学习的难度，那么 ρ 的增加意味着，分工市场的信息传递和学习机制的优化，以及各生产环节组织方式匹配难度的下降。这使得 (X/Y) 和 (Y/X) 两类专业化群体能将更多的时间用于积累自己的专业技能，形成更强的内生比较优势。很显然，内生比较优势的增强反过来又会提高市场参与主体的交易依赖度，促进分工网络的形成。由此可见，农业分工市场的形成不仅有利于降低农业劳动力的刚性约束和缓解低效率的农业生产，同时，农户参与分工后也会内生地提高市场信息的

---

① 对 Y 取值为 0 的处理，在中国地区是具有普遍意义的。笔者对河南和河北小麦种植区的农户调查发现，农户大多都将种植的小麦全部出售，然后购买加工好的成品面粉，而不会选择用自家的小麦去磨面。

传递效率和分工网络的适配性，进而降低农户获取单位外包服务的交易费用。即，交易效率的改进会促进分工，分工的深化又会进一步提高交易效率（杨小凯和黄有光，1999），从而使得农户可以将更多的劳动投入在单一生产环节，加速"干中学"，进而提高其从事农业生产的专业化程度和农业规模报酬。

其次，当考虑市场的交易效率时，即购买中间品 X 的交易费用，式（1.40）对 μ 求偏导数可得：

$$(Y^s)''_{l_y\mu} = \frac{-\rho(2i-1)}{(1-i)^2}(r^i p_2)^{1/1-i} l_y^{3i-2/1-i} \qquad (1.41)$$

对于式（1.41）的正负性，使其大于 0 必须满足 $i > 1/2$，这样才能表现出专业化经济。结合式（1.40）中 i 的区间设置。因此，根据杨小凯和黄有光（1999）的研究可得 $1 > i > 1/2$，此时有 $(Y^s)''_{l_y\mu} < 0$，即中间品 X 交易效率的改善（μ 的下降）将提高 l_y 对 Y^s 的激励作用[①]。此外，式（1.32）的模型设置同样适用于构建 l_y 与 A 的关系，可以得出，随着农地经营规模的扩大和用于专业生产 Y^s 的劳动量的增加，Y^s 的产值也会增加。为进一步考察 l_y 对 Y^s 是否存在激励作用的边际递增趋势，式（1.40）对 l_y 求偏导数可得：

$$(Y^s)''_{l_y l_y} = \frac{i(2i-1)}{(1-i)^2}(p_2 r^i)^{1/1-i}(l_y)^{3i-2/1-i} \qquad (1.42)$$

由 $1 > i > 1/2$ 的约束可知（杨小凯和黄有光，1999），有 $(Y^s)''_{l_y l_y} > 0$。这表明，随着生产 Y^s 的劳动投入的增加，农产品的生产呈现边际报酬递增的趋势。很显然，这与 Yang 和 Shi（1992）关于分工具有促进熟能生巧和提高规模报酬经济性的论断是一致的。与式（1.41）的处理类似，我们还试图说明，随着市场分工和交易效率的改善，农业的规模报酬递增特征会如何变化。为此，式（1.42）对 μ 求偏导数可得：

$$(Y^s)'''_{l_y l_y \mu} = \frac{-\rho i(2i-1)(3i-2)}{(1-i)^3}(p_2 r^i)^{1/1-i}(l_y)^{4i-3/1-i} \quad (1.43)$$

式（1.43）的正负性较之式（1.41）更为复杂。由 $1 > i > 1/2$ 的已知约束可知，$(Y^s)'''_{l_y l_y \mu}$ 的正负性取决于式 $(3i-2)$。如果 $2/3 < i < 1$，那么随着交易效率的改善（μ 的下降），农业的规模报酬递增趋势将进一步提升。相反，

---

① 式（1.40）到式（1.43）则从另一个层面说明了杨小凯和黄有光（1999）等模型设置的必要性。而且，如果 Y 的专业化经济过高，并不利于多样化中间品的出现。正如他们得出的结论：中间产品多样化演化的条件是，中间产品生产中的专业化经济超过最终产品生产中中间产品间的互补经济，否则很容易倒回到自给自足的生产状态。

如果 $1/2 < i < 2/3$，交易效率的改善有可能降低农业规模报酬的增长趋势。这表明，当农业的分工经济性达到足够高的水平时，提高交易效率有可能加速农业规模报酬递增的趋势，这无疑拓展了杨小凯和黄有光（1999）的分析结论。

上述分析表明，随着农户在农业分工中的专业化程度的提高，单位劳动增加值对农业产出的贡献率递增。可见，农业卷入分工经济诱发了"干中学"积累经验速度的加快。一方面，农户将更多的劳动投入到某一生产环节，加速"干中学"过程中的经验积累和内生技术进步。另一方面，多个农户进入农业分工市场，会提高农业生产环节的迂回交易程度，扩大农业分工市场的容量，并进一步带动农户专业化程度的提高和各生产环节分工网络的互动，促进农业"干中学"在"量"和"质"上的双重深化。而且，随着分工网络的形成和农业分工经济性达到足够的程度，进一步提高的农业社会化服务或中间品的交易效率将加速农业规模报酬的提升。这无疑为中国农业，甚至世界农业的发展指明了方向，并增添了信心。

1.3　进一步讨论：农业"干中学"模型及其理论展望

"干中学"如何影响农业规模报酬的问题，可以还原至新古典经济学的内生增长理论。在 Romer（1986）和 Lucas（1988）的理论模型中，他们均将人力资本的内生积累作为经济增长的重要原因。即使在亚当·斯密（2012）、Young（1992）、Yang 和 Shi（1992）关于分工为经济增长动因的理论中，熟能生巧和"干中学"也是积累人力资本和增强内生比较优势的重要原因。但从被纳入理论模型中以表征"干中学"或熟能生巧的变量来看，大多以物质资本和劳动时间来衡量人力资本的积累。这类情形可能与工业的技术进步特征和车间劳动特征是吻合的，但用以刻画农业中的"干中学"和人力资本积累却面临诸多困难。

在传统小农社会，外生技术进步和物质资本新增量几乎可以忽略。如果保持劳动时间不变，那么按照上述"干中学"的衡量方式，农业并不会出现人力资本的积累或技术进步，这显然与现实不符。一个典型的例子是，在传统小农社会，农业劳动力过剩会促使农民投入更多的精力到农地的翻耕、灌溉、种植结构调整和日常管理上，这些农业生产管理方式的形成和转变都是"干中学"的重要体现，但并不会体现在劳动和资本的流量变动上。当进入农业分工阶段，农业纵向分工过程中的"干中学"速度显著加快，此时以劳动投入时间或新增资本量可能并不足以表达人力资本的积累。正如上文提到的，各生产环节的技术进步，都必须依赖于其他环节的学习和适配，才能最终反映为专业化经济。很显然，这在以往的农业经济理论中未被讨论过，甚至在新古典经济理论中都很少涉及。其重要性在于，分工网络的完善会加速学习网络的形成，而内生互动和相互学习则会加速"干中学"过程中的经验积累，并提高专业化程度和迂回生产程度，这是深化农业纵向分工研究必须面临的重要理论命题（罗必良，2017），但无疑增加了构建"干中学"理论模型的难度。

虽然以往研究也提到了农业的经验积累和"干中学"问题，并表明人力资本积累是农业发展不可或缺的内容。但包括舒尔茨和速水佑次郎在内的发展经济学家，都没有阐明"干中学"影响农业发展的内在机制，更未能构建"干中学"的理论模型。以至于后续文献先验地认为传统小农社会技术进步缓慢，并得出"农业规模报酬不变"的论断。可以发现，由于无法将技术进步中的经验积累模型化，农业发展的外在表现形式被归因为外生技术和规模报酬的止步不前。当农业进入分工阶段，分工经济快速增长的现实很自然地对"农业规模报酬不变"的论断产生了冲击（仇童伟，2019）。

当然，本章仅仅是一个初步的尝试。如何刻画农业中的"干中学"问题，需要做出更多的努力并回答：农业绩效的改善难道单纯地依赖于外生技术进步？专业化分工和熟能生巧到底能起到多大作用？如果熟能生巧在农业分工阶段起到了积极作用，那么在传统小农社会到底起没起过作用？这些问题的研究有助于对农业性质的重新认识。

1.4　结论

本章比较分析了传统小农社会到农业分工阶段，要素投入结构转变过程中的农业规模报酬问题。在传统小农社会，为充分利用农业劳动力而租赁或提高农作物种植频率的方式，在促进农户"干中学"的过程中诱致了农业规模报酬递增。当农村劳动力出现大规模转移，扩大农地经营规模或提高农作物种植频率会由于农业劳动力的刚性约束，造成农户"干中学"由激励农业规模报酬递增进入农业规模报酬递减阶段。此时，借助农业专业化分工，可显著提高"干中学"带来的内生技术进步或专业化程度，进而诱致农业规模报酬递增。由此可见，农业并不是一个低效率的被动的产业。只要给予农业相对稳定的经营环境、便于迂回生产的交易环境，加之农户的分化和要素流动性的增强，农业也必然能够通过与工业类似的规模报酬递增方式实现技术进步和加速发展。

本章为农业经济发展提供了新的理论解释。从传统小农社会到农业分工经济，农业都存在规模报酬递增的可能。尤其是在农业分工不断深化的阶段，分工和有效率专业化组织的形成都会促进农业分工网络的完善。特别地，在农业分工不断深化的过程中，"干中学"积累的人力资本会诱发更多的组织创新和技术进步，进一步降低农业分工面临的外生和内生交易费用，提高交易效率。这反过来又会提高农业的迂回生产程度，并增加中间产品数量，推动农业纵向分工。而农业分工，专业化组织的发展和交易效率的改善，表现在结果上就是农业技术进步和农业规模报酬递增。因此，"干中学"是农业分工和技术进步的重要组成部分，也是诱致农业规模报酬递增的重要原因。

本章研究结论为中国正在推行的发育农业社会化服务的政策提供了理论依据，也为进一步转变中国农业经营方式指明了方向。面对农村劳动力的大规模流失，保证农业经营效率亟须采取有效措施。一方面，分工经济带来的农业规模报酬递增可以有效缓解农业劳动力不足的困境。另一方面，卷入分工经济带来的效率改善，将提高农业规模报酬，这有利于促进农地要素市场发育和农业经营结构调整。尤其面对农业劳动力转移诱致的农地抛荒等低效率土地利用行为，深化农业分工，加速"干中学"的经验积累，将提升农业技术创新效率，吸引农业经营资本，融入现代经营组织模式，从而实现农业规模报酬的进一步提高和效率改善。

参考文献

埃斯特·博塞拉普，2015. 农业增长的条件［M］. 罗煜，译. 北京：法律出版社.

仇童伟，2019. 自给服务与外包服务的关联性：对农业纵向分工的一个理论探讨［J］. 华中农业大学学报（社会科学版）（1）：44-53.

黄宗智，1992. 中国农村的过密化与现代化［M］. 上海：上海社会科学院出版社.

李谷成，冯中朝，范丽霞，2010. 小农户真的更加具有效率吗？来自湖北省的经验证据［J］. 经济学（季刊）（1）：95-124.

林毅夫，1992. 制度、技术与中国农业发展［M］. 上海：三联书店.

罗必良，2017. 论服务规模经营——从纵向分工到横向及连片专业化［J］. 中国农村经济（11）：2-16.

罗必良，2017. 农业家庭经营：走向分工经济［M］. 北京：中国农业出版社.

恰亚诺夫，1996. 农民经济组织［D］. 萧正洪，译. 北京：中央编译局.

舒尔茨，2009. 改造传统农业［M］. 梁小民，译. 北京：商务出版社.

速水佑次郎，弗农·拉坦，2001. 农业发展的国际分析［M］. 郭熙保，张进铭，译. 北京：中国社会科学出版社.

田国强，2016. 高级微观经济学（上册）［M］. 北京：中国人民大学出版社.

亚当·斯密，2012. 国富论［M］. 谢祖钧，焦雅君，译. 北京：中华书局.

杨小凯，黄有光，1999. 专业化与经济组织——一种新兴古典微观经济学框架［M］. 张玉纲，译. 北京：经济科学出版社.

杨小凯，2003. 经济学：新兴古典与新古典框架［M］. 北京：社会科学文献出版社.

Aghion P，Howitt P，1992. A Model of Growth through Creative Destruction［J］. Econometrica，60（2）：323-351.

Arrow K，1962. The Economic Implication of Learning by Doing［J］. Review of Economics & Statistics，29（3）：155-173.

Bagi F S，1982. Relationship between Farm Size and Technical Efficiency in West Tennessee Agriculture［J］. Journal of Agricultural & Applied Economics，14（2）：139-144.

Bardhan P K，1973. Size，Productivity，and Teturns to Scale：An Analysis of Farm - level Data in Indian Agriculture［J］. Journal of Political Economy，81（6）：1370-1386.

Byiringiro F，Reardon T，1996. Farm Productivity in Rwanda：Effects of Farm Size，Erosion，and Soil Conservation Investments［J］. Agricultural Economics，15（2）：127-136.

Carletto C，Savastano S，Zezza A，2013. Fact or Artifact：the Impact of Measurement Errors on the Farm Size - productivity Relationship［J］. Journal of Development Economics，103（1）：254-261.

Carter M R，1984. Identification of the Inverse Relationship between Farm Size and Productivity：An Empirical Analysis of Peasant Agricultural Production［J］. Oxford Economic Papers，36（1）：131-145.

Fan S，1991. Effects of Technological Change and Institutional Reform on Production Growth in Chinese Agriculture［J］. American Journal of Agricultural Economics，73（2）：266-275.

Foster A D，Rosenzweig M R，2017. Are there too Many Farms in the World? Labor - market Transaction Costs，Machine Capacities and Optimal Farm Size［R］. Social Science Electronic Publishing.

Grossman G M，Helpman E，1990. Comparative Advantage and Long - run Growth［J］. American Economic Review，80（4）：796-815.

Harris J R，Todaro M P，1970. Migration，Unemployment and Development：A Two - Sector Analysis［J］. American Economic Review，60（1）：126-142.

Hazell P，2011. Five Big Questions about Five Hundred Million Small Farms［R］. Rome

International Fund for Agricultural Development.

Helfand S M, Levine E S, 2004. Farm Size and the Determinants of Productive Efficiency in the Brazilian Center – West [J]. Agricultural Economics, 31 (2 – 3): 241 – 249.

Heltberg R, 2004. Rural Market Imperfections and the Farm Size – productivity Relationship: Evidence from Pakistan [J]. World Development, 26 (10): 1807 – 1826.

Hirsch W Z, 1956. Firm Progress ratios [J]. Econometrica, 24 (2): 136 – 143.

Kaginet J, Taylor J E, Yúnez – Naude A, 2016. Inverse Productivity or Inverse Efficiency? Evidence from Mexico [J]. Journal of Development Studies, 52 (3): 1 – 16.

Larson D F, Otsuka K, Matsumoto T, Kilic T, 2014. Should African Rural Development Strategies Depend on Smallholder Farms? An Exploration of the Inverse – productivity Hypothesis [J]. Agricultural Economics, 45 (3): 355 – 367.

Lin J Y, 1992. Rural Reforms and Agricultural Growth in China [J]. American Economic Review, 82 (1): 34 – 51.

Lucas R E J R, 1988. On the Mechanics of Economic Development [J]. Journal of Monetary Economics, 22: 3 – 42.

Lundberg E, 1961. Produktivitet och Rantabilitet [M]. Stockholm: P. A. Norstedt and Soner.

Luo B, 2018. 40 – year Reform of Farmland Institution in China: Target, Effort and the Future [J]. China Agricultural Economic Review, 10 (1): 16 – 35.

Paul C, Nehring R, Banker D, Somwaru A, 2004. Scale Economies and Efficiency in U. S. Agriculture: Are Traditional Farms History? [J]. Journal of Productivity Analysis, 22 (3): 185 – 205.

Reardon T, Kelly V, Crawford E, et al, 1996. Determinants of Farm Productivity in Africa: A Synthesis of Four Case Studies [R]. MSU International Development Paper, No. 22.

Rome P M, 1992. Increasing Returns and New Developments in the Theory of Growth [R]. NBER Working Papers.

Rome P M, 1986. Increasing Returns and Long – run Growth [J]. Journal of Political Economy, 94 (5): 1002 – 1037.

Sen A, 1962. An Aspect of Indian Agriculture [J]. Economic Weekly, 14 (4 – 6): 243 – 246.

Solow R M, 1969. Investment and Technical Progress [J]. Oxford Review of Economic Policy, 8 (8): 43 – 56.

Todaro M P, 1969. A Model of Labor Migration and Urban Unemployment in less Developed Countries [J]. American Economic Review, 59 (1): 138 – 148.

Townsend R F, Kirsten J, Vink N, 1998. Farm Size, Productivity and Returns to Scale in

Agriculture Revisited: A Case Study of Wine Producers in South Africa [J]. Agricultural Economics, 19 (1-2): 175-180.

Vollrath D, 2007. Land Distribution and International Agricultural Productivity [J]. American Journal of Agricultural Economics, 89 (1): 202-216.

Wu Z, Liu M, Davis J, 2005. Land Consolidation and Productivity in Chinese Household Crop Production [J]. China Economic Review, 16 (1): 28-49.

Yang X, Borland J, 1991. A Microeconomic Mechanism for Economic Growth [J]. Journal of Political Economy, 99 (3): 409-436.

Yang X, Shi H L, 1992. Specialization and Product Diversity [J]. American Economic Review, 82 (2): 392-398.

Young A A, 1928. Increasing Returns and Economic Progress [J]. Economic Journal, 38 (152): 527-542.

第二章　农机服务发展的横向一体化逻辑

本章提要：本章借助交易半径和交易密度的理论概念，一方面从农机服务商面临的交易半径选择、作业周期约束、交易费用等维度，刻画交易半径的决定机制；另一方面从信息传递和"赢定输移"策略等维度，考察农户卷入农机服务市场的需求约束。将农机服务商和农户的局限约束同时纳入模型分析发现：①农机服务市场的初始交易密度，决定了服务商交易半径的增长速度；②当市场的信息披露程度和传递速度提高，"赢定输移"策略会促使小农卷入农机服务市场，并使得交易密度、交易半径和市场容量同时提升；③农机服务商的交易半径和市场容量受制于农业的时令特征和作业周期性，这为构建种植业"纬度布局"提供了理论依据。

2017 年中央 1 号文件提出，要大力培育新型农业经营主体和服务主体，通过经营权流转、股份合作、代耕代种、土地托管等多种方式，加快发展土地流转型、服务带动型等多种形式规模经营。学界普遍关注流转，认为通过农地流转集中与规模经营，可以改变我国农地细碎化造成的低效率格局（钱忠好，2003；许庆等，2011）。但事实证明，尽管全国农地流转面积已经占到家庭承包耕地总面积的 35% 左右（截至 2017 年 3 月），但不仅大大低于农业劳动力的外出比例，而且已经发生的流转主要发生在小农户之间，流转规模小，难以形成规模化经营（叶剑平等，2000；叶剑平等，2006；洪名勇和尚名扬，2013）。2013 年对江苏、四川、山西、吉林和河北的农户调查显示，农户耕地经营面积在过去 7 年间仅平均增长了约 0.03 公顷（Ji et al.，2016）。因此，农地经营权流转并未有效促进农地规模化经营。

在农地流转市场发育滞后，且农业家庭经营仍将长期作为我国基本经营制度的阶段，发展农业服务规模经营无疑是转变农业经营方式，提高农业绩效的重要举措（罗必良，2016；胡新艳等，2016）。在罗必良等（2017）看来，农业经营虽然具有分散化、生产环节难以量化、雇工难以监督等天然不足，但借助农地产权细分，引入多元经营主体，发展农业社会化服务市场和分工经济，依然可以将小规模的农业家庭经营户卷入分工经济。从我国农业经营方式转型的大格局来看，农业分工和社会化服务已然成为一种大趋势（向国成和韩绍风，2007；王定祥和李虹，2016）。

发展农业社会化服务市场对于推动中国农业经营方式转型具有重大意义，但目前鲜有研究探讨农业社会化服务市场规模的形成和决定机制。尽管对如何构建农业服务经营体系进行了广泛的讨论，但却忽视了小农自主决策的关键性作用（关锐捷，2012；高强和孔祥智，2013；仝志辉和侯宏伟，2015）。为此，罗必良（2017）提出了交易半径和交易密度两个重要概念，在理论层面阐述了农业社会化服务市场容量的生成机理，具有重要的分类学价值。但应该强调，市场是由供需双方构成的（田国强，2016），如果缺乏有效的市场需求以及与之相匹配的服务供给，农业专业化和规模化的服务市场显然难以形成。为此，本章借助罗必良（2017）提出的两个概念，进一步探讨农业社会化服务市场的规模决定机理。重点在于：①从服务供给侧揭示农业生产性服务交易半径的决定机制；②从农户服务需求侧阐明其卷入分工经济，并形成农业生产性服务交易密度的内在逻辑；③进一步将两个独立模型纳入统一分析框架，并以种植业为例，探讨农业社会化服务规模决定的"时空"机制，以期为推进我国农业现代化和组织化提供理论依据。

2.1 农机服务商交易半径的决定机制

农作物种植包括多个生产环节。假定存在生产性服务的供给者 i（本章统一简称为服务商），它移动的速度为 v，单位时间可服务的农地规模为 s。同时假定：①在农作物的一个生产周期内，i 只提供单一类型（生产环节）的服务，且其处理具体农事活动的时限为 T；②一个农户需要服务的规模为 s_j，农户在空间中均匀分布，且相邻农户的间距为 d（即交易密度概念）。依据罗必良等（2017）的做法，引入交易半径概念，且假定 i 提供的服务集中在一个圆内，它只有将交易半径内所有农户需要的服务处理完，才会继续向外扩张。为了降低作业过程中的时间消耗，i 按照圆周的方向逐渐向外扩张（可以证明，该做法的移动距离最短）。同时，我们也将农户经营的农地抽象为小圆，区别于服务商提供服务的大圆，这样便于将农户的间距做具体处理。此时相邻农户的距离就变成了相切圆圆心的距离。于是有：

$$\sqrt{\frac{s_j}{\pi}} \leqslant \frac{d}{2} \qquad (2.1)$$

即相邻农户的间距不能小于单一农户作业规模的直径。

为了考察 i 会如何选择交易半径，可将交易半径设置为 R [①]，在交易半径为 R 的范围内可容纳的农户数量 N 可表示为一个经验函数形式 [②]：

$$N = \kappa_1 \frac{R^2}{d^2} + \kappa_2 \qquad (2.2)$$

其中，κ_1 和 κ_2 为参数，且 $\kappa_1 > 0$。那么交易半径内的市场容量可表示为：

$$Q = Ns_j \qquad (2.3)$$

如前所述，i 所提供的服务是受到农作物生命节律限制的，即 i 耗费在提供服务和空间转移上的时间之和不能超过 T [③]，即：

$$\frac{Nd}{v} + N\frac{s_j}{s} \leqslant T \qquad (2.4)$$

此外，i 在交易半径内的服务收益可表示为：

$$R_i = Qr \qquad (2.5)$$

其中，r 为单位面积作业收益。服务商所消耗的成本分为三部分：作业总成本 C_w、移动总成本 C_v 和交易总费用 TC（如与农户协商等）：

$$C_w = Qc_w \qquad (2.6)$$

$$C_v = Ndc_v \qquad (2.7)$$

$$TC = T(R^2, d^2) \qquad (2.8)$$

其中，c_w 为服务商的单位面积作业成本，c_v 为服务商的单位移动成本。那么，i 的目标函数可设置为：

---

① 为简化分析，可做如下抽象：将农户置于半径为 $d/2$ 的圆内，其经营的农地则为半径为 $\sqrt{s_j/\pi}$ 的圆，两圆同圆心。那么，交易容量可转变为，半径为 R 的圆可以包含多少个半径为 $d/2$，且相互相切的圆的问题。

② 该经验函数的设置是根据圆的面积公式得出的。近期，业界有人提出大圆包含小圆的经验公式：$N = 0.83(4R^2/d^2) - 1.9$，但认可度并不高。为此，作者以圆的面积之比为基础，设置了一个包含参数的经验公式。当然，由于无法确定该形式的合理性，作者也尝试采用公式 $N = 6R/d - 2$ 进行推导，但与本章的结论无显著差异。理论上说，这里可以设置 $N(R^2/d^2)$ 和 $N(R/d)$ 两类抽象函数，但后文涉及大量求解交易半径的公式，不做显式处理会造成模型无法求解。如果后期该经验公式得证，可重新论证本研究推论的稳健性。

③ 可以证明，服务商从大圆圆心出发，顺着圆周一圈一圈往外的运动半径最短。而且假定，服务商是按照从一个农户的圆心到另一个农户的圆心运动的。这类似于巴西一种长臂的耕作机械，其作业是在农户的耕地上伸缩机械臂，沿圆周往外旋转作业，其移动必然是从一个地块的圆心到另一个地块的圆心。

$$\max(Qr - Qc_w - Ndc_v - TC) \qquad (2.9)$$

约束条件为式（2.4），式（2.4）处理可得：

$$R \leqslant \sqrt{\frac{d^2}{\kappa_1}\left(\frac{T}{d/v + s_j/s} - \kappa_2\right)} \qquad (2.10)$$

式（2.9）对 R 求偏导数可得：

$$\frac{\partial Z}{\partial R} = \frac{2\kappa_1 R}{d^2}(s_j r - s_j c_w - c_v) - 2RT'_R(R^2, d^2) \qquad (2.11)$$

令式（2.11）等于 0，有：

$$\frac{2\kappa_1}{d^2}(s_j r - s_j c_w - c_v) - 2T'_R(R^2, d^2) = 0 \qquad (2.12)$$

据式（2.12）是无法确定式（2.9）在式（2.10）确定的区间上的单调性的，为此需要将 TC 做显式处理，本章设立了三类交易费用函数。第一类是市场容量与交易费用满足线性关系。在杨小凯和黄有光（1999，P257）的研究中，他们将设置了交易费用系数，即单位交易的交易费用相等；第二类是市场容量与交易费用的关系满足分段凸函数。杨小凯和黄有光（1999）的处理方式是建立在交易同质的基础上，但在农业服务作业的过程中，本地的社会关系网络有助于降低交易的费用。但是，一旦超越熟人关系网络，信息的传递、价格的商量等成本就会提高，由此形成了一个交易"差序格局"（仇童伟等，2017），可采用分段凸函数表达；第三类是市场容量与交易费用的关系满足凸函数。分段凸函数假定了农业服务作业的交易费用的变化存在严格的门槛，但这种假设过强。实际上，如果将任何向外拓展的交易都视为一个新的分段凸函数，并不断细分，可形成一个连续的凸函数。具体分析如下：

2.1.1 交易费用的形式：市场容量的线性函数

$$T(R^2, d^2) = \delta N \qquad (2.13)$$

其中，δ 为交易费用系数。式（2.13）对 R 求导，并带入式（2.12）：

$$F = \frac{2\kappa_1}{d^2}(s_j r - s_j c_w - c_v) - \frac{2\kappa_1}{d^2}\delta \qquad (2.14)$$

由式（2.14）可知，当：

$$s_j r - s_j c_w - c_v - \delta \geqslant 0 \qquad (2.15)$$

i 选择的交易半径为：

$$R^* = \sqrt{\frac{d^2}{\kappa_1}\left(\frac{T}{d/v + s_j/s} - \kappa_2\right)} \qquad (2.16)$$

相反，如果：

$$s_j r - s_j c_w - c_v - \delta \leqslant 0 \qquad (2.17)$$

那么 i 选择的交易半径为：$R^* = 0$，即，i 不会提供农业社会化服务。换句话说，如果从一开始，农业的分工收益就低于分工引致的交易费用，那么分工就难以形成，这与杨小凯和黄有光（1999）的观点一致。

当 $T(R^2, d^2)$ 与参与交易的农户数满足线性关系，且假定 $s_j r - s_j c_w - c_v - \delta \geqslant 0$，那么 i 会选择提供服务，而且其交易半径受到农作物生长周期、市场交易密度和服务商技术特征的限制。

2.1.2　交易费用的形式：市场容量的分段凸函数

$$T(R^2, d^2) = \begin{cases} \delta_1 N, 0 \leqslant R \leqslant \overline{R} \\ \delta_2 N, \overline{R} \leqslant R \leqslant R^* \end{cases} \qquad (2.18)$$

其中，δ_1 和 δ_2 为交易费用系数，且有 $\delta_1 < \delta_2$。$\overline{R}$ 为交易半径的某一临界值，表明在交易半径的不同范围内，交易费用具有不同的函数形式。R^* 同式（2.16）。从分段函数特征来看，当 $0 \leqslant R \leqslant \overline{R}$，将 $T'_R(R^2, d^2)$ 带入式（2.12）：

$$F = \frac{2\kappa_1}{d^2}(s_j r - s_j c_w - c_v) - \frac{2\kappa_1}{d^2}\delta_1 \qquad (2.19)$$

假设 $s_j r - s_j c_w - c_v - \delta_1 > 0$，那么在 $0 \leqslant R \leqslant \overline{R}$ 上，i 将持续为农户提供服务。

当 $\overline{R} \leqslant R \leqslant R^*$ 时，将 $T'_R(R^2, d^2)$ 带入式（2.12）：

$$F = \frac{2\kappa_1}{d^2}(s_j r - s_j c_w - c_v) - \frac{2\kappa_1}{d^2}\delta_2 \qquad (2.20)$$

假设 $s_j r - s_j c_w - c_v - \delta_2 > 0$，在 $\overline{R} \leqslant R \leqslant R^*$，$i$ 将持续为农户提供服务。如果将分段凸函数的区间不断细分，那么当：

$$\frac{2\kappa_1}{d^2}(s_j r - s_j c_w - c_v) - \frac{2\kappa_1}{d^2}\delta_i = 0 \qquad (2.21)$$

即当 $\delta_i = s_j r - s_j c_w - c_v$ 时，i 的净收益达到最大值。即，随着交易半径的增加，如果交易系数 δ_i 也随之在增加，那么只要来自分工的报酬高于市场容量扩大造成的交易费用，那么农业分工就会进一步深化，直至分工的收益等于由其引致的交易费用。

2.1.3 交易费用的形式：市场容量的凸函数

$$T(R^2,d^2)=\delta_3 N^m,(m>1) \tag{2.22}$$

其中，δ_3 为交易费用系数。式（2.22）对 R 求导：

$$T'_R(R^2,d^2)=\frac{2\kappa_1\delta_3 mR}{d^2}\left(\frac{\kappa_1 R^2}{d^2}+\kappa_2\right)^{m-1} \tag{2.23}$$

将式（2.23）带入式（2.12）：

$$F=\frac{2\kappa_1}{d^2}(s_j r-s_j c_w-c_v)-\frac{2\kappa_1\delta_3 m}{d^2}\left(\frac{\kappa_1 R^2}{d^2}+\kappa_2\right)^{m-1} \tag{2.24}$$

令式（2.24）为 0，有：

$$R^*=\sqrt[2]{\frac{d^2}{\kappa_1}\left[\sqrt[m-1]{\frac{(s_j r-s_j c_w-c_v)}{\delta m}}-\kappa_2\right]} \tag{2.25}$$

式（2.24）进一步对 R 求导：

$$F'_R=-\frac{\kappa_1^2 R\delta m(m-1)}{d^4}\left(\frac{\kappa_1 R^2}{d^2}+\kappa_2\right)^{m-2}<0 \tag{2.26}$$

由式（2.26）可知，R^* 为交易半径的极大值点。此时参与服务外包市场的农户数为：

$$N=\sqrt[m-1]{\frac{(s_j r-s_j c_w-c_v)}{\delta m}} \tag{2.27}$$

2.2 农户的生产决策过程

服务商的外包服务供给与农户的服务外包需求具有相互性。本部分进一步考察农业社会化服务的发展将如何影响农户的种植结构调整，进而讨论服务市场容量的生成机理。为便于分析，我们假定有潜在的服务商 i 会提供服务，且存在交易半径为 R 的区域①。该区域存在 n 个农户，并假设只当 m 个农户选择种植能进行服务外包的农作物时，农业的外包服务市场才会形成②。换言

---

　①　在这部分，我们参照杨小凯和黄有光（1999）在《专业化与经济组织——一种新兴古典经微观经济学框架》第二章中关于交易费用的处理方式，先将潜在服务商的出现或交易半径作为先验因素处理，第四部分进一步将其内生化。实际上，在本部分的分析中，服务商是否进入市场取决于农业服务市场的容量，这本身也是其内生化的表现。

　②　这里假定 m 个农户即使分布在圆周的最外沿，i 提供服务的净收益也不小于 0。余下部分的分析均假定这个约束成立，不予赘述。

之，只有当区域内种植同一类农作物（设定为 A 作物）的农户比重达到 m/n，农业服务市场才可能出现。本部分的变量和参数设置如下：各农户经营的农地面积为 s_j，可消耗的劳动力标准化为 1。种植农作物 A 的单位产值为 P_A，单位面积上的劳动消耗量为 L_A，种植农作物 B 的单位产值为 P_B，单位面积上的劳动消耗量为 L_B。农户除了投入在农地上的劳动力外，其余劳动力均会到市场上去寻找工作，假定市场的平均工资为 w，农户的劳动力在市场上找到工作的概率为 φ。

进一步假定农作物 A 的生产环节可进行服务外包，但农作物 B 属于劳动密集型作物（如经济作物）而难以卷入农业分工。并且，农作物 A 一旦进行服务外包，单位农地上种植作物 A 的劳动消耗量由外包前的 L_A 变为 ρL_A，从而使劳动消耗节省了 $(1-\rho)L_A$，但单位面积农地的外包服务费为 k。为了使我们的分析更接近现实，还需要设置如下约束条件：

$$P_B s_j \geqslant L_B s_j w \varphi \tag{2.28}$$
$$P_B s_j < L w \varphi \tag{2.29}$$
$$P_A s_j - k s_j \leqslant (1-\rho)L_A s_j w \varphi \tag{2.30}$$
$$P_A s_j + (1-L_A s_j)w\varphi < P_B s_j + (1-L_B s_j)w\varphi \tag{2.31}$$
$$P_A s_j + (1-\rho L_A s_j)w\varphi - k s_j > P_B s_j + (1-L_B s_j)w\varphi \tag{2.32}$$

式（2.28）到式（2.32）表达的是：第一，当种植农作物 B 的劳动力不高于 $L_B s_j$ 时，种植农作物 B 的劳动产出率高于市场工资率，但农作物 B 的产值低于 $w\varphi$；第二，在劳动力与农作物 A 的劳动需求匹配时，种植农作物 A 的劳动产出率低于劳动的市场工资率。但是，种植农作物 A 可以进行服务外包，且外包后，农作物 A 的产值加上家庭剩余劳动力的预期非农收入，大于农作物 B 的产值加上家庭剩余劳动力的预期非农收入。也就是说，种植农作物 A 释放的劳动力，可以提高家庭的总收入。但问题是，在面临潜在服务商是否出现的不确定性时，农户会如何选择农作物 A 和农作物 B 呢？为简化模型，本章将农户的选择设置为 0 或 1，即只要选择某类农作物，那么农户经营的全部农地上均为该农作物。

当面临潜在服务商是否出现的不确定性时，农户选择种植什么农作物就主要取决于他们之间的示范效应和信息传递。因为种植农作物 A 的农户比例越高，服务商就越可能出现。而且这里只考虑一期的决策，否则就会出现农户多时期相机决策的情况。接下来，根据农户决策的信息传递方式，本章区分了信息完全不可传递和信息可传递两种信息传递机制[①]。前者对应的决策机制为农户独立做决策，且所有农户的决策概率独立同分布。后者对应的是农户根据周围其他农户的选择来决定自身的农作物种植类型，且假定，随着农户之间距离的增加，信息的传递性呈指数形式下降（迪克西特，2007）。对两种情形的分析如下：

2.2.1 农户独立决策：信息完全不对称

在农户的决策互相独立的情况下，假定农户选择农作物 A 的概率为 γ，那么农户 j 做决策的概率分布如下：

$$\gamma(A_j \mid A_1,A_2,\cdots,A_{j-1},A_{j+1},\cdots,A_n) = \gamma(A_j) \qquad (2.33)$$

假设农户是同质的，那么式（2.33）的结果可表示为 $\gamma(A_0)$（常数）。根据上文关于潜在服务商是否出现的约束条件：当 n 个农户中至少出现 m 个农户种植农作物 A。那么这个概率可表示为：

$$P_1 = \sum_{J=m}^{n} C_n^J \gamma(A_0)^J (1-\gamma(A_0))^{n-J} \qquad (2.34)$$

由于单个农户决策的总收益是受制于其选择概率的，但这里我们希望从总的社会收益来看农户进行农作物选择的绩效变化。首先，在不存在社会化服务时，农户的总收益为：

$$S_1 = n[P_B s_j + (1-L_B s_j)w\varphi] \qquad (2.35)$$

考虑农户可能存在普遍种植农作物 A，并诱发服务商出现的可能性。那么，根据式（2.34）和农户家庭收入的构成方式，可得此时农户的总收益为：

$$S_2 = \sum_{J=m}^{n} C_n^J \gamma(A_0)^J (1-\gamma(A_0))^{1-J} \{J[P_A s_j - k s_j + (1-\rho L_A s_j)w\varphi] +$$
$$(n-J)[P_B s_j + (1-L_B)w\varphi s_j]\} + (1-P_1)S_1$$
$$\qquad (2.36)$$

以农户家庭总收益的大小为判断标准，只要存在：

$$S_1 < S_2 \qquad (2.37)$$

[①] 本章做这样的区分，主要是为了便于比较分析。如读者感兴趣，可将信息的传递程度设置为一个参数引入模型，这并不会改变模型的结果。当然，本章式（2.38）所表达的就是一种信息传递可获性的空间衰减机制，一定程度上可避免作者的重复工作。

那么，农业外包服务市场就会发展起来，且按照"赢定输移"[①]的资源竞争性配置约束机制，式（2.32）的约束条件必然使得种植农作物 A 成为农户的占优策略。当然，读者也可以将单个农户作为分析对象，但不会改变模型的最终推论。

2.2.2　农户联合决策：信息交互影响

很显然，从众多的研究来看，农户的行为都具有"羊群效应"（杨唯一和鞠晓峰，2014；杨卫忠，2015）。也就是说，农户之间种植信息的传递会干扰他们选择种植的农作物品种。为此，依据迪克西特（2007）的处理方式，在以农户为圆心，且半径为 χ 的圆内[②]，其他农户可以传递信息并影响农户种植类型决策的概率可设置为如下函数形式：

$$P_2 = \frac{ae^{-a\theta}}{2[1 - e^{-a\chi}]} \qquad (2.38)$$

其中，a 表示信息传递系数，θ 为农户与其他农户的距离。为了便于分析，假定：在每个农户周围存在 s 个农户种植农作物 A，农户周围半径为 R 圆内种植作物 A 和作物 B 的农户均匀分布。那么农户通过其他农户的信息来决策自己的农作物种植类型的概率可表示为：

$$SP_2 = \int_0^{\chi} \frac{ae^{-a\theta}}{2[1 - e^{-a\chi}]} d\theta \qquad (2.39)$$

（1）当 $\frac{s}{n} \geqslant \frac{m}{n}$ 时，农户的预期收入为：

$$I_1 = SP_2[P_A s_j - k s_j + (1 - \rho L_A s_j)w\varphi] + (1 - SP_2)[P_B s_j + (1 - L_B s_j)w\varphi] \qquad (2.40)$$

式（2.40）是否能够成为农户种植农作物 A 的充分条件呢？如果存在：

$$I_1 > P_B s_j + (1 - L_B s_j)w\varphi \qquad (2.41)$$

那么，信息传递就能够带动农户种植农作物 A。由于假定农户同质，则

---

①　"赢定输移"策略可表述如下：如果我们在上一轮中都采取合作行为，那么我会再次选择合作。如果我们在上一轮中都采取背叛行为，那么我会以某一概率与对方合作。如果上一轮中采取不同的行为，那么我会选择背叛（马丁·诺瓦克，2010；马丁·诺瓦克和罗杰·海菲尔德，2013）。在本研究中，农户一旦因服务外包而获得更高的收益，他们将长期选择种植农作物 A。因为与种植农作物 B 相比，种植农作物 A 并进行服务外包是经济收益上的"赢"。

②　这里假定，农户的信息传递是存在阈值的，一旦农户间距超过 χ，那么信息传递无法成功。这对于农村分散的居住格局和经营格局而言，无疑是合理的。

意味着所有农户均选择种植农作物 A，由此形成连片种植。将式（2.41）简化可得：

$$P_{A}s_{j} - ks_{j} + (1 - \rho L_{A}s_{j})w\varphi > P_{B}s_{j} + (1 - L_{B}s_{j})w\varphi \quad (2.42)$$

式（2.42）与式（2.32）的形式是一致的，这说明，在农户的农作物种植存在示范效应，且种植信息和收益信息可传递的决策环境中，只要存在农业的外包服务市场，农户种植农作物 A 的家庭预期总收益是要高于种植农作物 B 时的预期总收益的。此时，"赢定输移"策略将使得种植农作物 A 的农户比例迅速增加。当然，这里还存在一个隐含的假设：农户种植的农作物类型和家庭收入状况的信息是可以被识别的，且可传递。基于这个假设，那些因未种植农作物 A 而遭受"损失"的农户才会调整他们的种植结构。

（2）当 $\frac{s}{n} < \frac{m}{n}$ 时，农户的预期收入为：

$$I_{2} = SP_{2}[P_{A}s_{j} + (1 - L_{A}s_{j})w\varphi] + (1 - SP_{2})[P_{B}s_{j} + (1 - L_{B}s_{j})w\varphi]$$
$$(2.43)$$

很显然，从式（2.43）来看，此时农户的预期收入是小于完全种植农作物 B 时的收益的，参见式（2.31）。换句话说，一旦农户因种植农作物 A 而蒙受"损失"，那么他们就会重新选择种植农作物 B。

2.3　农业外包服务市场的发展机制：从横向分工到纵向分工

在农业外包服务市场的发展过程中，纵向分工依赖于横向分工（罗必良等，2017；罗必良，2017）。因此，本节首先设置农户跨时期农作物选择（横向专业化和连片种植）的状态模型，然后与服务商的决策模型结合，进而探讨从横向分工和连片专业化到纵向分工的约束机制。

假设在某一期（如第 1 期）种植农作物 A 的农户比重达到 m/n。农户选择种植农作物 A 的原因是，种植粮食作物的劳动消耗比经济作物要低，且生产环节的可分离性及其服务外包能够有效降低农业生产的机会成本（钟甫宁等，2016；仇童伟和罗必良，2017，2018）。进一步地，假定农业服务需求市场满足服务商的目标约束，且规定在服务商的决策方程中，交易费用为市场容量的凸函数（即式（2.22）），农户的信息传递模式为式（2.39）。那么各时期农业外包服务的需求者数量如下：

$$N_{1} = \frac{m}{n}N \quad (2.44)$$

$$N_2 = N_1 + (1 - \frac{m}{n})N\int_0^\chi \frac{ae^{-a\theta}}{2[1 - e^{-a\chi}]}\mathrm{d}\theta \qquad (2.45)$$

$$\cdots\cdots$$

$$N_n = N_{n-1} + (N - N_{n-1})\int_0^\chi \frac{ae^{-a\theta}}{2[1 - e^{-a\chi}]}\mathrm{d}\theta \qquad (2.46)$$

由式（2.44）到式（2.46），可得：

$$N_n - N_{n-1} = \left(1 - \int_0^\chi \frac{ae^{-a\theta}}{2[1 - e^{-a\chi}]}\mathrm{d}\theta\right)^{n-2}(N_2 - N_1) \quad (2.47)$$

由式（2.47）变换可得：

$$N_n = \frac{[1 - (1 - \varepsilon)^{n-1}]}{\varepsilon}(N_2 - N_1) + N_1 \qquad (2.48)$$

其中，$\varepsilon = \int_0^\chi \frac{ae^{-a\theta}}{2[1 - e^{-a\chi}]}\mathrm{d}\theta$。

式（2.48）表达的是在交易半径为 R 的区域内，第 n 期种植农作物 A 的农户比重。而且，为便于分析，假定按照式（2.32）的约束，接收信息后种植农作物 A 的农户，将在 s_j 种植面积上全部进行服务外包。为了与第二部分的分析结合起来，可将初始种植农作物 A 的农户比重设置为 β，并满足如下条件：

$$\beta Qr - \beta Qc_w - Ndc_v - TC \geqslant \left(\frac{Nd}{v} + \beta N\frac{s_j}{s}\right)w\varphi \qquad (2.49)$$

这里将非农务工的单位时间的工资设置为 w，且假定服务商依然需要按照原来的路径寻找农户，即他们的交易费用和机械空转的成本不变，但作业的时间可以节省下来。那么，按照现有设置，式（2.48）可表示为：

$$N_n = [1 - (1 - \varepsilon)^{n-1}](1 - \beta)N + \beta N \qquad (2.50)$$

换言之，在时期 n，单位面积上种植农作物 A 的农户密度为：

$$\rho_n = \frac{[1 - (1 - \varepsilon)^{n-1}](1 - \beta)N + \beta N}{\pi R^2} \qquad (2.51)$$

式（2.51）表达的是，种植农作物 A 的农户在空间上是均匀分布的。那么按照第二部分服务商的目标函数和约束，现在的目标函数和约束分别为：

$$\max\left[N_n s_j r - N_n s_j c_w - Ndc_v - TC - \left(\frac{Nd}{v} + N_n\frac{s_j}{s}\right)w\varphi\right]$$
$$(2.52)$$

$$\frac{Nd}{v} + N_n\frac{s_j}{s} \leqslant T \qquad (2.53)$$

按照拉格朗日法可得:

$$L = N_n s_j r - N_n s_j c_w - N d c_v - TC - \left(\frac{Nd}{v} + N_n \frac{s_j}{s} \right) w\varphi + \lambda \left(T - \frac{Nd}{v} - N_n \frac{s_j}{s} \right)$$

$$(2.54)$$

式(2.54)分别对 R 和 λ 求导:

$$L_R{}' = \frac{2\kappa_1 R s_j r}{d^2}\eta - \frac{2\kappa_1 R s_j c_w}{d^2}\eta - \frac{2\kappa_1 R c_v}{d} - \frac{2\kappa_1 R \delta m}{d^2}\left(\frac{\kappa_1 R^2}{d^2} + \kappa_2 \right)^{m-1}$$

$$- \frac{2\kappa_1 R w\varphi}{dv} - \frac{2\kappa_1 R s_j w\varphi}{d^2 s}\eta - \frac{2\kappa_1 R \lambda}{dv} - \frac{2\kappa_1 R s_j \lambda}{d^2 s}\eta \qquad (2.55)$$

$$L_\lambda{}' = T - \frac{Nd}{v} - \frac{\eta N s_j}{s} \qquad (2.56)$$

其中,$\eta = \left[1 - (1-\varepsilon)^{n-1} \right](1-\beta) + \beta$。

令式(2.55)和式(2.56)为 0,求出的极值点为:

$$R^* = \sqrt[2]{\frac{d^2}{\kappa_1}\left(\frac{T}{d/v + \eta s_j/s} - \kappa_2 \right)} \qquad (2.57)$$

从式(2.57)来看,服务商的交易半径是农作物生长和生产周期 T 的增函数,是相邻农户间距 d 的增函数[1],是初始种植农作物 A 的农户比重 β 的减函数,也是农户接受信息后转变种植行为概率 ε 的减函数。如果假定农户的分布和初始种植农作物是先验决定的,那么决定服务商交易半径的外生因素主要就是 T 和 ε。对于前者,在特定区域内的某种农作物,其生长周期是无差异的,这就决定了沿着经度布局农作物种植结构会抑制服务商交易半径的扩大,最终形成多中心、小范围的服务区域(罗必良,2017)。对于后者,其涉及市场信息的传递和披露问题,一旦服务市场内的组织结构改善,信息传递融通,市场供给稳定,那么信息衰减的程度会大大下降,由此增加社会化服务潜在的市场需求。很显然,信息披露程度的增加表明,农户预期的收益是在增加的,那么农户横向专业化和连片种植的可能性也在增加,有利于促进纵向分工。但是,农业固有的节令特征和服务商的作业效率决定了,信息披露程度增加造成的交易密度的增加,会使得服务商的交易半径收缩。主要原因在于,服务能力

---

[1] 相邻农户间距的增加无疑需要扩大交易半径才能获得正的预期净收益,这也是农业难以分工的主要原因。分散化的生产布局,使得初始的分工收益显著低于经营成本。如果在一个生产周期内,服务商无法获得正的净收益,自给自足将是农业的帕累托最优状态。本章是基于交易半径内出现分工正收益的前提展开的,故不需要考虑分工中交易效率和分工收益的两难问题,如读者感兴趣,可参考杨小凯和黄有光(1999)的研究。

决定了固定周期内服务商的作业量，为了降低交易费用，收缩交易半径更合乎经营效率。上述两方面的结合，则构成了农业社会化服务市场发育的"时空"概念。

2.4　一个延伸：农业服务市场的"时空"概念

随着农业劳动力非农转移规模的扩大，小规模、细碎化的农地家庭经营一定程度上抑制了农业经营绩效的改善。但作为农村基本的经营制度，家庭经营的基础性地位是被历史证明了的。在这种情况下，如何从农地规模经营转变为服务规模经营，成为当前政府和理论界普遍关注的话题（罗必良，2017）。虽然通过引入农业社会化服务，可以将农业家庭经营卷入分工经济，提高农业经营绩效。但是，农业固有的受限于农作物生命节律和分散化经营的特征，都使得它的分工程度要比工业小得多（杨小凯和黄有光，1999；罗必良，2008）。即使政府大力推进农业社会化服务市场的发育，但其固有的零碎化、服务组织的弱质化、农业经营周期的固定化导致的设备利用不充分、市场需求不足等，都使得农业服务市场的容量和细分程度难以改善。

罗必良（2017）提出了农业外包服务市场的横向专业化和纵向专业化概念，由此构建了一个从连片经营到纵向专业化，以及两种专业化互动的理论模型。这一思路与本章的共同之处在于，农业外包服务市场供给的出现是建立在横向专业化基础之上的。如果特定交易半径内连片种植程度达不到最低进入规模，那么式（2.49）无法成立，潜在的服务商也不会出现。一旦连片种植规模达到阈值，市场的潜在盈利空间会诱发具有企业家精神的主体进入农业服务市场。反过来，服务规模或交易半径的增加，会使得那些未连片经营的农户会在其他农户的信息传递（如服务稳定信息、盈利信息和就业转移信息等）下，依照"赢定输移"策略，调整其种植结构，这又会进一步增加交易密度。随着市场容量的扩大，那些易于度量的生产环节将进一步实现分工，进而深化农业纵向分工（图2-1）。但按照上述理论模型，在当前农业社会化服务的发展过程中，很容易会出现多中心、多区域、碎片化的服务市场。这些市场往往集中在一个村，或者一个区域，难以形成组织化、规模化、系统化以及跨区域的市场布局。由此造成农业社会化服务的大市场概念难以形成，市场的运行仍然依赖于与工业的"迂回交易"得以维系，并缺乏自身的"造血"功能。

但从式（2.57）来看，农业外包服务市场的交易半径是可以改变的，至少

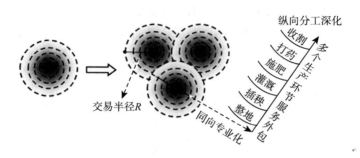

图 2-1　市场密度、交易半径与服务多样化（罗必良，2017）

从农作物的生长特性和节令的匹配上存在这种可能。在以往的研究中，学者们大多关心的是市场的空间概念。例如市场的细分、市场的价格歧视等，大多是基于空间的可分性来做文章的。与之不同的是，农业固有的必须根据生命节律及时处理作业信息的属性，使得其经营具有时间上的不可间断性。因此，农业外包服务市场的时间和空间概念是存在互动关系的。通过改变农作物的节令或生长周期与服务作业的匹配模式，有可能诱导农业服务市场交易半径的调整。

　　一方面，专业化服务商在东西经度上的跨区作业范围及其交易半径，与其生产环节的时令周期相关。该时令周期越长，其交易半径越大，且经度跨区作业的范围越大。

　　另一方面，专业化服务商在南北纬度上的跨区作业范围及其交易半径，既与其生产环节的时令周期相关，也与区际季节延时性相关。该时令周期越长，其交易半径越大；区际季节延时性越大，纬度跨区作业的范围越大。

　　可见，从我国农业的整体布局出发，应该寻求在空间和时间上的双向调整（图 2-2）[1]。

　　首先，目前我国种植业的布局是以东西走势为主，如玉米的种植就是以淮河以北为主，且主产区在东三省、内蒙古、新疆一线。这样的布局符合按照等温线且最适合农作物生长气候的布局思路，但由此带来的结果是，玉米收获期内整体作业的难度增加，造成农业服务市场（如玉米征地、播种和收割等环节分工）呈现小范围、局部、多中心的特征。但随着农业技术的进步，长江、淮河中下游，以及东南沿海地区的玉米种植也成为可能。其他的如小麦、稻谷等

　　① 当然，这里是从服务规模经济角度而言的。但从效率来说，有可能面临新的"两难冲突"：扩大时令周期，能够改善服务效率，但可能降低单位时间的生产量或时间效率。本章假定技术进步能够克服后者。

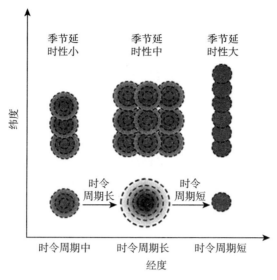

图 2-2　农作物布局：交易半径与跨区作业

农作物，也基本上实现了可以在全国范围内种植。但所处温度带的不同，会使得农作物在成熟的时间上存在差异，这造成农业作业的周期从南到北被拉长了。换句话说，农业社会化服务的作业周期存在被延长的现实可能性。一旦在农业自然特征上存在调整种植业布局的可能，那么在技术层面上就存在实施的潜能。

其次，按照从南到北的种植业布局思路，在延长农业生产周期的同时也会增加交易半径。更为重要的是，由于作业周期延长，农业服务组织的固定资产投资和机器设备被闲置的频率就会下降。这一方面有利于提高农业服务组织的运作效率，另一方面也有助于引导农业服务组织加大后期投资，提高市场的深化程度。具体来说，农业外包服务市场的纵向分工程度会提高，作业的效率会改善，市场的组织化程度和规范化程度也会提升。而且，随着农业服务市场大格局和大信息的形成，会将更多从事传统家庭经营的小农户卷入分工经济。主要是在引导横向专业化的过程中，促使小农的连片种植，深化农业纵向分工和增加市场容量，由此通过提高交易密度和减少单位作业的交易费用等来改善农业社会化服务的实施效率。因此，农业社会化服务市场的"时空"概念是改变当前市场发展慢、分散化、规模不经济等不足的重要方向，也是拓展市场容量、延长交易半径和提高交易密度的重要抓手，以此可以推动农业发展的横向专业化、连片种植以及纵向分工的深化。

2.5 本章小结

发展农业社会化服务市场，是缓解我国农地细碎化经营固有效率不足的重要途径。虽然近年来，国家政策反复强调加快推进农业社会化服务市场的发育，但学界对有关理论性问题的研究严重滞后。在借鉴罗必良（2017）提出的农业服务市场的交易半径和交易密度理论概念的基础上，本章通过构建服务商交易半径决定理论模型、农户服务采纳的信息传递模型，并将二者的决策纳入统一模型，系统考察了农业社会化服务市场在空间和时间上的发展路径。研究表明：①初始农作物种植类型涨落所诱发的农业服务潜在市场的容量，对于农业社会化服务市场交易半径的后期增长具有正向激励作用。②随着服务市场信息的披露和传递速度的加快，基于"赢定输移"策略的农户会主动加入农业分工经济，由此提高市场的交易密度和交易半径。③虽然市场容量的增加会激励更多具有企业家精神的主体进入农业社会化服务市场，但囿于农业固有的节令特征和作业周期性，发展规模化、组织化、系统化的农业社会化服务市场必须立足于我国种植业"纬度布局"的调整，由此形成"大农业"与"大市场"概念。

虽然本章重点关注了交易半径和交易密度视角下农业社会化服务市场的规模决定机制，但其中无疑包含了交易费用的含义，且涵盖了社会化服务的组织建构、组织竞争和觅价等问题。首先，农业社会化服务市场始终面临分工水平和市场容量与交易费用的两难选择，虽然我们还无法确定服务商在扩大交易半径的过程中，到底面临怎样的交易费用增长模型。但很显然，交易费用会约束农业社会化服务的交易频率和交易半径。在张五常（2014）看来，讯息费用是交易费用的重要组成部分。随着觅价速度的增加，交易速度也会增加。这无疑说明，本章中农户信息传递机制的模型设置具有重要意义。反过来说，农业服务市场网络的形成，也会提高服务商的觅价速度，降低讯息费用。这有利于服务商在农业生产周期内扩大交易半径，提高横向专业化和纵向分工的程度。

其次，迪克西特（2007）认为，规范化、组织化的交易在市场发育的初始阶段都会面临规模不经济。这与 Yang 和 Shi（1992）所表达的分工与交易费用的两难困境相似。在农业社会化服务市场的发展初期，服务商的沉淀成本在短期内往往难以收回，市场容量和交易预期不足也会显著抑制潜在竞争者的进入。造成上述情况的直接原因是，发展初期的市场呈现的碎片化、不连贯、价格信息机制不健全和竞争不足。进一步地，农业固有的生命节律性和分散化特征又是抑制服务市场规模化、组织化的重要原因。加之，农业的分工程度本来就低于工业，且大多依赖于与工业的"迂回交易"来自我支撑，工业对农业生产租值的吸纳使得农业社会化服务市场的发育面临"内忧外患"。

　　基于上述分析，本章认为，当前亟须调整我国农业布局并构建"大农业"和"大市场"概念，以发展农业分工经济并降低农业的自然约束。一方面，构建种植业"纬度布局"可以扩大市场容量，促进连片种植和纵向分工，提高农业服务组织的交易范围和交易频率，形成"大农业"概念。另一方面，"大市场"概念的形成会提高市场竞争主体数量和信息传递优势，提高交易速度并增加服务商获得的生产租值。很显然，农业社会化服务"大市场"的形成，不仅有助于加快农业现代化和组织化进程。而且，分工租值的积累还会提高农业服务组织应对市场和自然风险的能力。因此，中国农业的现代化和组织化，必然是与农业分工经济和种植业布局调整密切相关的。

参考文献

仇童伟，罗必良，2017. 农地调整会抑制农村劳动力非农转移吗？［J］. 中国农村观察（4）：57 - 71.

仇童伟，罗必良，2018. 种植结构"趋粮化"的动因何在？——基于农地产权与要素配置的作用机理与实证研究［J］. 中国农村经济（2）：65 - 80.

仇童伟，杨震宇，马贤磊，2017. 农村土地流转中"差序格局"的形成与破除——基于交易"差序格局"和第三方实施的分析［J］. 农林经济管理学报（4）：441 - 453.

迪克西特，2007. 法律缺失与经济学：可供选择的经济治理方式［M］. 北京：中国人民大学出版社.

高强，孔祥智，2013. 我国农业社会化服务体系演进轨迹与政策匹配：1978—2013 年［J］. 改革（4）：5 - 18.

关锐捷，2012. 共同破解农业社会化服务体系建设难题［J］. 农村经营管理（11）：1.

洪名勇，尚名扬，2013. 信任与农户农地流转契约选择［J］. 农村经济（4）：23 - 27.

胡新艳，朱文珏，罗必良，2016. 产权细分、分工深化与农业服务规模经营［J］. 天津社会科学（4）：93 - 98.

罗必良，2008. 论农业分工的有限性及其政策含义［J］. 贵州社会科学（1）：80 - 87.

罗必良，2016. 农地确权、交易含义与农业经营方式转型——科斯定理拓展与案例研究［J］. 中国农村经济（11）.

罗必良，2017. 论服务规模经营——从纵向分工到横向分工及连片专业化 [J]. 中国农村经济 (11)：2-16.

罗必良，等，2017. 农业家庭经营：走向分工经济 [M]. 北京：中国农业出版社.

马丁·诺瓦克，2010. 进化动力学：探索生命的方程 [M]. 北京：高等教育出版社.

马丁·诺瓦克，罗杰·海菲尔德，2013. 超级合作者 [M]. 杭州：浙江人民出版社.

钱忠好，2003. 农地承包经营权市场流转：理论与实证分析——基于农户层面的经济分析 [J]. 经济研究 (2)：83-91.

田国强，2016. 高级微观经济学 (上册) [M]. 北京：中国人民大学出版社.

仝志辉，侯宏伟，2015. 农业社会化服务体系：对象选择与构建策略 [J]. 改革 (1)：132-139.

王定祥，李虹，2016. 新型农业社会化服务体系的构建与配套政策研究 [J]. 上海经济研究 (6)：93-102.

向国成，韩绍凤，2007. 分工与农业组织化演进：基于间接定价理论模型的分析 [J]. 经济学季刊 (2)：513-538.

许庆，尹荣梁，章辉，规模经济、规模报酬与农业适度规模经营——基于我国粮食生产的实证研究 [J]. 经济研究 (3)：59-71.

杨唯一，鞠晓峰，2014. 基于博弈模型的农户技术采纳行为分析 [J]. 中国软科学 (11)：42-49.

杨卫忠，2015. 农村土地经营权流转中的农户羊群行为——来自浙江省嘉兴市农户的调查数据 [J]. 中国农村经济 (2)：38-51，82.

杨小凯，黄有光，1999. 专业化与经济组织——一个新兴古典微观经济学框架 [M]. 北京：经济科学出版社.

叶剑平，蒋妍，罗伊·普罗斯特曼，等，2006. 2005年中国农村土地使用权调查研究——17省调查结果及政策建议 [J]. 管理世界 (7)：77-84.

叶剑平，罗伊·普罗斯特曼，徐孝白，等，2000. 中国农村土地农户30年使用权调查研究——17省调查结果及政策建议 [J]. 管理世界 (2)：163-172.

张五常，2014. 经济解释 (第4版) [M]. 北京：中信出版社.

钟甫宁，陆五一，徐志刚，2016. 农村劳动力外出务工不利于粮食生产吗？——对农户要素替代与种植结构调整行为及约束条件的解析 [J]. 中国农村经济 (7)：36-47.

X. Ji, S. Rozelle, J. Huang, et al., 2016. Are China's Farms Growing? [J]. China & World Economy, 24 (1)：41-62.

X. Yang and H. Shi, 1992. Specialization and Product Diversity [J]. American Economic Review, 82 (2)：392-398.

第三章 农机服务发展的纵向一体化逻辑

本章提要：本章以经典分工理论为基础，设置了自给与外包服务的完全替代，部分替代和完全互补的关联性，探讨了其对农业纵向分工的影响。结果表明，如果自给与外包服务满足完全替代或部分替代关系，那么外包服务交易效率和管理效率的改善，专业化经济程度的提高均会促进农业纵向分工。如果自给与外包的服务满足完全互补关系，那么自给和外包服务谁是"短板"决定了农业纵向分工的路径。外包服务为"短板"时，改善外包服务的交易效率和管理效率，提高其专业化经济程度均会深化农业纵向分工。自给服务为"短板"时，改善外包服务的交易效率会诱致农业生产的内生分工和纵向一体化。分析还发现，非农就业市场和产品市场的发展会诱使农户减少，甚至退出自给服务，长期来看有利于深化农业纵向分工。

随着中国农村农业经营制度改革的深化，改变传统农业家庭经营的地块分散化、专业程度低、缺乏技术进步动力等固有不足，构成了现阶段推进农业社会化服务和多种形式规模经营的主要原因（罗必良等，2017）。伴随着近年来中央1号文件反复强调大力发育农业社会化服务，高强和孔祥智（2013）、王钊等（2015）、仝志辉和侯宏伟（2015）开始从经验分析和规范分析的角度，探讨了农业社会化服务的市场需求、发展轨迹和分工体系构建等内容。但不得不说，学界对农业社会化服务的发展规律和农业分工内在逻辑的理论分析仍严重滞后。

尽管罗必良已经阐述了农业横向专业化和纵向分工的内在逻辑（罗必良等，2017；罗必良，2017），但需要进一步深化的是不同中间服务的相互关系是如何影响农业纵向分工的[①]。其实，中间品或服务的关联性已经受到学界关

---

① 本研究所指的农业分工，主要是农业中间服务的多样化问题。其原因是，农业生产的不可间断性和受限于生命节律的特征，以及生物信息的不规则、区位条件和立地条件的差异性等，都使得农业生产的中间品不如中间服务更广泛，而且中间品在概念上也属于服务的范畴。可参见吉拉德·德布鲁（2015）关于服务和商品的界定。

注（杨小凯和黄有光，1999）。其原因是，中间品或服务的替代或互补关系决定了分工的转换成本和发展路径。而在农业生产中，一方面各类型农作物的可分工性是不同的，这决定了不同生产环节可嵌入外包服务的程度差异（仇童伟和罗必良，2017）。另一方面，由于农作物可分工性的差异，不同中间服务关联性的差异（如自给服务和外包服务）也会对农业纵向分工产生影响（罗必良等，2017）。因此，探讨中间服务的关联性有可能深化农业分工内在机制并拓展分工理论。但是，探讨农业中间服务关联性的影响却面临两方面的困难：

第一，经典分工理论对中间品或服务关联性的讨论不足。尽管亚当·斯密通过制针案例说明，分工带来的专业化和熟能生巧确实能够提高单一中间品的生产效率（亚当·斯密，1994），但不同中间品或服务的关联性会如何影响分工发展并未被明确阐述。在 Young（1928）的分析中，分工与市场的关系以及分工诱致的规模报酬递增被进一步阐明，但对分工中各层级上中间品关联性的分析仍属空白。直到 Dixit 和 Stiglitz（1977）的研究，学界关于产品多样化决定机制的建模开始变得普遍起来。但包括 Dixit 和 Stiglitz（1977）、Krugman（1979）、Yang 和 Shi（1992）、Lio（1998）在内的众多学者，要么不分析中间品或服务的问题，要么借助部分替代弹性来分析中间品或服务的关联性。很显然，他们关于 CES 模型替代系数的定义域设置（即替代系数的区间为（0，1））使得里昂锡夫生产函数无法被纳入分析之中。虽然杨小凯和黄有光（1999）后来讨论了中间品或服务的相互关系，但他们主要讨论的还是部分替代关系。由此造成分工中中间品或服务的关联性未被完全释析，这不利于学界借助经典分工理论来分析环节互动复杂性更高和中间服务可替代性差异更大的农业分工。

第二，农业中间服务的关联性多样，且相关研究不足。虽然国内学者已经尝试分析农业分工的现状、作用、体系构建等问题，但基本上还处于描述性分析的阶段，缺乏对农业分工内在机制的深入探讨，这使得对中间服务关联性如何影响农业纵向分工的分析无先例可循（江雪萍，2017）。此外，农业不同于工业的布局分散、受制于生命节律和监督困难等特征（罗必良等，2017），也使得农业中间服务的互动不如工业那么"干净"。仇童伟和罗必良的研究则表明，农作物类型的差异往往造成它们具有不同的环节分工特征（仇童伟和罗必良，2017），一来分工可计量性的差异明显，二来农作物价值和生产特性决定了监督难度的不同（中国农村发展问题研究组，1984），这使得不同生产环节进行服务外包的难度存在差异，也造成自给服务和外包服务可能存在多种形式的关联关系。因此，试图以部分可替代关系来刻画农业中间服务的关联性，必然造成处理的简单化和现实覆盖面小等不足。

上述两方面的困难表明，构建中间服务关联性影响农业纵向分工的理论模型是具有挑战性的。但亦可以发现，农业中间服务的关联性虽然复杂，但可抽象为完全替代、部分替代和完全互补三类①。经典分工理论，尤其是新兴古典经济学的分工模型，虽然普遍采用了 CES 模型来刻画中间品或服务的替代关系，但结合完全替代生产函数、里昂锡夫生产函数，可以对单一的分工模型进行拓展。而且，结合农户要素配置的多市场选择目标函数，也可以改变工业品市场中厂商的单一要素配置问题，更为准确地刻画要素流动性背景下中间服务关联性对农业纵向分工的影响。该分析有可能拓展经典分工理论的研究视阈，对明确我国农业分工的发展路径和科学制定推动农业社会化服务发育的政策也具有重要的理论价值。

本章剩余部分安排如下：构建农户生产模型和设置中间服务的关联性；探讨自给和外包服务关联性对农业纵向分工的影响，依次分析外包服务的交易效率、管理效率、专业化经济程度等因素对农业纵向分工和农户收入水平的影响，以识别中间服务关联性对农业纵向分工演化路径的影响；探讨传统分工理论的不足及农业分工理论拓展；结论与思考。

3.1　农户生产模型构建与农业服务相互关系设置

经典分工理论是分析工业品生产的，它们假定主体的收入和投入是等同的（Dixit and Stiglitz，1977；Krugman，1979；Yang and Shi，1992；Yang and Ben，1993）。换言之，生产者的产出最终变为他们购买的中间品和服务，这在完全竞争且生产者无储蓄的理想状态下是成立的。但在农户分析中，他们的农产品价值并不构成家庭的总收益，故不能假定农业产出或家庭总产值等于农业生产中间品或服务的成本。在本研究中，农户所能支配的要素禀赋仅为劳动力，这与杨小凯和黄有光的处理一致。不同的是，农户的劳动力可以配置在农业部门或非农部门，这取决于非农部门的工资水平和农业的分工效率。实际上，从目前中国农业生产和农村劳动力的转移来看，小农从事农业生产的机会成本越来越高，农业生产性外包服务由此作为替代性要素，在具有专业化优势和竞争性低价格的情形下会逐渐嵌入家庭农业经营（罗必良等，2017；罗必良，2017；仇童伟和罗必良，2017）。正因为如此，农业外包服务市场并不是一个独立的市场，农户的目标函数也与 Yang 和 Shi（1992）所设置的有所区别。参考他们目标函数的设置，本研究设置如下效用函数：

$$U = (1-cm)pY - \sum_{m\in M} p_m x_m^d - \sum_{j\in J} L_j w + (1-\sum_{j\in J} L_j)wc \in [0,1]$$

$$(3.1)$$

其中，Y 为农作物产量，c 为固定比例的外包服务管理费用，m 为购买的中间服务种类，$1-cm$ 即为扣除管理外包服务费用后的产品价值占比。p 为单位农产品的价格，p_m 为购买单位中间服务的价格，x_m^d 为购买中间服务的数量，L_j 为自给中间服务的劳动消耗量，w 为非农就业市场上单位劳动的价格。关于 Y 的生产函数设置，D-S模型和Y-S模型均采用了CES模型作为生产函数原型，其函数设置如下：

$$Y = \left[\sum_{i=1}^{n} (x_i + Kx_i^d)^\rho\right]^{\frac{1}{\rho}} \rho \in (0,1) \qquad (3.2)$$

其中，x_i 为自给的中间服务，x_i^d 为购买的中间服务，K 为交易效率，ρ 为替代系数。与采用不变替代弹性表达中间服务相互关系的简单处理方式不同，农作物的环节可分工差异决定了各环节上农户自给的中间服务被外包服务替代的程度各不相同。最为极端的情况是，那些因监督困难和存在道德风险的生产环节必须依赖于农户自给服务，而且该中间服务又与其他环节上的外包服务形成了完全互补关系，传统分工理论采用的CES模型显然无法完全刻画这些特征。为此，本研究借助中间品或服务的完全替代、部分替代和完全互补的相互关系，探讨差异化的中间服务关联性对农业纵向分工的影响。

然后，参照杨小凯、黄有光关于分工过程中，自给和购买中间品或服务的分类处理，本研究假定，小农不向市场供应农业中间服务，且不同时自给和购买同一类中间服务。假定农业生产环节区分为 n 部分，其中 m 个环节选择购买中间服务，j 个环节选择自给中间服务。那么，农业中间服务的相互关系可设置为如下三种函数形式：

$$Y = \{(y, -x_1, -x_2, \cdots, x_n) \in R^{n+1} : y \leqslant \sum_{j\in J} a_j x_j + \sum_{m\in M} a_m K x_m^d\}$$

$$(3.3)$$

$$Y = \{(y, -x_1, -x_2, \cdots, -x_n) \in R^{n+1} : y \leqslant [\sum_{j \in J} (x_j)^{\rho} + \sum_{m \in M} (K x_m^d)^{\rho}]^{\frac{1}{\rho}}\}$$

$$(3.4)$$

$$Y = \{(y, -x_1, -x_2, \cdots, -x_n) \in R^{n+1} : y \leqslant \min$$

$$(a_1 x_1, \cdots, a_j x_j, a_{j+1} K x_{j+1}^d, \cdots, a_n K x_n^d)\} \qquad (3.5)$$

式（3.3）到式（3.5）表达的农业中间服务关联性依次为完全替代、部分替代和完全互补。下文将表明，式（3.3）到式（3.5）的处理相当复杂。而且，如果根据农业中间服务的特性差异，将它们之间的替代弹性做不同的处理，虽然可以使得农业中间服务关联性的多样性具有一般化的表达形式，但求解函数的均衡解将变得异常困难，笔者推测这也是 Dixit 和 Stiglitz（1977）、Krugman（1979）、Yang 和 Shi（1992）未采用嵌套 CES 模型的主要原因。为此，下文将对上述模型作简化处理。

3.2 中间服务关联性与农业纵向分工深化

根据上文的模型设置，可将农户的目标函数和对农业中间服务的需求及其约束条件设置如下：

$$\max\{(1 - cm)pY - \sum_{m \in M} p_m x_m - \sum_{j \in J} L_j w + (1 - \sum_{j \in J} L_j)w\}（目标函数）$$

$$(3.6)$$

$$x_j = (L_j)^{\alpha}（自给中间服务生产函数） \qquad (3.7)$$

$$x_m = (L_m)^{\beta}（外包中间服务生产函数） \qquad (3.8)$$

$$\sum_{j \in J} L_j \leqslant 1（农户劳动力禀赋约束） \qquad (3.9)$$

$$(1 - cm)pY \geqslant \sum_{m \in M} p_m x_m + \sum_{j \in J} L_j w（农业生产的参与约束）$$

$$(3.10)$$

其中，L_j 为自给中间服务的劳动投入，L_m 为购买的中间服务的劳动投入，α 和 β 分别为自给和外包中间服务的专业化经济程度，可假定 $\alpha > \beta$。农户劳动力禀赋被标准化为 1，其余变量和参数的设置与式（3.1）中的一致。此外，式（3.10）表达得是，农业净产值不能低于购买中间服务和农户自给中间服务的机会成本，但后文将表明，这一约束可以放宽。

但求解式（3.6）的均衡解是相当复杂的，本研究做了如下简化处理：将中间服务作为连续变量，农户只在自给服务和外包服务之间选择，且二者的总量等于农作物生产需要的中间服务。但自给服务和外包服务具有不同的专业化经济程度，且二者内部均不存在差异化的替代系数（即 ρ）。即使按照式（3.3）到式（3.5）的累加处理，只要满足中间服务在量上的连续性，将其作为连续变量处理是可以接受的[1]。下文将分别从农业服务的完全替代，部分替代和完全互补的关联性出发，考察农业纵向分工的演化过程。

3.2.1 自给与外包服务完全替代的情景分析

按照近似处理，式（3.6）到式（3.10）可转变为如下形式：

$$\max\{(1-cm)pY - p_m x_m - 2L_j w + w\} \qquad (3.11)$$

$$x_m = (L_m)^a \qquad (3.12)$$

$$x_j = (L_j)^\beta \qquad (3.13)$$

$$Y = \{(y, -Kx_m, -x_j) \in R^3 : y \leqslant aKx_m + bx_j\} \qquad (3.14)$$

$$Kx_m + x_j = 1 \qquad (3.15)$$

$$L_j \leqslant 1 \qquad (3.16)$$

需要指出的是，式（3.11）中 m 的含义变为外包服务的程度[2]，如果将生产农作物需要的中间服务标准化为 1，那么 m 与 x_m 均表达为中间服务的外包程度，下同。经过对式（3.14）最大化一阶条件的处理后，可以得出如下关系：

$$\frac{\partial U}{\partial K} > 0 \qquad (3.17)$$

$$\frac{\partial U}{\partial c} < 0 \qquad (3.18)$$

$$\frac{\partial U}{\partial p_m} < 0 \qquad (3.19)$$

---

[1] 需要指出的是，本研究与 Dixit 和 Stiglitz（1977）、Krugman（1979）、Yang 和 Shi（1992）均将产品之间的替代系数做统一处理。其原因是，如果不同中间品或服务替代系数不一致，那么即会出现如式（3.5）的表达式，随即造成函数求解的难度增加，这在关于分工和专业化的研究中尚未被提及和处理的。

[2] 在 Yang 和 Shi（1992）的研究中，分工的多样化都是以主体可购买商品的种类或数量来衡量的。但如果涉及中间品的完全互补和完全替代关系，按照产品数量与外包程度的处理方式无本质区别。更进一步地，将自给和外包作为两种类型的产品也是符合逻辑的。其原因是，杨小凯和张永生根据"库恩—塔克"条件建立起来的"文定律"，认为主体不会同时购买和自给同一种中间品或服务（杨小凯和张永生，2003），即本章的设置是合理的。

$$\frac{\partial U}{\partial w} > 0 \qquad (3.20)$$

$$\frac{\partial m}{\partial K} > 0 \qquad (3.21)$$

$$\frac{\partial m}{\partial c} < 0 \qquad (3.22)$$

$$\frac{\partial m}{\partial \alpha} > 0 \qquad (3.23)$$

$$\frac{\partial m}{\partial \beta} < 0 \qquad (3.24)$$

$$\frac{\partial L_i}{\partial K} < 0 \qquad (3.25)$$

式（3.17）到式（3.19）表明，如果自给和外包的服务完全可替代，那么外包服务交易效率和管理效率的改善，有助于提高农户的家庭总收入，外包服务价格的增加则不利于家庭收入的增加。从杨小凯和黄有光的研究来看，交易费用的存在构成了分工经济的阻力，而分工深化又会带来更高的生产效率（杨小凯和黄有光，1999）。在农村劳动力流动性不断增强的背景下，发育农业社会化服务一方面可以降低农户搜集服务信息的交易费用，另一方面，市场竞争也会深化农业纵向分工，由此造成购买外包服务的成本和管理费用的下降，这反过来又会激励农户参与农业分工市场。很显然，非农就业工资率的增加也会激励农户参与农业分工市场。但本研究隐含了一个假设，即农户不会选择弃耕。至少在当前的社会背景下，农户还很难放弃土地。如果要使得约束条件更完善，引入式（3.10）即可①。

式（3.21）到式（3.24）表明，交易效率和管理效率的改善，会激励农户参与农业分工市场。而且，随着外包服务专业化经济程度的提高，分工经济会提高经济绩效，并激励农户参与分工市场。相反，如果农户自给服务的专业化经济程度很高，那么自给服务可能是最终的均衡解。通过假定 $\alpha > \beta$，可以规避农业退回到自给自足的情形。换言之，外包服务专业化程度的提高将促使农户卷入到分工经济。

---

① 实际上，式（3.10）的经济约束在现实中的农村是可以放宽的。据笔者对安徽、江苏、江西、辽宁、河南、广东、河北等地的农户访谈发现，如果考虑劳动力成本，很多农户的农业净收益为负值。因此，从纯粹的货币收益或经济成本上约束农户的农业生产行为，并不是一个符合实践的做法，故本研究放宽该约束。

此外，式（3.25）表明，如果改善交易效率，农户会减少投入在农业生产中的时间。很显然，分工的最大障碍是存在交易费用，分工的发展也正是分工的经济效益与交易费用两难困境涨落的外在表现。本研究的发现无疑强化了这一论断。

上述分析表明，如果农业中间服务的关联性为完全替代，那么外包服务专业化经济程度的提高，会通过提高农户自给服务的机会成本，促使中间服务的供需双方在专业化分工中实现帕累托改进。以稻谷的收割为例，虽然收割的目标是获得稻谷成品，但自给服务的农户在收割的过程中需要经历割稻、捆稻、运输、手工打稻或机器打稻（即脱粒）等环节，不仅各环节耗时较多，各环节间的转换成本也较大。当联合收割机作业等外包服务发展起来后，稻谷收割基本实现了一体化操作。而且，机器作业和自给服务在收割环节具有完全替代关系。实际上，中间服务的完全可替代性，在农业生产机会成本不断增加的阶段，会促使外包服务嵌入家庭农业经营。外包服务专业化经济程度的提高反过来又会激励农业技术进步和分工深化，我国收割机作业的发展历程就证明了这一点[1]。因此，对于那些被外包服务替代可能性较高的中间服务[2]，通过提高外包服务市场的交易效率和调整农业的空间布局、引入多元经营主体、构建服务信息披露平台等方式，诱导竞争价格机制的形成，可促进农业纵向分工并激励农户参与农业分工市场。

3.2.2 自给与外包服务部分替代的情景分析

参考 Yang 和 Shi（1992）的做法，对中间服务关联性处于完全互补和完全替代之间的状态，本研究采用 CES 模型进行刻画。此时，式（3.15）转换为如下形式：

---

① 20 世纪 70 年代末到 80 年代中期，东风-4 型自走式和桂林-2 型配套式全喂入联合收割机；20 世纪 80 年代末、90 年代初，如江南-120 型自走式、太湖-1350 型自走式、农友-90 型配套式等半喂入联合收割机；1994 年到 1996 年，收割机市场竞争趋于激烈，出现了许多具有市场竞争力的机型，机型主要包括新疆-2 型、上海-ⅡB 型、海马-Ⅲ型、珠江-1.5 型、常柴 4L-2.2 型、湖州-160 型、台州-150 型、太湖-1450 型、4LZ-150、4LZ-160 等履带自走式机型。这些机型的演进最初是政策推动的，逐渐到垄断，最后进入市场激烈竞争阶段，并带动了机器性能、结构、作物品种适应性等多方面的进步。

② 关于农作物生产环节可分工性的讨论可参见仇童伟和罗必良的研究。实际上，那些易于量化、监督成本较低的环节，如整地、收割等，都是易于外包的，而经济作物的收获环节往往因农品物易腐、易破损等属性造成机器作业的困难，因监督的困难造成难以雇工，进而导致这类农作物外包服务市场的发育相对滞后。

$$Y = \{(y, -Kx_m, -x_j) \in R^3 : y \leqslant [(Kx_m)^\rho + x_j^\rho]^{\frac{1}{\rho}}\} \rho \in (0, 1)$$

$$(3.26)$$

目标函数及其约束条件与式（3.11）到式（3.16）一致，经过对目标函数最大化的一阶条件处理后，可以求出如下关系[①]：

$$\frac{\partial U}{\partial K} > 0 \qquad\qquad (3.27)$$

$$\frac{\partial U}{\partial c} < 0 \qquad\qquad (3.28)$$

$$\frac{\partial m}{\partial K} > 0 \qquad\qquad (3.29)$$

$$\frac{\partial m}{\partial c} < 0 \qquad\qquad (3.30)$$

$$\frac{\partial m}{\partial \alpha} > 0 \qquad\qquad (3.31)$$

$$\frac{\partial m}{\partial \beta} < 0 \qquad\qquad (3.32)$$

$$\frac{\partial L_j}{\partial K} < 0 \qquad\qquad (3.33)$$

$$\frac{\partial L_j^{\beta-1}}{\partial K} < 0 \qquad\qquad (3.34)$$

式（3.27）到式（3.30）的结果与完全可替代模型中表达的结果一致。这说明，只要农业中间服务是可替代的，那么交易效率和管理效率的改善都会提高农户收入水平并激励他们参与农业分工市场。与 Yang 和 Shi（1992）研究不同的是，在他们的分析中，用以表征专业化经济程度的参数对分工的影响是不确定的。其原因是，他们将自给与购买服务的专业化经济程度做了同质化处理，造成难以判断自给服务和外包服务在专业化经济程度上的区别。通过区分自给和外包服务的专业化经济程度，后者的提高显然有利于农业分工，前者则不利于农业分工。

直观上看，自给服务专业化经济程度的提高会降低农户的劳动消耗，并提高对外包服务的替代率。相反，外包服务专业化经济程度的提高则会提高分工

[①]　读者可以参考 Yang 和 Shi（1992）的分析结果，其与本研究的结论没有本质区别。其原因是，不管是单一主体，还是多主体生产，Yang 和 Shi（1992）证明了他们具有相同的目标函数和一致的最终效用。而且，所有主体最终购置产品或服务的多样化程度及其约束条件都是同质的，因此本研究的这部分可视为他们研究的简化版。

效率，降低农业生产的机会成本。由此，农户势必参与农业分工市场以走向利润最大化的决策集。而且，本研究只给出了单一主体购买外包服务时的专业化经济程度，如果将其置于竞争市场的视阈下，市场容量的增加将通过分工深化、"干中学"、技术进步等途径，提高农业的专业化经济程度。显然，这会使得式（3.31）成立的约束进一步放松。

此外，式（3.32）和式（3.34）表明，交易效率的改善会降低中间服务的自给率，这在中间服务可替代情形下显然有利于农业分工。从 CES 函数的特征来看，在 $\rho \in (0,1)$ 时，其替代弹性 $1/(1-\rho)$ 的值域为 $(1, +\infty)$。很显然，完全替代函数只是已有分工模型的一个特殊形式，因此二者的结论基本一致。

3.2.3 自给与外包服务完全互补的情景分析

在农业生产中，那些互补性极强或完全互补的中间服务，往往具有缺一不可的"木桶效应"。可采用里昂锡夫函数表达这些中间服务的关联性，式（3.14）由此变为：

$$Y = \{(y, -Kx_m, -x_j) \in R^3 : y \leqslant \min(Kx_m, x_j)\} \quad (3.35)$$

目标函数及其约束条件与式（3.11）到式（3.16）一致，经过对目标函数最大化一阶条件的处理后发现，专业化、交易费用与分工的关系同农业中间服务的关联性为完全替代和不变替代弹性时相比，变得更为复杂。中间服务的交易效率、管理技术、专业化经济程度对农业纵向分工的影响，显示出对自给和外包服务谁是"短板"的依赖性。具体如下：

交易效率对农户效用的影响方面，如果外包服务为"短板"，即 $x_m < \dfrac{b}{aK + bK}$，可得：

$$\frac{\partial U}{\partial K} > 0 \quad (3.36)$$

如果农户自给服务为"短板"，即 $x_m > \dfrac{b}{aK + bK}$，交易效率对农户效用的影响是不明确的。只有满足式（3.37）的约束时，式（3.36）才成立。

$$-bp(1 - cx_m) + \frac{(1 - Kx_m)^{(1/\beta)-1}}{\beta} > 0 \quad (3.37)$$

虽然式（3.37）处理起来较为困难，但观察其表达式可以发现，农户自服务的专业化经济程度越高，交易效率改善能够提高农户效用的约束被打破的可能性也越大。其原因是，自给服务效率的提高有可能固化自给自足的农业经营模式。而且，自给服务的专业化经济程度还会影响交易效率的作用发挥，$(1-Kx_m)^{(1/\beta)-1}$ 对 K 偏导的正负性就显然取决于 β。此外，农产品价格的增加似乎也不利于农业分工。一个典型的事实是，农产品价格的增加会刺激农户在农业中投入更多的劳动，尤其像经济作物，它是难以参与农业分工的。相反，粮食等农产品价格的下降，反而会降低农业中劳动力的生产率，在诱发农户离农的过程中改善分工效率。

式（3.38）进一步表明，当自给与外包服务的关联性为完全互补时，无论自给或外包服务谁是"短板"，管理效率的改善均有助于提高农户收入水平。这与 Yang 和 Shi（1992）分析工业品时的结论一致。

$$\frac{\partial U}{\partial c} < 0 \qquad (3.38)$$

当考虑交易效率和管理效率对农业纵向分工的影响时，如果"短板"为外包服务，那么交易效率和管理效率的提高显然有利于促进农业的纵向分工，如式（3.39）和式（3.40）所示：

$$\frac{\partial m}{\partial K} > 0 \left(x_m < \frac{b}{aK+bK} \right) \qquad (3.39)$$

$$\frac{\partial m}{\partial c} < 0 \left(x_m < \frac{b}{aK+bK} \right) \qquad (3.40)$$

如果"短板"为农户自给服务，那么需要式（3.41）和式（3.42）同时成立。但从式（3.42）来看，c、p、β 等参数的改变都对式（3.42）的成立具有不明确的影响。因此，式（3.41）能否成立是无法判断的。实际上，如果农户从分工市场的发展中提升了自给服务的专业化经济程度，或提高机械、新技术的自给率，那么农业纵向分工或许会被一体化的经营模式替代，这在美国的大农场中是很普遍的。在中国，也存在很多专业合作社，同时兼顾了土地自营和服务自给的纵向一体化模式。这表明，如果农业生产的约束条件是农户自给服务，交易效率的改善对农业纵向分工可能存在多重影响。

$$\frac{\partial m}{\partial K} > 0 \left(x_m > \frac{b}{aK+bK} \right) \qquad (3.41)$$

$$x_m \left[(b+1)cp - \frac{2K(1-\beta)}{\beta^2} \right] + \frac{2}{\beta}(1-Kx_m) - p > 0 \qquad (3.42)$$

类似的，在农户自给服务为"短板"时，管理费用对农业纵向分工的影响也需同时满足式（3.43）和式（3.44）。它表明，当农业分工发展到一定程度后，管理效率的改善将促进农业纵向分工。而且，随着交易效率的改善和农户自给服务在农业生产中作用的下降，式（3.44）更可能得到满足。正如罗必良（2017）关于农业服务规模决定机制的分析，交易费用的下降会促进种植业的横向专业化，管理费用的下降则会减少购买外包服务的成本，二者都会提高农户的预期效用。

$$\frac{\partial m}{\partial c} < 0 \ (x_m > \frac{b}{aK + bK}) \tag{3.43}$$

$$p(bx_j - Kx_m) < 0 \tag{3.44}$$

进一步地，式（3.45）表明，在农业中间服务的关联性为完全互补时，无论自给或外包服务谁是"短板"，外包服务专业化经济程度的提高都会促进农业纵向分工。但是，农户自给服务的专业化经济程度的影响则具有"短板"依赖性：如果外包服务是"短板"，那么其专业化经济程度的提高会促进农业纵向分工（如式（3.46）所示）。如果农户自给服务是"短板"，式（3.48）的成立才能保证式（3.47）的成立。式（3.48）是否成立则很难判断，但我们可以假定 $x_m = 0$，即没有农业分工市场，此时式（3.48）不再成立。由此我们惊奇地发现，在没有农业分工市场的情况下，农户自给服务的专业化经济程度的提高也会促进农业纵向分工。这表明，农业分工或许是从传统小农社会内生出来的，这也从侧面反映了舒尔茨关于传统小农社会缺乏技术进步思想可能并不合理，也表明，传统小农社会因缺乏分工和技术进步而造成"农业规模报酬不变"的论断值得进一步商榷，并与埃斯特·博塞拉普（2015）的论断一致。

$$\frac{\partial m}{\partial \alpha} > 0 \tag{3.45}$$

$$\frac{\partial m}{\partial \beta} < 0 \left(x_m < \frac{b}{aK + bK}\right) \tag{3.46}$$

$$\frac{\partial m}{\partial \beta} < 0 \left(x_m > \frac{b}{aK + bK}\right) \tag{3.47}$$

$$\left[\frac{2K}{\beta^2} + \frac{2K\ln(1 - Kx_m)}{\beta^3}\right](1 - Kx_m)^{(1/\beta)-1} \bigg/$$

$$\left[bcpK + pcK - \frac{2K^2(1-\beta)}{\beta^2}(1 - Kx_m)^{(1/\beta)-2}\right] < 0 \tag{3.48}$$

式（3.49）到式（3.52）进一步给出了农户自给服务的劳动投入量与外包服务交易效率之间的关系。虽然上文已表明，在外包服务为"短板"时，交易效率和管理效率的改善均会促进农业纵向分工。但式（3.49）和式（3.50）却表明，外包服务交易效率的改善能否降低农户自给劳动量也存在局限约束。从式（3.50）来看，农产品价格的增加、管理费用的上升、自给劳动专业化经济程度的提高，均可能使得式（3.50）不成立。即，此时交易效率的改善并不会降低农户的服务自给率，这与对式（3.41）的解释类似。

实际上，在杨小凯和黄有光的分析中，我们的这些推断是完全成立的。唯一的区别是，本研究还表明，如果农产品价格、管理费用和自给劳动专业化经济程度改变了式（3.50）的约束，交易效率的改善反而会使得农户增加服务的自给量，这其实也是企业出现的根本原因。正是因为在市场上购买中间品或服务的交易费用过高，才会出现企业雇佣劳动，以间接定价代替直接定价的现象（Borland and Yang，1991）。因此，对于具有完全互补关系的农业中间服务，如果外包服务是"短板"，交易效率的改善并不一定能够促使农户退出农业生产。

$$\frac{\partial L_j}{\partial K} < 0 \left(x_m < \frac{b}{aK + bK} \right) \tag{3.49}$$

$$2ap \Big/ \left[apc\beta L_j^{\beta-1} - \frac{K(1-\beta)L_j^{-\beta}}{\beta} \right] < 0 \tag{3.50}$$

相反，式（3.51）和式（3.52）则表明，如果农业生产的"短板"为自给服务，那么随着农产品价格的提高、自给劳动专业化经济程度的下降，交易效率的改善会降低服务的自给率。很显然，当农户意识到自给劳动的低效率及其对农业产值的负效应，以及劳动投入的机会成本不断增加时，交易效率的改善会促使农户更多地采用外包服务来替代自给服务。而且，农产品价格是一个刺激农业分工的积极信号，它放大了自给服务的"短板"特征，促使农户通过要素替代，来弥补自给服务的"短板"。在这个过程中，自给与外包服务的专业化经济程度差异的扩大也会加速农户从自给服务中退出。因此，从长期来看，外包服务市场和非农就业市场的发展会促使农户从农业中退出，交易效率的改善会加速这一过程。

$$\frac{\partial L_j}{\partial K} < 0 (x_m > \frac{b}{aK + bK}) \tag{3.51}$$

$$\left(p - \frac{2L_j^{1-\beta}}{\beta} \right) \Big/ \left[-bpc\beta L_j^{\beta-1} - pc\beta L_j^{\beta-1} + \frac{2K(1-\beta)}{\beta} L_j^{-\beta} \right] < 0$$

$$\tag{3.52}$$

3.3　进一步讨论：传统分工理论的不足及农业分工理论拓展

传统分工理论试图通过构建产品多样化与消费者偏好、交易费用等之间的两难困境，剖析分工经济的发展规律，这无疑将新古典经济学和新制度经济学的核心要义与分工很好地结合了起来。但从亚当·斯密提出制针的案例开始，学者们普遍关注的是分工对经济发展的影响，以及分工是如何形成的，但较少有学者关注分工在不同中间品或服务关联性下是如何发展的。杨小凯和黄有光曾探讨了中间品或服务存在"并联"关系时的分工问题（杨小凯和黄有光，1999），但这与农业分工并不完全吻合。即使在工业品的生产中，不同的中间品或服务也存在多样化的关联性。因此，采用单一的生产函数不仅难以准确刻画分工在中间品关联过程中的发展，也容易将农户效用函数的情景设置在单一市场中①。为此，本研究探讨了自给和外包服务的差异化关联性下，农业纵向分工的发展路径，得出如下几点理论启示：

第一，中间服务可替代性不同，分工演化路径将存在差异性。本研究表明，如果中间服务的关联性为完全替代和部分替代，传统分工理论与农业纵向分工的发展路径基本吻合。如果中间服务的关联性为完全互补，那么很难判断分工的演化路径。不同于传统分工理论，自给和外包服务谁是"短板"通过影响生产函数的形式，进而决定分工的演化路径。但本研究并没有否定传统分工理论，只是表明，农业生产中存在完全互补的中间服务，会使得交易效率、管理效率、专业化经济程度对分工的影响与传统理论一致的约束条件更为苛刻。不过笔者认为，在农村要素市场和非农就业市场互动的过程中，农户将自发地退出农业经营，这将提高外包服务的替代率，进而促进农业纵向分工。

第二，中间服务的关联性在动态维度拓展了短板理论。传统短板理论认为，木桶能盛下水的容量是由这个木桶中最短的木板决定的。本研究则表明，从长期来看，哪块木板是"短板"会对木桶盛水量存在差异化影响。具体来说，当农户自给服务为短板，要素流动性的增强通过提高农业生产机会成本并诱使农户离农，该短板在长期来看会逐渐消失。一旦农户脱离自给服务的状态，农业外包服务市场的容量将进一步增加，由此深化农业纵向分工。相反，外包服务的"短板"则会在交易效率、管理方式和组织模式的优化过程中不断"愈合"。加之农户脱离自给中间服务的状态，无疑为外包服务市场的发育提供了激励。因此，在分析农业中间服务的相关性时，需考虑"短板"的特性和长

---

① 实际上，现有的分工理论模型基本是研究工业品的，它们假定了单一的工业品或服务买卖市场，厂商只能在自给和购买产品或服务之间进行选择，且资源无法配置在其他市场。这种情景设置在目前中国农村经济的发展中缺乏现实性，也不利于分工理论在要素多市场配置情景下的发展。

期演化特征，以动态分析替换静态分析，实现"短板"之间的互动共生和协同发展。

第三，在相互关联的市场互动中，农业纵向分工将持续演化和发展。上述分析表明，现有关于农业劳动力转移会造成农村衰败、农地闲置和抛荒、农业分工市场发展缓慢等担忧是相当感性的。Krugman（1994）关于国际贸易中"竞争迷恋"的批判与我们的想法是一致的。实际上，农村要素市场的发育和分工演化具有阶段性特征，其中呈现的衰败和秩序紊乱是从自给自足走向分工的必由之路。从 80 年代至今中国农村改革来看，农业农村的发展是在要素流动、市场演进、多市场互动的过程中不断调整和优化的。农业劳动力流动性增强引致的农地配置优化、农业种植结构调整、农业分工演进，以及农村要素市场与二三产业联动，都显示了不同市场关联性增强过程中农业分工深化的现实可能性。

3.4　本章小结

中国农业分工市场正迅速发展，但学界对农业分工路径和中间服务关联性的理论研究还很滞后。本章以经典分工理论为基础，结合农业中间服务的可替代特征，设置了自给和外包服务关联性与农业纵向分工的理论模型。分析表明，如果自给和外包的关联性为完全可替代或部分替代，那么外包服务交易效率和管理效率的改善，专业化经济程度的提高，均会促进农业纵向分工并提高农户收入水平。如果自给和外包服务的关联性为完全互补，那么当外包服务为"短板"，其交易效率和管理效率的改善，以及专业化经济程度的提高均会促进农业纵向分工。当自给服务为"短板"，外包服务交易效率的改善将造成农业的内生分工和纵向一体化。本研究还发现，农产品市场和非农就业市场的发展会促使农户脱离自给服务的状态，进而促进农业纵向分工。

上述发现对于正处于经营方式和要素市场转型的中国农业来说具有重要的理论借鉴价值。它表明：

首先，农业分工存在局限性，且阶段性特征明显。受限于农业经营的分散化、依赖生命规律和季节性等特征，农业分工的迂回程度较工业要低得多，其分工速度和范围也相对有限。而且，不同农作物的生产环节属性差异很大，例如经济作物部分环节分工的可计量性、可监督性等较弱，产权边界不清晰，致使农业纵向分工大多被纵向一体化替代。粮食作物的部分环节虽然可分工程度较高，但农业布局的分散化和农作物生长的季节性，使得市场容量有限，固定投资回收期长，分工不确定性高。

其次，农业分工的环节关联性复杂。正如本研究所述，对于可替代性较高的农业中间服务，通过增加外包服务的供给可以降低农户对中间服务自给率，促进农业纵向分工。但农作物的部分生产环节是难以参与分工的，且这些环节的互补性又极强。在这种情形下，需要发展多类型组织模式和分工替代模式（如企业理论中的间接定价），调整不同中间服务的替代弹性，通过迂回生产的方式为农业纵向分工提供新的发展路径。

最后，农业分工虽然存在局限，但借由其内在规律仍能发挥巨大潜能。尽管笔者反对为农业分工唱高调，但通过梳理农业纵向分工的演化路径及其与农业要素市场、非农就业市场等的关联性，发现这些外部因素的改变，会使得农业分工持续进行。从更大的范围来看，如果能够通过政策扶持和市场诱导改变农业服务市场的容量问题、交易效率问题、种植业"时空"布局问题、产权结构细分问题和农业劳动力转移问题等，那么中国的家庭农业经营将与农业分工市场形成更紧密的关联，进而推动农业现代化发展。

参考文献

埃斯特·博塞拉普，2015. 农业增长的条件 [M]. 北京：法律出版社.

仇童伟，罗必良，2017. 农地调整会抑制农村劳动力非农转移吗 [J]. 中国农村观察（4）：57 - 71.

高强，孔祥智，2013. 我国农业社会化服务体系演进轨迹与政策匹配：1978—2013 年 [J]. 改革（4）：5 - 18.

吉拉德·德布鲁，2015. 价值理论——对经济均衡的公理分析 [M]. 北京：机械工业出版社.

江雪萍，2017. 农户的农业经营：卷入分工经济—基于新兴古典的超边际分析 [D]. 广州：华南农业大学.

罗必良，2017. 论服务规模经营——从纵向分工到横向及连片专业化 [J]. 中国农村经济（11）：1 - 15.

罗必良等，2017. 农业家庭经营：走向分工经济 [M]. 北京：中国农业出版社.

舒尔茨，2009. 改造传统农业 [M]. 北京：商务出版社.

仝志辉，侯宏伟，2015. 农业社会化服务体系：对象选择与构建策略 [J]. 改革（1）：132 - 139.

王钊，刘晗，曹峥林，2015. 农业社会化服务需求分析——基于重庆市 191 户农户的样本

调查 . 农业技术经济 (9)：17 - 26.

亚当·斯密，1994. 国民财富的性质和原因研究 [M]. 北京：商务印书馆 .

杨小凯，黄有光，1999. 专业化与经济组织———一种新兴古典微观经济学框架 [M]. 北京：经济科学出版社 .

杨小凯，张永生，2003. 新新古典经济学与超边际分析 [M]. 北京：社会科学出版时 .

中国农村发展问题研究组，1984. 中国农村经济变革的系统考察 [M]. 北京：中国社会科学出版社 .

Borland，J.，Yang，X，1991. A Transactions Cost Theory of the Firm [D]. Mimeo, Department of Economics，University of Melbourne.

Cheung，S，1983. The Contractual Nature of the Firm [J]. Journal of Law and Economics，26 (1)：1 - 21.

Dixit，A. K.，Stiglitz，J. E，1977. Monopolistic Competition and Optimum Product Diversity [J]. American Economic Review，67 (6)：297 - 308.

Krugman，P. R，1979. Increasing Returns，Monopolistic Competition，and International Trade [J]. Journal of International Economics，9 (4)：469 - 479.

Krugman，P. R，1994. Competitiveness：A Dangerous Obsession [J]. Foreign Affairs，73 (2)：28 - 44.

Lio，M，1998. Uncertainty，Insurance，and Division of Labor [J]. Review of Development Economics，2 (1)：76 - 86.

Yang，X.，Ben，J. H，1993. Monopolistic Competition and Optimum Product Diversity：Comment [J]. American Economic Review，83 (1)：295 - 301.

Yang，X.，Shi，H，1992. Specialization and Product Diversity [J]. American Economic Review，82 (2)：392 - 398.

Young，A. A，1928. Increasing Returns and Economic Progress [J]. Economic Journal，38 (152)：527 - 542.

第二部分
农机服务发展的经济效应

第四章 农机服务发展与市场价格决定

本章提要：本章从农业经营主体的"有限理性"和两类服务供给的信息传递结构出发，构建了因讯息费用存在而导致的农业经营预期损失的理论模型。分析表明，本地服务较外地服务在识别突发性事件和不确定性上，更具比较优势。一个重要的原因在于，农业经营的分散化和跨区服务的不确定性，造成专注于外地服务成本优势的经营主体将面临更大的经营不确定性。借助于群体内的频繁互动和社会关系网络的"嵌入性"，本地服务可以大幅降低农业经营主体的觅价成本和讯息费用，并能从该部分成本缩减中获得服务溢价。值得注意的是，如果外地服务的供给变得稳定或经营主体处理突发事件的时滞缩短，那么本地服务和外地服务的价格将趋同。本章表明，农业分工市场的形成有赖于农业经营的特性及由此诱发的讯息费用，缓解分散化、多中心和间断性供给造成的信息识别风险，是深化农业分工的可能路径。

传统分工理论主要关注的是，专业化分工的经济绩效及其与市场容量的互动关系（亚当·斯密，1994；Young，1928）。进入 20 世纪 70 年代中后期，新古典经济学试图构建规模经济性与消费者多样性偏好之间的两难困境，剖析专业化分工的最优社会构成（Dxixit 和 Stiglitz，1977；Krugman，1979）。在此基础上，Yang 和 Shi（1992）从分工的经济性及其造成的交易费用出发，探讨了社会分工的形成逻辑。就分工发展的组织问题，杨小凯和黄有光（1999）在 Cheung（1983）的研究基础上，从市场与企业的合约性质层面给予了解释。这些研究的显著特征是，均把市场作为一种外生的因素，试图以社会化分工来满足消费者需求或改变经济效率。但是，就分工过程中同质产品或服务的定价问题来说，从来都是以不变价格作为基本假设的，从而忽视了分割市场情景下竞争不足造成的差异化定价问题。

但这一差异化定价问题已经出现在了中国的农业社会化服务市场之中，而且表现得尤为明显。据笔者对安徽、河南和江西等地的农户访谈资料得知，这些地区出现了本地服务价格与外地服务价格相等，或者前者大于后者等多种组合形式。数据资料显示，2017 年，河南省农户在整地和收割环节购买的外地服务价格为亩均 109.33 元，本地服务价格则为亩均 130.79 元①。尤其是在目前中国农业社会化服务市场快速发展的阶段（向国成和韩绍凤，2007；罗必良等，2017；Luo，2018），缺乏竞争和服务市场垄断显然不能作为农业服务定价差异化的有力解释。实际上，虽然发展农业社会化服务已成为中国农业转型和实施规模经营的重要途径（仇童伟和罗必良，2018a），但学界对于农业分工理论的研究显然严重滞后于实践。而且，该类研究仍在遵循亚当·斯密（1996）和 Young（1928）的传统范式，且未脱离瓦尔拉斯均衡的基本假定（向国成和韩绍凤，2007；罗必良，2017a；仇童伟和罗必良，2018b）。即，依靠现有分工理论可能难以解释竞争性市场中的差异化定价问题。

关于市场价格的形成问题，新古典价格理论暗含的基本假设是，在完全竞争市场中，成交价格等于市场出清价格。之所以出现成交价格偏离市场出清价格，主要的原因是存在垄断。其中，形成垄断价格的原因除了静态竞争和古诺双寡头竞争外，产品的横向差异化（Hotelling，1929）和纵向差异化等也极为重要。但"价格歧视"是供给方在不同的市场或群体中实施的差异化定价，而非多方供给主体在同一市场中对同质化的产品或服务进行的差异化定价，这显然不符合"三级价格歧视"的基本定义。此外，在农业生产的同质化环节（如收割、整地等），农户几乎不存在对服务类型的选择性偏好（除了价格）②。如果是这样，那么"一级价格歧视"和"二级价格歧视"也都无法对农业服务市场中出现的差异化定价做出合理性解释。就垄断的难度而言，农业的分散化经营特征也使得觅价和排挤其他服务商面临高昂的交易费用，垄断理论显然不具有足够的解释力。

相反，如果将价格的形成和产品的交易抽象为合约的制定和实施问题，那么就可以对差异化定价现象做出合理性解释。Coase（1937）和 Steven（1983）认为，市场价格机制和企业科层制本质上都是合约问题。关键在于，哪种合约的选择更具经济性。实际上，交易双方签订合约的一个重要原因是，为了规避风险。但是，由于交易费用的存在，合约的选择必须权衡预期收益和当前成本（Steven，1969）。很显然，合约的选择源于交易费用的存在，而交

① 数据来源于课题组 2017 年组织的对河南省小麦主产区 6 个县 3 987 户农户的微观调查。
② 这说明，产品的横向差异化和纵向差异化是无法解释农业服务市场的差异化定价现象的。

易费用中最为主要的部分是讯息费用（张五常，2014）。与该观点具有一致性逻辑的是，Arrow（1969）和 Williamson（1971；1981；2002）关于企业型合约之所以可以替代市场型合约的重要原因在于：人的"有限理性"。因为存在"有限理性"，讯息就不会是完全的，完全竞争市场理论必然存在失灵的可能。而且，如果市场型合约的稳定性不足，且市场的供给呈现碎片化，或者供给方存在"敲竹杠"的可能性，那么经营者为购买生产资料就必须重新进行觅价或者寻找替代性要素，这会导致巨额的讯息费用。这无疑是隐含在 Coase（1937）所阐述的企业是对市场的替代背后的逻辑。

事实上，20 世纪 80 年代关于美国和日本汽车制造业的讨论就为上述推断提供了有力支撑。Asanuma（1985a；1985b；1988a）研究表明，美国汽车制造业的纵向一体化程度比日本高很多，且美国汽车制造商与其次级承包商的关系类似于市场供需关系，且制造商会高频率地要求承包商压缩成本。这一合约安排导致的直接后果是，美国汽车制造业的技术创新和风险应对能力显著低于日本。在 Aoki（1986）看来，这实际上信息结构的问题，美国汽车制造业的合约安排形成了一种自上而下的信息传递结构，突发事件处理的及时性取决于决策者的能力。相反，建立在关系型合约基础上的日本汽车制造业，具有扁平化的信息传递结构，能够准确应对突发事件。结果是，日本汽车制造业中的次级承包商被要求压缩成本的频率要低于美国，且更具创新能力（Asanuma，1988b）。这种建立在关系型合约基础上的稳定供给关系无疑降低了觅价成本和讯息费用，也提高了制造商应对突发事件或不确定性的能力。作为代价，次级承包商获得了部分溢价收益。

上述理论和经验证据无疑为农业服务供给中的合约安排和价格形成机制提供了重要启示。农业经营是一种分散化程度极高的经济活动，其生产组织不仅具有空间上的隔离性，还受制于农作物的生命节律（罗必良等，2017）。这些独特的性质使得农业社会化服务市场具有典型的"时空"特性，且易形成碎片化和多中心的区域性布局特征（罗必良，2017a；仇童伟和罗必良，2018）。对于农业经营主体而言，他们从市场上，尤其是外来服务商那里购买农业服务的性质类似于市场价格的合约安排。至少从目前中国农业社会化服务市场的发展来看，跨区域且面对市场容量更大的服务商，它们的组织化程度和市场化程度均较本地服务商为高。但农业的经营特性决定了，外来服务商虽然能够按照市场价格提供服务，但他们的服务供给是不稳定的。尤其是对于中国这样一个国土面积巨大，且农业布局调整频率较高的国家，外来农业服务商每年的运行路线都会做出适时调整，给农业经营主体的生产活动造成了较大的不确定性。

相反，本地服务商就不会受限于农业经营存在的空间和距离障碍。尤其是长期处于特定区域内的农业经营主体和服务商，频繁的互动和生产经营行为的相互适配，能够最大限度地降低突发事件发生的可能性。这对外来服务商无疑构成了挑战。农业生产具有严格的周期性，一旦错过节令，那么整个生产链就断了，基本上无可补救。当外来服务商供给服务的稳定性不足时，农业经营主体如果仍坚持采用他们的服务，将面临较大的不确定性。归根结底，外来服务和本地服务的供给差别在于，农业经营主体的信息识别准确性和承担的风险是不同的。采用市场型合约（即使用外来服务供给）虽然具有更低的价格，但面临的风险是巨大的，农业经营主体事后处理突发事件的讯息成本可能更是高昂的。采用关系型合约（即使用本地服务供给），通过长期的互动，并借助本地服务的空间距离优势，可以降低服务供给的不确定性，从而减少因不确定而造成的预期损失。很显然，关系型合约的优势使得其服务价格会高于市场型合约，以弥补规模不经济造成的损失。由此表明，信息结构差异（对应于不同的合约安排）造成的不确定性差异及讯息费用，是农业服务差异化定价现象出现的内在逻辑。

为了系统地剖析农业服务市场中何以出现本地服务供给和外地服务供给的差异化定价机制，下文将首先模型化面对事后不确定性完全可识别和完全不可识别状态下，农业经营主体所面临的预期经营性损失，以刻画服务供给差异化定价的参照系；其次，本章将从农业经营主体识别不确定性的"有限理性"出发，刻画随机扰动状态下关系型合约和市场型合约造成的预期农业经营损失，从而得出农业服务供给溢价的可能区间；最后，文章进一步对农业服务供给差异化定价中蕴含的经济学含义进行讨论。本章的意义在于，通过阐释中国农业社会化服务发展过程中出现的差异化定价问题，拓展了农业分工理论的研究范畴，并为科学看待农业分工市场中两类服务供给主体并存的合理性，进一步深化农业社会化分工提供了理论参考。

4.1 信息识别风险与经营性损失

当我们将农业经营主体（农户或新型农业经营主体，但不考虑实施纵向一体化的经营主体）视为生产农产品的"母公司"，服务商自然就成为"母公司"需求服务的次级"承包商"。如果不考虑服务商存的"敲竹杠"行为，那么农业经营主体因服务供给不确定性而承担的风险实际上是其自处理突发事件能力的函数。很显然，外来服务商扮演的市场化供给主体，造成"母公司"与"承包商"之间的信息传递和突发事件处理类似于纵向型信息传递机制①。其原因在于，外来服务商与农业经营主体存在空间上的"隔离性"，缺乏长期且稳定的合约型供给关系，这会造成服务商在地理距离和合约距离上因突发事件而无法供给服务的风险增加。相反，本地服务商，因为地理距离的"接近性"和社会关系网络的"嵌入性"，使得信息的扁平化处理更为便易，关系型合约也更为稳定（尤其是村庄内部的熟人之间），即预期的损失和确定性更低。但是，信息识别和突发事件处理的能力是很难做出具体界定的，外来服务商和本地服务商如果不存在上述能力的区别，那么采用更加市场化和专业化的外来服务，与采用现场处理能力更强但市场化程度并不很高的本地服务可能并不存在效率上的显著差异（Aoki，1986；Asanuma，1988a，1988b）。

为了将由信息识别差异造成的损失风险识别出来，并借此阐明本地服务商的服务供给价格为什么高于外地服务商，首先假定农产品生产需要外包 n 个环节，每个服务商仅提供一项专业性服务。其次，假定 x_i（$i=1,\cdots,n$）为第 i 个生产环节外包产生的效益。参照 Aoki（1986）的做法，可以将由生产 x_i 的成本设置为二次型方程。与之不同的是，Aoki（1986）是用生产效益矩阵与一个正半定矩阵相乘来刻画成本函数的，为了简化分析，本章将采用单位矩阵替代正半定矩阵。其原因在于，首先，正半定矩阵是包含单位矩阵的，即在性质上不会影响模型的基本设置。其次，目前中国农业的生产环节能够进行服务的相对单一，且能够满足本章所探讨跨区服务和本地服务的供给类型更是有限的，因此做出相似类型服务存在标准化成本结构的假定是合理的。因此，可将成本函数设置为：

$$C_i(x_i, u_i) = [x_i - u_i]'\beta_i[x_i - u_i] + A_i(i = 1,\cdots,n) \quad (4.1)$$

其中，β_i 为单位矩阵与某常数的乘积，可表示为 αI_i，A_i 为常数矩阵。u_i 表示成本的不确定性，且有 $E[u_i] = u_i^*$，$E[(u_i - u_i^*)(u_i - u_i^*)'] = \mathrm{var}u_i$，$E[(u_i - u_i^*)(u_j - u_j^*)'] = 0$，即不同服务商的信息识别和不确定性是相互独立的。需要指出的是，除特殊说明外，本章中的符号均表达为矩阵。很显然，

---

① 这里的纵向型信息传递机制是立足于 Williamson（1971）阐述的企业科层制结构，但本章所表达的纵向型合约实际上是借助市场价格机制购买服务，然后进行计划指令性运作的农业生产。逻辑上说，这是市场和公司合约之间的替代和转换关系（Steven，1983）。

农业经营主体购买服务是为了取得最大化的经营性收益：

$$x^* = \sum x_i \qquad (4.2)$$

其约束条件为预期成本的最小化：

$$E[C(x,u)] = \sum E[C_i(x_i,u_i)] \qquad (4.3)$$

其中，$u = (u_1, \cdots, u_n)$，且假定其为事后可观测的，即出现突发事件时经营主体可以迅速识别并做出替代性措施（如无差异地寻找其他服务商或自行处理）。那么经营性收益可表示为[①]：

$$n[x_i^a - u_i] = [x^* - \sum u_i](i = 1, \cdots, n) \qquad (4.4)$$

由式（4.1）到式（4.4），以及 u 为事后可观测的假定可知，农业经营的预期总成本为：

$$C^a = (\alpha/n^2)E\{\sum [x^* - U]'[x^* - U]\} + \sum A_i \qquad (4.5)$$

式（4.5）处理可得：

$$C^a = (\alpha^2/n^3)[x^* - U^*]'[x^* - U^*] + (\alpha^2/n^3)$$
$$E\{\sum [U - U^*]'[U - U^*]\} + \sum A_i \qquad (4.6)$$

其中，$U^* = \sum u_i^*$。为便于分析，做如下简化：$C^* = (\alpha^2/n^3)[x^* - U^*]'[x^* - U^*] + \sum A_i$ 和 $V^a = (\alpha^2/n^3)E\{\sum [U - U^*]'[U - U^*]\}$。即式（4.6）可变换为：

$$C^a = C^* + V^a \qquad (4.7)$$

但式（4.4）的假设在突发事件无法及时识别和处理的情景下，u 将无法作为针对个别服务商的不确定性识别变量。此时，农业经营主体预期的损失是根据服务商供给不确定性的期望值进行计算的，即将式（4.4）中的 u_i 替换为 u_i^*：

$$n[x_i^b - u_i^*] = [x^* - \sum u_i^*](i = 1, \cdots, n) \qquad (4.8)$$

将式（4.8）带入式（4.1）可得：

$$C^b = (\frac{\alpha}{n})\sum E\{[x_i^b - u_i]'[x_i^b - u_i]\} + \sum A_i \qquad (4.9)$$

式（4.9）处理可得：

---

① 在 Aoki（1986）的模型设置中，他们的模型设置为 $x_i^b = u_i + \beta_i^{-1}\beta[x^* - U]$，本章将 $\beta_i = \alpha I_i$ 带入该式，即可得到式（4.4）。

$$C^b = (\alpha^2/n^3)[x^* - U^*]'[x^* - U^*] + \sum A_i$$
$$+ (\alpha^2/n)E\{[u_i - u_i^*]'[u_i - u_i^*]\} \qquad (4.10)$$

令 $V^b = (\frac{\alpha^2}{n})E\{[u_i - u_i^*]'[u_i - u_i^*]\}$，式（4.10）可变为：$C^b = C^* + V^b$。

式（4.6）和式（4.10）分别给出了农业经营主体可以准确应对外包服务环节出现的问题并及时做出调整，以及完全无法做出适应性调整情形下的预期经营成本。这两类成本分属两个极端，绝大部分的农业服务由供给不确定性造成的损失都介于二者之间。通过比较 C^a 和 C^b 可知，如果有 $\text{var}U = n^2\sum \text{var}u_i$，那么 C^a 和 C^b 是无显著性区别的。其中一个特例是 $u_i = 0$，即不存在突发性事件时，农业经营的预期收益将与农业服务供给的信息识别机制无关。如在黑龙江的齐齐哈尔市，截至 2017 年底，全市拥有农机合作社 261 个，农机总动力为 840 万千瓦，田间综合机械化率达到 95.05% 以上。而且，全市约有 83.8% 的农户加入了合作社。这样一种稳定的服务合约关系，几乎将由信息不确定造成的损失降到 0，因此外来服务商的供给价格与本地服务商的供给价格并不会存在显著区别①。

除此之外，由农业经营主体信息识别和难以处理风险而造成的损失大部分处于 $(0, V^b - V^a)$，差异的大小则取决于 u_i 的大小。如果某种农业服务的外来供给不确定性高（如整地），那么农业经营主体主观判断其造成的经营性损失就会相对增加，该服务的本地供给价格与外来供给价格的差距就会增加；相反，如果某种农业服务的外来供给不确定性低（如收割），那么农业经营主体主观判断其造成的经营性损失就会相对减少，该服务的本地供给价格和外来供给价格的差距就会缩小。据笔者对河南省的调查资料显示，小麦整地环节参与使用了外来服务的农户比重为 15.27%，本地服务供给价格和外地服务供给价格分别为 72.84（元/亩）和 54.66（元/亩）。类似的，小麦收割环节参与使用了外来服务的农户比重为 18.18%，本地服务供给价格和外地服务供给价格分别为 57.95（元/亩）和 54.67（元/亩）②。而且，就农业服务的市场容量而言，参与整地服务的农户比例为 73.3%，低于参与收割服务的农户比例

---

① 资料来源于《关于 2017 年全市农业农村工作情况介绍》（齐齐哈尔市农业委员会）。

② 需要指出的是，参与外来服务的农户指使用过外来服务的农户，无论其在该环节是否使用过其他来源的服务。但考虑到农户使用了多来源的服务，在计算农业服务价格时仅采用了使用单一来源的农户样本，以避免数据的叠加。数据来源于课题组 2017 年 8 月对河南省 6 个县 3 987 户农户的微观调查。

（82.14％）。因此，如果不考虑两类机械化服务运输成本的差异，那么外来服务供给规模减小所表达的交易不确定性，确实增加了农业经营主体的预期损失，变相提高了本地服务供给的溢价水平。

4.2　本地服务供给的信息优势：基于现场处理的便易性

农业经营主体之所以面临不同的服务商会出现价格的显著性差异，一个重要的原因在于他们的"有限理性"。实际上，Williamson（1971）关于交易组织形式选择的分析，就将人的"有限理性"视为运用市场机制的重要约束，这也是企业为何会出现的重要原因。尤其是当交易双方签订的合约不完全且存在"道德风险"时，"有限理性"造成的应对不确定性能力的不足必然降低经济组织的运行效率，这在20世纪80年代美国和日本汽车行业生产组织模式的对比中表现得尤为突出（Asanuma，1988a，1988b）。与式（4.4）和式（4.8）表达的所不同的是，没有任何农业经营主体能够完全理性地识别服务供给的不确定性并及时做出替代性调整，也不存在完全无法处理事后不确定性的主体。如果前者成立，信息完全必然导致市场出清，农业服务将出现普遍一致性价格。如果后者成立，信息完全不对称将造成严重的"价格歧视"，并将出现卖方垄断市场。但二者在中国农业服务市场中并未呈现普遍性。因此，本章将在式（4.4）的基础上，引入农业经营主体在信息识别上的"有限理性"：

$$u_i^k = u_i + v_i (i = 1, \cdots, n) \tag{4.11}$$

式（4.11）表达的是，在可识别的事后信息基础上加上由经营主体"有限理性"造成的随机扰动项。其中，v_i 为各服务商发生突出事件的扰动项矩阵，并满足 $E[v_i] = 0$ 以及存在 $E[v_i v'_i] = \lambda E[(u_i - u_i^*)'(u_i - u_i^*)]$ [①]。由此可将式（4.11）带入式（4.4）中：

$$n[x_i^k - u_i^k] = [x^* - \sum u_i^k](i = 1, \cdots, n) \tag{4.12}$$

很显然，从农业经营主体发现突发事件到及时处理是存在时滞的，也就是说，u_i 和农业经营主体的"有限理性"会使得突发事件产生一种可能的随机过程。借助 Yaglom（1962）的分析，可以将 u_i 的变化设置为正交增量的随机过程。即，在不相交的区间上的增量不相关的随机过程，这与 $E[(u_i - u_i^*)(u_j -$

---

① 该式表达的是 $\text{var} v_i = \lambda \text{var} u_i$，这可由式（4.11）推出。

$u_j^*)'] = 0$ 的逻辑是一致的。正交增量随机过程如下：

$$\dot{\mu}_i(t) = \dot{u}_i(t) + hu_i(t)\mathrm{d}t (i = 1, \cdots, n) \qquad (4.13)$$

由式（4.13）可推出：

$$E\{[u_i(t) - u_i^*][u_i(t + \Delta t) - u_i^*]'\} = e^{-h\Delta t}\mathrm{var}u_i(t) \qquad (4.14)$$

参照式（4.9）的做法，由式（4.12）可构建因不确定性而造成的农业经营预期成本：

$$C^c = \alpha \sum \{[x_i^k(t) - u_i(t + \Delta t)]'[x_i^k(t) - u_i(t + \Delta t)]\} + \sum A_i \qquad (4.15)$$

经处理，式（4.15）可变为：$C^c = C^b + (\lambda + 1 - 2e^{-h\Delta t})(C^b - C^a)$。考虑到 C^c 为"有限理性"状态下由不确定性造成的预期损失，而 C^b 为完全无法识别不确定性状态下的预期损失，故有 $C^c < C^b$。由此可得，$\lambda + 1 - 2e^{-h\Delta t} < 0$。为了识别本地服务商与农业经营主体的长期互动关系，可以将 $\lambda + 1 - 2e^{-h\Delta t}$ 视为由地理信息优势和长期互动而不断降低的不确定性状态。为便于分析，以 C^d 表征现场处理和互动后的不确定性损失。杨小凯和黄有光（1999）关于"熟能生巧"模型的构建，是采用时间累积量来表征专业化效率的改善[①]。但是，该做法无法识别各期因处理不确定性（$u_i(t)$）和互动而积累的经验。逻辑上说，本地供给商与农业经营主体的这种互动关系，使得关系型合约的稳定性更强，农业服务供给主体自发地处理突发事件和按时作业的可能性也会提高，由此降低了因不确定性造成的预期损失。首先，可以将式 $C^c = C^b + (\lambda + 1 - 2e^{-h\Delta t})(C^b - C^a)$ 转变为：

$$C^d = C^b + f(C^b - C^a) \qquad (4.16)$$

其次，参考 Aoki（1986）的做法，可将 f 的形式设置如下：

$$\frac{\mathrm{d}f(t)}{\mathrm{d}t} = \theta f(t)\log f(t) \qquad (4.17)$$

由式（4.17）可得：

$$f(t) = -e^{-\gamma e^{-\theta t}} \qquad (4.18)$$

其中，$f(0) = -e^{-\gamma}$。将式（4.18）带入式（4.16），并减去式 C^c 可得：

$$C^c - C^d = (\lambda + 1 - 2e^{-h\Delta t} + e^{-\gamma e^{-\theta t}})(C^b - C^a) \qquad (4.19)$$

式（4.19）表明，如果农业经营主体应对不确定性的时滞越短（即 Δt 越

[①]　他们设置的"熟能生巧"系统为 $L_{it} = \int_0^t l_{it}\mathrm{d}\tau$，并利用 $x_{it} + x_{it}^s = (L_{it})^a$ 的生产系统识别了"干中学"诱发的专业化经济性。但是，该模型无法识别处理突发事件所引发的经验积累过程。

小），那么本地服务价格与市场服务价格的差距就会缩小。一个有趣的现象是，在江西省宜春市高安市（县级市）的农村地区，大量的农机服务商会在水稻收割季节集中在乡镇市集上，等待农民去购买服务。而且，对于外来服务商而言，乡镇无疑是重要的信息收集中心，因为他们自己下村只能是漫无目的地觅价，讯息费用高昂。通过乡镇信息集散中心，供需双方的觅价成本会大幅下降①。理论上说，关系型合约之所以能够替代市场合约存在，主要原因在于，市场觅价的成本高于维持关系型合约的成本（张五常，2014）。那么，当市场服务的供给充足且信息不确定性较低时，讯息成本的下降会加速觅价行为的发生，从而压缩关系型合约的比较优势，并使得两类服务供给的价格向竞争性价格回归。相反，在安徽省滁州市来安县的农村地区，外来农机服务商与农户都是一对一谈判，讯息费用相当高。甚至在部分年份，外来服务商在水稻收割季节不会来到该地区，这使得本地服务的价格开始提升②。很显然，由信息获取成本造成的经营预期不稳定和预期损失，最终反映在了两类服务的供给价格上。

实际上，Arrow（1969）和 Williamson（1971）关于组织形成与交易费用关系的分析均指出，人的"有限理性"是造成信息不完全和科层制组织模式出现的重要原因。无论是在瓦尔拉斯均衡模型，还是在 Arrow 和 Debreu（1954）构建的一般均衡模型中，供需双方都是基于信息完全和价格机制运行无成本进行决策的。但是，Coase（1937）和 Steven（1983）却指出，市场价格是代价高昂的竞争机制。企业之所以可以独立于市场机制之外，就是因为科层制组织的运行成本要低于价格机制的运行成本，而这种差异正是源于信息不完全可能造成的租值耗散和高昂的"价格"使用成本。式（4.19）就表明，本地服务商与农业经营主体的互动和信息识别速度（θ）具有提高本地与外地服务供给价格的趋势。不可否认的是，以竞争机制或价格机制来引导农业服务供给必然是最具效率的合约安排形式。但是，觅价本身并不是无成本的。尤其是对于农业这种经营分散化程度高，市场的时空特性难以准确把握的产业，服务商和农业经营主体单纯寻求服务成本最小化必然增加觅价成本。此时，一个合乎逻辑的选择是，在服务价格与预期稳定性之间寻求平衡。但必须承认的是，正如罗必良（2017a）所言，如果多中心的服务供给（交易半径概念）存在时

---

① 感谢华南农业大学经济管理学院陈江华博士生提供的经验资料。
② 资料来源于笔者对安徽省滁州市地区的农户访谈。

空上的重叠，那么采用市场合约觅价的成本可能更低。相反，本地服务具备的信息获取优势和更高的突发事件处理能力将会提高本地服务的溢价收益。

4.3 进一步讨论：价格歧视还是服务溢价

新古典经济学将价格歧视区分为三类，其中将市场分为两个或多个群体，分别进行定价的方式称为"三级价格歧视"（田国强，2016）。实际上，农业服务市场出现本地服务商和外地服务商差异化定价的现象并不是传统经济学意义上的"三级价格歧视"。但它们有一个共同特征，即都是根据市场主体的偏好信号进行的针对性定价，并呈现差异化的定价结果①。根据 Hotelling（1929）的理论分析，存在两个或多个服务商时，顾客购买产品的价格是由空间距离成本与产品生产成本共同决定的。歧视性价格也正是由这种"距离"差异（可推广至讯息费用、空间距离、时间成本等多重含义）所导致的。

由此引出的问题是，在竞争充分的市场环境是否会出现"三级价格歧视"？农业服务市场为何会出现差异化的供给价格？首先，"三级价格歧视"是建立在人的"有限理性"和存在讯息费用的前提下的，如果市场讯息的获取是无成本的，价格机制的运行也毫无成本，那么不仅不会存在企业、合约和产权，连市场也不会存在（张五常，2014）。换言之，人的"有限理性"必然造成讯息不完全，既然讯息不完全，那么跨市场、面对不确定性或觅价就需要考虑确证的讯息费用与预期损失的大小。如果获取讯息的成本过高，那么"三级价格歧视"自然就形成了。因此，价格歧视并非源于供给商的主观决策，而是消费者获取产品或服务的讯息费用高昂。

其次，既然价格歧视源于消费者的讯息费用，那么农业服务市场出现差异化的价格自然是源于农业经营主体的"有限理性"，即应对服务供给不确定性需要付出的讯息费用。实际上，本地服务价格高于外地服务价格的部分可称之为溢价。从竞争程度和专业化程度的角度而言，外来服务商面对的市场容量和

---

① 在对本地和外地服务供给价格存在差异的原因讨论过程中，部分学者认为是垄断造成的差异化定价。首先，如果从农业服务供给中本地服务商排斥外来服务商的角度来看，除非可以进行全国性封锁，否则并不能排除两类服务供给的同时存在；其次，垄断并不是一个具有解释力的经济学名词（张五常，2014），因为从宽泛的角度来看，外来服务商在专业化和技术水平上是具有垄断优势的，本地服务商则在距离和互动性上具有垄断性，实际上根本无法区分哪一种垄断类型对价格形成更具主导性。

竞争都可能促使其将服务价格定位在竞争性价格附近，本地服务商的定价优势则得益于农业服务市场的分散化和外来供给的不确定性而造成的讯息费用。逻辑上说，价格歧视和溢价并没有本质区别，均是讯息费用的产物。

但正如 Alchian（1965）所言，稀缺性、竞争与产权是具有一致性的。很显然，农业服务市场中讯息费用的存在使得交易稳定性变成了一种稀缺资源。但是，如果稀缺资源无法通过合约规范化或内部化，那么租值耗散无可避免。问题的关键在于，如何将讯息不确定性可能造成的损失降到最低程度？20 世纪 80 年代，美国的汽车制造商试图压缩零件供应商的价格，以提升利润。但这种依靠市场价格的合约组织模式无法对冲突发事件和技术革新造成的预期风险，无疑会造成巨大的租值耗散。相反，借助关系型合约，将制造商与零件供应商的利润和风险捆绑在一起，借助供应商自发的技术变革和学习机制，则可以实现多赢。类似的，本地服务商与农业经营主体具有空间上的相邻性、互动的频繁性、社会关系网络的嵌入型，服务供给的及时性和稳定性无疑可以对冲供给不确定造成的预期经营损失。溢价的转移，实际上是一种双赢的策略。因此，从整个合约的选择上看，农业的分散化经营特性决定了外来服务供给的讯息识别成本较高，单纯依靠市场型合约并不能将预期损失降到最低。相反，依靠信任等软性的关系型合约可能更有助于提升经济绩效（福山，2001）。

虽然本章一再讨论农业服务价格的形成逻辑，但必须指出的是，不同合约之间的利益分配机制并非总是通过价格来体现的（罗必良，2017b）。据笔者的访谈资料发现，在江西省高安市某村庄，农户 A 自备耕田机械，往年都会给村里农户提供翻地服务。但是，2017 年该农户仅耕作自家土地，并未向外提供服务。农户 B 是一对老人，他们无翻耕能力，希望农户 A 为其翻耕土地。农户 B 付出的代价是为农户 A 插秧，并赠送农产品。如果从目前农事活动的标准化定价来看，农户 B 付出的代价是要高于市场价格的。很显然，农时的固定性和获取农业服务讯息的成本，使得农户愿意支付不高于预期损失的服务溢价。从这个角度来看，农业服务的溢价在农村是普遍存在的，嵌入社会关系网络的价格歧视实际上是以"代价"形式出现的，并集中表现为关系型合约对市场型合约的替代，这无疑与农业的经营特性和农村基于血缘及地缘的社会关系网络紧密相关。

因此，农业服务市场的价格歧视与服务溢价，本质上均是农业经营主体应对供给不确定性而付出的"代价"，无论其是否是依据市场竞争机制而形成的定价，我们都没有理由认为哪一种服务供给的合约安排更有效率（Aoki，

1986)。而且，有理由相信，只要农业的经营特性不改变，农业服务市场的信息没有达到完全，那么获取农业服务讯息的费用就一定会存在，农户能够随时觅价就难以实现，立足于关系型合约的本地服务供给和立足于市场型合约的外地服务也就会同时存在。更有趣的是，当两种服务供给组织同时出现在市场上，且农户可以无差异地获取两类服务供给，那么关系型和市场型合约定价将完全一致。除非存在专业化程度、技术条件和组织模式等方面的差异，否则两类服务供给在农业经营中的效率将不存在本质区别。

4.4　本章小结

农业分工是一类具有先天劣势的经济活动，囿于经营的分散化，使其较工业生产具有更低的分工可能性。但随着中国农村劳动力和要素流动性的增强，以及工业化的发展，农业的分工和专业化已经具备了一定的实践可操作性。问题在于，在以竞争机制诱导农业分工的过程中，市场的价格形成和诱导机制是否能够发挥积极的作用。本章发现，中国农业分工市场存在本地服务价格高于外地服务价格的奇特现象。借助讯息费用理论，可以认为两类服务的差异化定价机制主要源于服务供给的稳定性和农业的经营特性。外地服务供给虽然具有价格上的优势，但其供给的不确定性造成了农业经营主体觅价成本和讯息费用大幅增加，并集中表现为预期经营性损失的提高。相反，借助于长期互动和供给的空间优势，本地服务商可以降低供给的不确定性和农业时令被违背的风险，从而降低预期经营性损失。两类服务供给造成的预期经营损失的差距，则构成了本地服务溢价收益的主要原因。

实际上，部分学者会质疑：第一，外地服务价格优势何在？第二，外地服务的运输成本为何没有考虑？第三，本地服务的高价格是否是因为其规模经济性低于外地服务？

首先，质疑一和质疑二属于一个问题的两个侧面。实施跨区作业的服务商，它们面对的市场容量和竞争较大，这会促使它们在单位作业成本降低的过程中将服务价格移到生产成本附近。尤其当市场中存在多供给主体，且服务商考虑今后持续供给服务的情况，那么其成本优势必然诱发低价格优势。类似的，当市场容量越大，作业的规模经济性就越大，跨区作业的运输成本折算在总作业规模中的单位量就会大幅下降。很显然，这部分的费用实际上会缩小本地服务与外地服务的差异。但就外地服务供给的技术和组织优势而言，其较本地服务的单位作业成本实际上并没有想象中的那么大，当然也无法解释为什么本地服务价格会高于外地服务价格。

其次，如果认为本地服务的规模经济优势不如外地服务，那么如何解释当两类服务同时存在于市场中时，它们的服务价格会趋同？市场的竞争机制决定了，无论生产成本有多高，一个市场上的竞争性且同质性产品的价格必然趋同。为了获取超额利润，厂商必须进行创新并降低生产成本。因此，规模经济性是无法解释两类服务供给的差异化定价机制的。实际上，规模经济性所造成的成本差异是可以通过本章的信息结构进行转换的。当外地服务的供给不确定性较高，本地服务商可以试图将其高出外地服务商的那部分生产成本加入到服务溢价中来。但前提是，这部分溢价不能高于两类服务不确定性造成的预期经营性损失之差，否则农业经营主体会选择觅价或寻找其他可替代的服务供给。

从新古典经济学到新制度经济学，从交易费用经济学到合约经济学，讯息费用的存在都是造成经济活动偏离完全竞争状态的重要因素，甚至可以认为是唯一重要的因素。因讯息费用的存在，人们试图去建立控制不确定性的合约；因讯息费用的存在，价格机制是一种昂贵的交易形式，企业因此出现；因讯息费用的存在，厂商可以在不同的分割市场中制定差异化的产品价格……因此，无论是提升经济绩效，还是发展农业社会化服务市场，降低因产品供给不确定性而造成的巨额讯息费用，都是提高社会整体福利的重要途径。

参考文献

仇童伟，罗必良 a，2018. 农业要素市场建设视野的规模经营路径 [J]. 改革（3）：90-102.

仇童伟，罗必良 b，2018. 市场容量、交易密度与农业服务规模决定 [J]. 南方经济（5）.

福山·弗朗西斯，2001. 信任：社会美德与创造经济繁荣 [M]. 海口：海南出版社.

罗必良，等，2017. 农业家庭经营：走向分工经济 [M]. 北京：中国农业出版社.

罗必良 a，2017. 论服务规模经营——从纵向分工到横向及连片专业化 [J]. 中国农村经济（11）：1-15.

罗必良 b，2017. 合约短期化与空合约假说——基于农地租约的经验证据 [J]. 财经问题研究（1）：10-21.

田国强，2016. 高级微观经济学（上册）[M]. 北京：中国人民大学出版社.

向国成，韩绍凤，2007. 分工与农业组织化演进：基于间接定价理论模型的分析 [J]. 经济学（季刊）（2）：513-538.

亚当·斯密，1994. 国民财富的性质和原因研究 [M]. 北京：商务印书馆.

杨小凯，黄有光，1999. 专业化与经济组织———一种新兴古典微观经济学框架 [M]. 北京：经济科学出版社.

张五常，2014. 经济解释 [M]. 北京：中信出版社.

Alchian，A. A，1965. Some Economics of Property Rights [J]. Politico，30 (4)：816 - 829.

Aoki，M，1986. Horizontal vs. Vertical Information Structure of the Firm [J]. American Economic Review，76 (5)：971 - 983.

Arrow，K. J，1969. The Organization of Economic Activity：Issues Pertinent to the Choice of Market versus Nonmarket Allocation [R].

Arrow，K. J.，Debreu，G，1954. Existence of Equilibrium for a Competitive Economy [J]. Econometrica，22 (3)：265 - 290.

Asanuma，B (a)，1985. The Contractual Framework for Parts Supply in the Japanese Automotive Industry [J]. Japanese Economy，13 (4)：54 - 78.

Asanuma，B (a)，1988. Japanese Manufacture - Supplier Relationships in International Perspective：The Automobile Case [R]. Kyoto University Working Paper. http：// hdl. handle. net/2433/37903.

Asanuma，B (a)，1988. Manufacture - Supplier Relationships in Japan and the Concept of Relation - Specific Skill [R]. Kyoto University Working Paper，http：//hdl. handle. net/ 2433/37899.

Asanuma，B (b)，1985. The Organization of Parts Purchases in the Japanese Automobile Industry [J]. Japanese Economy，13 (4)：32 - 53.

Cheung，S，1968. Transaction Costs，Risk Aversion，and the Choice of Contractual Arrangement [J]. The Journal of Law and Economics，23 (42)：23 - 42.

Cheung，S，1983. The Contractual Nature of the Firm [J]. Journal of Law and Economics，26 (1)：1 - 21.

Coase，R，1937. The Nature of the Firm [J]. Economica，4 (16)：386 - 405.

Hotelling，H，1929. Stability in Competition [J]. Economic Journal，39 (153)：41 - 57.

Krugman，P. R，1979. Increasing Returns，Monopolistic Competition，and International Trade [J]. Journal of International Economics，9 (4)：469 - 479.

Luo，B，2018. 40 - year Reform of Farmland System in China：Target，Effort and Future. China Agricultural Economic Review，10 (1)：16 - 35.

Williamson，O. E，1971. The vertical Integration of Production：Market Failure Considerations [J]. American Economic Review，61 (2)：112 - 123.

Williamson，O. E，1981. The Economics of Organization：The Transaction Cost Approach [J]. American Journal of Society，11 (87)：548 - 577.

Williamson，O. E，2002. The Theory of the Firm's Governance Structure：From Choice to

Contract [J]. Journal of Economic Perspective, 16 (3): 171-195.

Yaglom, A, M, 1962. An Introduction to the Theory of Stationary Random Function [M]. Englewood Cliffs: Prentice Hall.

Yang, X. , Shi, H, 1992. Specialization and Production Diversity [J]. American Economic Review, 82 (2): 392-398.

Young, A. A, 1928. Increasing Returns and Economic Progress [J]. Economic Journal, 38 (152): 527-542.

第五章 农机服务发展与农户使用决策

本章提要：随着近年来农机服务价格的普遍上涨，农户对农机服务的使用率出现了新的变化。本章利用河南省 3 440 户小麦种植户的数据，分析了农地经营规模与农机服务采用间的关系。结果表明，农地经营规模与农机服务采用间呈倒 U 形关系。其原因在于，小规模农户可以投入更多的家庭劳动力，大规模农户则倾向于自置机械。由此表明，农业服务的发展并不必然会吸引具有替代要素的农业经营主体，小规模农户或许不会成为未来农业社会化服务市场的主要需求者。

自 2004 年以来，农机服务在中国农村发展迅速（Yang et al.，2013）。一些研究指出，采用农机服务可以显著提高农业生产率（Obi and Chisango，2011；Houssou and Chapoto，2015）。由于小农户占据发展中国家大部分的贫困人口（Zhang et al.，2015），将劳动密集型的农业生产环节外包，不仅可以降低小农户自置机械的沉没成本（Yi et al.，2019），还有助于通过提高生产率来消除贫困（Zhang et al.，2015）。此外，由于自置机械通常成本较高，发展专业化的农机服务将是未来发展的主要方向（Sims and Kienzle，2016）。

Zhang 等（2015）指出，实际工资的上涨使得农户将一些劳动密集型的生产环节外包给专业的服务提供商，这可以显著降低人工作业的成本。由于政府提供的补贴和强大的推广服务，中国的小农户正在越来越多地使用农机服务（Sims and Kienzle，2016）。尽管许多非洲国家的政府，如尼日利亚，通过补贴直销的方式提供了大量拖拉机服务，但其农机服务市场仍然发展滞后（Takeshima et al.，2013）。Sims 和 Heney（2017）发现，由于机械短缺，撒哈拉以南非洲地区 65% 的农场动力来自人力。此外，由于缺乏私人服务提供商，小农户无法获得农机服务。而且，缺乏竞争的市场也难以有效降低农机服务价格。

然而，较少有研究探讨中国农机服务市场所面临的潜在困难。Yi 等（2019）发现，采用农机服务作为唯一机械设备来源的农户可能比那些拥有机械装备的农户受益更少。他们对此的解释是，农机服务的单位成本更高，这将导致农户降低农机服务使用率。按照该解释，旨在推广面向小农户的农机服务的政策可能难以达到应有的效果。

新古典经济学认为，价格是决定需求的最重要因素之一（Friedman and Friedman，1980；Luenberger，1995；Kreps，2013）。根据作者从河南省收集的数据，小麦生产中整地和收割的平均价格已经上涨至每公顷 263.58 美元，农机服务的成本占小麦生产总成本达到了 30% 左右。然而，对于小农户来说，相对较小的土地面积允许他们使用锄头等简单的工具进行人工收割或整地，这就解释了他们为何会在农业中投入过量的劳动力（Chaianov，1986）。对于大农场来说，较大农地经营规模有助于形成规模经济性，并缩短自置机械的资本回收期（Foster and Rosenzweig，2017），这使得他们更倾向于自置机械（Yi et al.，2019）。换言之，无论对于小规模农户或是大规模农场，在面临较高的农机服务价格时，替代性策略的存在会使得他们较中等规模农户采用更少的农机服务。

显然，农户是否采用农机服务取决于采用服务与使用家庭劳动力或自置机械的相对成本。据我们所知，在中国，较少有研究分析农地经营规模与农机服务采用之间的关系。显然，对于亚洲和非洲地区的许多发展中国家来说，农机服务对于提高小农户的生产率和减少贫困具有重要意义。因此，农地经营规模对农机服务采用的影响对未来的政策制定和实施具有启发意义。

本章主要内容包括两个方面：第一，实证检验农地经营规模与农机服务采用之间的关系；第二，分析农地经营规模与劳动力投入或自置机械之间的关系。这有助于揭示不同规模农户或农业经营主体对农机服务的反应，也有助于解释为何小农户和大农场较中等规模农户采用农机服务的可能性更低。

5.1 背景和分析框架

5.1.1 研究背景

毛主席曾经说过，农业的根本出路在于机械化（Stavis，1978），中国的第一个五年计划也强调了重工业发展。这意味着，自 1949 年新中国成立以来，机械化对农业发展的重要性就受到了高层关注。然而，1983年的中央1号文件[①]指出，农机服务发展是为合作经济服务的，以此巩固农业的双层经营制度。该文件指出，从农业生产和发展的需求来看，那些以家庭经营为基础的社区和生产队应向公社成员提供所需的统一服务（如机耕、灌溉等）。显然，在中国经济改革的早期，农业社会化服务完全由政府提供，市场发育程度不足，这与当今非洲的情况较为类似（Takeshima et al.，2013；Diao et al.，2014）。

直到2007年，发展农机服务才被列在中央1号文件中。其主要内容为，发展专业化服务和促进农机服务的市场化，这也是中国政策文件第一次强调市场在农机服务供给中的决定性作用。2008年的中央1号文件进一步强调了对农机服务的发展。同年，发展农业社会化服务也被列入1号文件之中。从2009年开始，在中国的政策文件中，农业社会化服务的概念已完全取代了农机服务的说法。在今天，农业社会化服务在促进小农户与现代农业有机结合方面变得益发重要。

据《中国农业机械工业年鉴》数据显示，我国农业机械总动力从2006年的72.64亿千瓦增加到2016年的97.25亿千瓦。在同一时期，旋耕机、水稻收割机、小麦和玉米收割机的数量均增加了200%以上。考虑到小农户很少拥有机械设备（Yi et al.，2019），可以认为农机服务在中国已经取得了快速发展。《中国农业机械工业统计年鉴》数据还显示，农机作业服务商的数量从2008年的16.56万家增加到2016年的18.73万家，农机服务从业人员的数量也增加了近2倍（即从73万增加到208万）。由此可见，中国农机服务已经有了很大的发展。同时，在过去10年中，粮食作物的机耕率、机播率和机收率都有了明显的提高[②]，这进一步验证了中国农机服务和农业社会化服务市场的快速发展。

5.1.2　分析框架

众所周知，农户将农业生产中的劳动密集型环节外包给专业化服务组织，可以降低劳动力成本（Qiu et al.，2020）。由此，更多的家庭劳动力可以从事非农就业，从而增加家庭非农收入。然而，随着农机服务价格的提高，如果假设家庭劳动力和自有机械设备或其他替代物不变，那么农户的农业经营利润将随

---

① 中央1号文件是1982年以来指导中国国家事务的政府工作报告。它通常在年初或上一年年底公布，对地方政府的工作起着重要指导作用。

② 例如，在2008—2016年，水稻的机耕率从78.3%提高到97%，机播率和机收率分别从2006年的9%和39.3%提高到2016年的43.6%和85.5%。

之减少。数据显示，近年来粮食生产的净利润急剧下降。例如，2016 年小麦生产出现了每公顷 130.54 美元的净亏损，而 2006 年每公顷净利润为 332.34 美元。同样，玉米生产从 2006 年的每公顷净利润 332.34 美元跌至 2016 年的每公顷净损失 479.03 美元。在这种情况下，农户，特别是家里有老人和孩子的可能会以家庭劳动力替代农机服务。显然，小农户较少的农地经营面积决定了他们利用家庭劳动力替代农机服务的可能性更大（Foster and Rosenzweig，2017）。

由于整地和收割都属于劳动力密集型生产环节，即便小农户可以实现以家庭劳动替代农机服务，但这对于大农场来说显然是不太现实的。为应对农机服务价格的快速上涨，大农场则可能选择自置农机。其原因在于，大农场自置农机的资本回收期较小农户短得多（Yi et al.，2019），且较大的经营规模也能保证农机使用的规模经济性，从而具有经济意义上的效率（Foster and Rosenzweig，2017）。

然而，中等规模农户则面临着不同的困境。与大农场和小规模农户不同，中等规模农户既不能弹性地利用家庭劳动力替代农机服务，也不能在服务价格上涨时更具效率地自置机械。此外，他们的经营规模也不能确保使用自有机械的经济效率。因此，中等规模农户对农机服务价格上涨反应的自由度较低。然而，如果农机服务的成本增加到中等规模农户可以容忍的门槛以上，那么土地撂荒或土地租出的情况就会变得普遍，这反过来也会抑制农机服务的发展。总的来说，由于缺乏足够的替代性策略，中等规模农户与大农场及小规模农户相比更倾向于采用农机服务。

5.2 数据、变量和估计策略

5.2.1 数据来源

本章数据来自 2017 年河南省农户调查数据。该调查收集了农业生产和农户特征的家庭层面数据，并重点关注了农机服务发展及其影响。本研究之所以选择河南省作为调查区域，是因为河南是中国小麦的主产区。据国家统计局数据显示，2016 年河南省的小麦种植面积高达 570.4 万公顷，居全国第一。此外，农机服务在小麦生产中，特别是在耕地、播种和收割等环节应用广泛[①]。

---

① 据《中国农业机械工业年鉴》数据显示，2016 年小麦生产中采用机耕、机播和机收的比率分别为 89.92%、86.09% 和 91.81%。

因此，选择河南省作为调查区域对小麦生产和农机服务发展均具有较好的代表性。

在调查方法上，课题组分别于 2017 年 6 月和 7 月进行了两次入户调查。第一次调查选择了正阳县，这是因为该县在 2016 年河南省各县中小麦种植面积最大，具有典型性。在具体调研中，课题组随机选择了 10 个乡镇，再从每个乡镇中随机选择了 5 个行政村。在每个村中，随机抽取了 40 户农户。由于 86 份调查数据存在缺失值，故最终收集样本量为 1914。

课题组于 2017 年 7 月进行了第二次调查。此次调查采用了分层随机抽样的方法。第一，根据地理位置、农村居民人均收入、小麦播种面积等因素，分别从河南的南部、东部、中部、北部和西部地区随机抽取一个县，包括上蔡、杞县、舞阳、安阳和新安；第二，根据经济水平将每个县的所有乡镇分为五组，然后从每组中随机抽取一个乡镇；第三，根据经济水平将每个镇的行政村分为两组，然后从每组中随机抽取一个村；第四，从每个村中随机抽取 40 户农户。最终获取样本量为 2 000。由于有 474 户农户在 2016 年未种植小麦，本章最终采用的样本量为 3 440。

5.2.2　变量定义

本章因变量为农机服务采用情况。已有文献使用虚拟变量来表示农户是否采用农机服务（Yi et al.，2019）。然而，在本章使用的数据中，95.32% 的小麦种植户都采用了农机服务。换言之，虚拟变量不能准确地表征农机服务的采用程度，故本章采用由农机服务完成的小麦生产工作量进行衡量[①]。需要指出的是，本章之所以关注整地、播种和收割三个环节的原因在于，这些环节均属于劳动密集型环节，且进行服务外包的比例最高（Yang et al.，2013）。

为探究不同规模农场之间存在农机服务使用量差异的原因，按照 Foster 和 Rosenzweig（2017）的做法，本章也引入劳动力成本和机械资产作为因变量，即生产每亩小麦的劳动力成本和机械资产的货币价值。如前所述，小农户有可能用家庭劳动力替代农机服务，而大农场则倾向于自置机械资产；农地经营规模是本章的主要自变量。按照 Sheng 等（2019）的做法，且由于小麦生产是本章的分析对象，故引入小麦种植面积作为农地经营规模的代理变量。

---

① 农机服务完成的小麦生产工作量等于农机服务完成整地、播种和收割的面积占小麦播种面积比例的均值。其中，整地、播种和收割环节被赋予相同权重。

此外，实证估计中还控制了其他变量。其中，家庭特征包括家庭抚养率、老年人占比，以及家庭成员是否有党员、村干部和家庭是否拥有机井等；农地特征由地块数量和高质量农地比例表征，农地产权则由农地承包经营权证书和农地小调整或大调整的次数来衡量。此外，农机服务市场发展也会影响农机服务的采用和价格，因此村级的整地服务市场和收割服务市场发展情况也被纳入实证估计。为控制村庄特征，引入了村庄与最近的镇或县的距离、村庄地形和村庄交通状况。最后，镇和县的固定效应也被控制了。变量描述与统计参见表 5-1。

表 5-1　变量定义和描述统计

变量	定义	均值	标准差
农机服务采用率	农机服务完成的小麦面积占比	0.871	0.266
劳动力成本	生产每亩小麦的人工成本（天/亩）	3.711	3.938
机械资产	自有机械资产的货币价值（千元）	4.249	20.427
小麦种植面积	小麦种植面积（公顷）	0.592	0.650
家庭抚养率	16 岁以下人口比例	0.183	0.192
老年人占比	60 岁以上人口比例	0.234	0.332
家庭成员是否有党员	家庭成员有党员=1，否则=0	0.133	—
家庭成员是否有村干部	家庭成员有村干部=1，否则=0	0.068	—
农业培训	家庭成员接受过农业技能培训=1，否则=0	0.031	—
机井	家人有机井=1，否则=0	0.059	—
地块数量	家庭承包地块数	3.843	3.682
高质量农地比例	高质量农地占承包地比重	0.169	0.356
农地小调整次数	1998 年以来农地小调整次数	0.185	0.855
农地大调整次数	1998 年以来农地大调整次数	0.243	0.917
农地承包经营证书	家庭有农地承包经营权证书=1，否则=0	0.880	—
村级整地服务市场	村级使用整地服务农户的比例	0.744	0.127
村级收割服务市场	村级使用收割服务农户的比例	0.841	0.121
村庄到最近城镇的距离	村庄与最近城镇的距离（公里）	4.313	4.381
村庄到最近县城的距离	村庄与最近县的距离（公里）	21.817	12.919
村庄地形	1=山地，2=丘陵，3=平原	2.883	0.343
村庄交通状况	1=非常差，2=差，3=中等，4=良好，5=非常好	3.128	0.963

5.2.3　估计策略

本章旨在探讨农地经营规模与农机服务采用率之间的关系。由于农地经营规模与农机服务采用率之间存在非线性关系，故引入农地经营规模的二次项。具体方程如下：

$$Y_i = \beta_0 + \beta_1 A_i + \beta_2 A_i^2 + \boldsymbol{X}\beta + \varepsilon_i \qquad (5.1)$$

其中，Y_i 表示农机服务采用率；A_i 为小麦种植面积，A_i^2 为其二次项；$\boldsymbol{X}$ 为控制变量向量，包括家庭特征、农地特征、村庄特在等。β_0 为常数项，β、β_1 和 β_2 为待估计系数。ε_i 为随机误差项，并假设其符合正态分布。

此外，本章还分析了农地经营规模对农业生产投入的影响，以检验不同规模的农户采用不同数量农机服务的原因。由此识别如下方程：

$$I_i = \eta_0 + \eta_1 A_i + \eta_2 A_i^2 + \boldsymbol{X}\eta + \varepsilon_i \qquad (5.2)$$

其中，I_i 表示农业生产投入，用劳动力成本和机械资产共同衡量。η_0 为常数项，η、η_1 和 η_2 为待估计参数，其他变量和参数的定义与式（5.1）中的一致。

然而，在回归模型中引入小麦种植面积可能会导致反向因果关系。其原因在于，采用农机服务的农民可能会转入农地以提高农业生产率，这将增加小麦种植面积。类似的，小麦生产中劳动力投入和家庭自有机械资产的增加也可能诱发农户改变小麦种植面积。借鉴 Foster 和 Rosenzweig（2017）和 Sheng 等（2019）的做法，家庭承包地规模被用来作为小麦种植面积的工具变量。一方面，家庭承包地规模由国家政策决定，是农户行为的外生因素。另一方面，家庭承包地规模是小麦种植面积的重要决定因素，并通过干预小麦生产来影响小麦生产中的农机服务采用。考虑到因变量为连续变量，故采用两阶段最小二乘法（2SLS）来估计式（5.1）和式（5.2）。

5.3　实证结果与分析

5.3.1　农地经营规模对农机服务采用的影响

表 5-2 汇报了式（5.1）的估计结果，即农地经营规模对农机服务采用率的影响。首先，Durbin-Wu-Hausman（DWH）检验表明，农地经营规模与农机服务采用率之间存在内生性关系；其次，弱识别检验表明，本章使用的工具变量不存在弱工具变量问题。

表 5-2 中第（2）列的结果显示，小麦种植面积的二次项和一次项的系数分别在 10％和 5％水平上显著为负和为正。这表明，小麦种植面积与农机服务率之间存在倒 U 形关系。表 5-2 中第（3）列不控制其他变量的结果也得出了类似结论，这意味着遗漏变量问题并未严重干扰本章的分析。换言之，小规模农户和大农场比中等规模农户更有可能采用较少的农机服务。由于中国农村仍有大量的老年劳动力，用家庭剩余劳动力来替代农机服务对小农户来说是较为经济的。对于大型农场来说，自置机械有利于实现农地规模报酬递增。此外，由于大农场的经营规模较大，其自置机械的资本回收期也更短（Yi et al.，2019）。

事实上，如果农机服务的价格很低，那么所有的农户都应该采用农机服务。这是由从事农业经营的机会成本很高，自置机械的沉没成本也高所导致的。然而，据《全国农产品成本收益资料汇编》数据显示，1990 年粮食生产中农机服务成本占总成本的比例只有 3.5％，随后增至 2014 年的 12.6％和 2016 年的 13.1％。随着农机服务价格的上升，近年来农业的净利润开始迅速下降，并造成小农户退出农业生产（Qiu et al.，2020）。显然，当面对高的农机服务价格时，小农户可以用家庭剩余劳动力替代农机服务。对于大农场来说，高农机服务价格会激励他们自置机械。而且，农机服务价格越高，自置机械的资本回收期就越短。但对于中等规模农户来说，家庭劳动力缺乏和自置机械的不经济性都决定了他们必须采用农机服务。

表 5-2 农地经营规模对农机服务使用的影响

变量	OLS (1)	2SLS (2)	2SLS (3)
小麦种植面积	−0.051** (0.019)	1.181** (0.513)	1.635*** (0.135)
（小麦种植面积）²	0.002* (0.001)	−0.349* (0.190)	−0.498*** (0.165)
家庭抚养率	0.025 (0.022)	−0.165 (0.222)	
老年人占比	−0.008 (0.014)	−0.039 (0.062)	
家庭成员是否有党员	0.039*** (0.015)	0.005 (0.085)	
家庭成员是否有村干部	−0.024 (0.020)	0.112 (0.169)	
农业培训	−0.023 (0.026)	0.550 (0.746)	
机井	−0.025 (0.020)	−0.118*** (0.041)	
地块数量	−0.001 (0.002)	−0.018** (0.008)	
高质量农地比例	−0.025* (0.014)	0.014 (0.138)	

（续）

变量	OLS	2SLS	2SLS
	（1）	（2）	（3）
农地小调整次数	−0.001（0.005）	−0.028（0.022）	
农地大调整次数	0.006（0.005）	0.043（0.046）	
农地承包经营证书	0.010（0.014）	0.095*（0.057）	
村级整地服务市场	0.391***（0.075）	1.118**（0.438）	
村级收割服务市场	0.017（0.071）	−0.738**（0.348）	
村庄到最近城镇的距离	−0.002**（0.001）	−0.003（0.008）	
村庄到最近县城的距离	0.000（0.001）	−0.000（0.003）	
村庄地形（以"平原"为参照组）			
山地	0.096*（0.053）	−0.030（0.250）	
丘陵	0.034*（0.018）	−0.081（0.270）	
村庄交通状况（以"非常好"为参照组）			
非常差	0.034（0.031）	0.004（0.077）	
差	0.006（0.026）	−0.064（0.066）	
中等	0.003（0.024）	0.019（0.066）	
良好	0.007（0.024）	0.158（0.107）	
镇虚拟变量	控制	控制	控制
县虚拟变量	控制	控制	控制
常数项	0.710***（0.069）	0.173（0.643）	0.323***（0.074）
观测值	3 440	3 440	3 440
F‑value	68.12***	19.30***	11.12***
Root MSE	0.250	2.415	3.471
DWH 检验		31.308***	13.618***
弱工具变量检验		15.335	20.848

注：***、**、* 分别表示在1%、5%、10%水平上显著；括号内为村级的聚类标准误。

其他控制变量的影响方面，家庭拥有机井对农机服务的采用有负面影响。可能的解释是，拥有机井代表了良好的灌溉条件，这可能会激励农民种植经济作物，从而降低了农机服务的采用。同时，地块数量与农机服务的采用呈负相关。其原因在于，土地细碎化增加了机械化作业的成本，从而降低了农户使用农机服务的意愿。而且，随着服务价格上涨，经营细碎化地块的单位成本会更高。此外，村级整地服务市场发展有利于农户采用农机服务。这是因为活跃的市场可以降低农机服务价格，吸引更多农户采用农机服务。其他控制变量的影响不显著。

5.3.2　农地经营规模与农业生产投入的关系

表5－3展示了农地经营规模影响农业生产投入的模型估计结果。首先，DWH检验表明，农地经营规模与农业生产投入之间存在内生性关系；其次，弱识别检验表明，本章使用的工具变量不存在弱工具变量问题。

表5－3中第（1）列的结果显示，小麦种植面积的一次项和二次项的系数分别在1%和5%水平上显著为正和显著为负。这意味着，小麦种植面积与劳动力成本之间存在着倒U形关系。如前所述，如果小规模农户可以用家庭劳动力替代农机服务，那么小麦种植面积与劳动力成本之间应该存在U形关系。然而，当小麦种植面积在0公顷到1.968公顷之间时，小麦种植面积对劳动力成本的正效应增加。当小麦种植面积在1.968公顷到3.937公顷之间时，小麦种植面积对劳动力成本的正向影响下降。当小麦种植面积大于3.937公顷时，小麦种植面积与劳动力成本之间呈现负相关。相关文献提出，随着农地经营规模的扩大，农民倾向于种植非粮食，这比粮食生产需要更多的劳动力投入（Chen et al.，2014；Liu et al.，2014；Otsuka et al.，2016）。但当农地经营规模增加到阈值时，劳动力约束开始出现，此时农户更可能种植粮食作物，这是由粮食生产的机械化程度远高于经济作物生产所导致的（Qiu et al.，2020）。这一证据表明，小规模农户更有可能在农业生产中增加劳动力投入；中等规模农户对农业劳动力投入和自置机械的动机均较小；大农场倾向于减少农业劳动力投入。

然而，表5－3中第（2）列的结果显示，小麦种植面积与机械资产之间不存在非线性关系。实际上，由于资本回收期较短，故大农场更倾向于自置机械。显然，农场规模越大，沉没成本的回收期越短。可以预测，小麦种植面积与机械资产之间存在线性关系。为此，表5－3中第（3）列展示了不控制小麦种植面积二次项的估计结果。结果显示，小麦种植面积在1%显著水平上正向影响机械资产。这意味着，大农场更可能投资机械资产，这也解释了为什么大农场采用的农机服务更少。事实上，不管是小规模农户还是大农场，它们都有农机服务的替代品，中等规模农户则面临两难境地，由此造成他们不得不使用农机服务。

表5-3　农场规模对投入选择的影响

变量	劳动力成本	机械资产	
	(1)	(2)	(3)
小麦种植面积	6.256*** (2.077)	0.802 (2.850)	5.514*** (2.005)
(小麦种植面积)²	−1.589** (0.802)	1.608 (1.171)	
家庭抚养率	−0.191 (1.048)	6.302*** (2.047)	5.380*** (1.976)
老年人占比	0.301 (0.354)	−0.951 (0.958)	−1.294 (0.913)
家庭成员是否有党员	−0.158 (0.422)	−1.414 (0.884)	−1.559* (0.860)
家庭成员是否有村干部	0.833 (0.794)	0.628 (1.512)	1.312 (1.525)
农业培训	2.136 (3.214)	−1.559 (4.937)	1.141 (2.204)
机井	−0.330 (0.220)	0.774 (0.727)	0.347 (0.711)
地块数量	−0.069* (0.036)	0.095 (0.142)	0.043 (0.141)
高质量农地比例	0.134 (0.626)	0.151 (1.232)	0.350 (0.965)
农地小调整次数	−0.196* (0.119)	1.036 (0.638)	0.909 (0.635)
农地大调整次数	−0.048 (0.211)	1.015 (0.932)	1.198 (0.915)
农地承包经营证书	0.489 (0.336)	−0.494 (1.041)	−0.042 (1.032)
村级整地服务市场	3.226 (2.158)	−3.355 (6.638)	0.250 (5.658)
村级收割服务市场	−2.741* (1.572)	−3.992 (5.539)	−7.752 (5.686)
村庄到最近城镇的距离	0.015 (0.037)	0.200 (0.085)	0.239*** (0.078)
村庄到最近县城的距离	0.008 (0.016)	−0.005 (0.060)	−0.006 (0.060)
村庄地形（以"平原"为参照组）			
山地	−0.579 (1.181)	−1.642 (2.216)	−2.388* (1.314)
丘陵	−1.459 (1.048)	−0.886 (2.291)	−1.564 (1.271)
村庄交通状况（以"非常好"为参照组）			
非常差	−0.446 (0.485)	1.265 (1.868)	1.151 (1.861)
差	0.040 (0.465)	1.365 (1.502)	1.139 (1.561)
中等	0.646 (0.471)	0.578 (1.467)	0.727 (1.418)
良好	1.414*** (0.531)	−0.772 (1.531)	0.011 (1.391)
镇虚拟变量	控制	控制	控制
县虚拟变量	控制	控制	控制
常数项	−0.788 (3.021)	6.670 (5.882)	8.526* (5.020)
观测值	3 440	3 440	3 440

（续）

变量	劳动力成本		机械资产	
	(1)	(2)		(3)
F - value	643.02***	22.77***		7.67***
Root MSE	11.150	22.39		19.58
DWH 检验	27.017***		56.829***	
弱工具变量检验	15.335		15.880	

注：***、**、*分别表示在1%、5%、10%水平上显著；括号内为村级的聚类标准误。

5.3.3 进一步分析1：农地经营规模对农机服务成本占比的影响

从严格意义上来说，如果中等规模农户在小麦生产中采用了更多的农机服务，那么农机服务的成本应该占到总生产成本的较大比例。为此，本章还估计了农地经营规模对农机服务成本占比的影响，表5-4中使用了与表5-2类似的估计策略和变量。DWH检验的结果表明，农地经营规模与农机服务成本占比之间存在内生性关系；弱识别检验表明，表5-4的估计不存在弱工具变量问题。

表5-4中第（2）列的结果显示，小麦种植面积一次项和二次项的系数分别在1%和10%水平上显著为正和为负。表5-4中第（3）列呈现类似的结果。这表明，农地经营规模与农机服务成本占比呈现倒U形关系，这与表5-2的结论有类似的含义。这说明，小规模农户和大农场都有农机服务的替代品，而中等规模农户则需要更多地依靠外包服务进行生产经营。换句话说，表5-4的估计结果证实了表5-2中估计结果的稳健性。

表5-4 农场规模对农机服务成本占比的影响

变量	OLS	2SLS	2SLS
	(1)	(2)	(3)
小麦种植面积	0.022*** (0.008)	0.535*** (0.201)	0.754*** (0.046)
(小麦种植面积)^2	−0.001 (0.001)	−0.145* (0.077)	−0.216*** (0.072)
控制变量	控制	控制	控制
镇虚拟变量	控制	控制	控制
县虚拟变量	控制	控制	控制
常数项	0.260*** (0.022)	0.033 (0.279)	0.085*** (0.012)

（续）

变量	OLS	2SLS	2SLS
	（1）	（2）	（3）
观测值	3 440	3 440	3 440
F - value	763.80***	584.38***	48.69***
Root MSE	0.126	1.000	1.497
DWH 检验		91.247***	80.118***
弱工具变量检验		15.062	20.495

注：***、**、* 分别表示在1%、5%、10%水平上显著；括号内为村级的聚类标准误。

5.3.4　进一步分析2：农地经营规模对农业劳动投入的影响

本章的一个基本假定是，由于经营规模较小，小规模农户可以用家庭劳动力替代农机服务。这决定了他们不仅可以自己完成农业生产，还可以在非农业工作中投入更多的家庭劳动力。同样，大农场在自置机械方面有比较优势，这会导致他们农业劳动投入的减少。对中等规模来说，一方面，相对较大的农地经营需要更多的农业劳动投入。另一方面，相对较大的农地经营规模也会导致单位土地上劳动投入的增加。换句话说，大规模农户和小规模农户可能在农业中投入较少的劳动力。在表5-5中，我们估计了农地经营规模对家庭农业劳动力占比的影响，类似于表5-2的控制变量和估计策略被使用。

首先，DWH检验的结果显示，小麦种植面积与农业劳动力占比之间存在内生性关系；其次，弱工具识别检验表明，表5-5的估计不存在弱工具变量问题。表5-5中第（2）列的结果显示，小麦种植面积一次项和二次项的系数分别在5%和10%水平上显著为正和为负。表5-5中第（3）列呈现出类似结果。这表明，小规模农户和大农场的农业劳动力投入比例远低于中等规模农户。如前所述，小农场的规模较小，这要求从事农业的劳动力较少，也意味着小农场可以完全用家庭劳动力替代农机服务。同样地，大农场倾向于自置机械资产，这也会导致对农业劳动力的需求减少。对于中型农场来说，他们不仅需要增加农业劳动力的数量，还需要采用农机服务。也就是说，更大的农地经营规模决定了中等规模农户不能完全依靠家庭劳动力完成农业生产。

表5-5　农地经营规模对农业劳动投入的影响

变量	OLS	2SLS	2SLS
	(1)	(2)	(3)
小麦种植面积	0.039* (0.021)	1.606** (0.653)	2.421*** (0.142)
(小麦种植面积)²	−0.002 (0.001)	−0.450* (0.246)	−0.709*** (0.231)
控制变量	控制	控制	未控制
镇虚拟变量	控制	控制	控制
县虚拟变量	控制	控制	控制
常数项	0.654*** (0.057)	0.175 (0.783)	−0.208** (0.104)
Observation	3 440	3 440	3 440
F-value	98.55***	123.34***	85.97***
Root MSE	0.356	3.051	4.835
DWH 检验		106.989***	117.892***
弱工具变量检验		15.800	21.603

注：***、**、*分别表示在1%、5%、10%水平上显著；括号内为村级的聚类标准误。

5.3.5　进一步分析3：谁使用了更便宜的农机服务

证明中等规模农户采用了更多农机服务的另一个间接方法是比较不同规模农户支付的服务价格的差异。从逻辑上来说，使用的农机服务越多，单位成本应该越低。特别是考虑到中国小农户面临着严重的土地细碎化问题（Nguyen et al.，1996；Tan et al.，2006），这会造成农机服务价格偏高。其原因在于，农机服务需要连续作业才能实现规模经济，否则机械作业的单位成本会很高。同时，如果大农场自置机械资产，他们就会采用更少的农机服务，这可能造成农机服务的规模不经济。为此，表5-6估计了农地经营规模与农机服务价格之间的关系，类似于表5-2的变量和估计策略被使用。

首先，DWH检验的结果表明，小麦种植面积和农机服务价格之间存在着内生性关系；其次，弱识别检验表明，表5-6的估计不存在弱工具变量问题。表5-6中第（2）列的结果显示，小麦种植面积一次项和二次项的系数分别在10%显著性水平上为负和为正。这表明，小麦种植面积和农机服务价格之间存在U形关系。如上所述，使用的农机服务越多，支付的服务价格就越低。对于中等规模农户来说，相对较大的农地规模足以保证机械能够在更大的农地规模上完成作业。这一证据表明，中等规模农户将比小规模农户和大农场采用更多的农机服务。

表 5 - 6 农地经营规模对农机服务价格的影响

变量	OLS	2SLS	2SLS
	(1)	(2)	(3)
小麦种植面积	−0.069** (0.033)	−1.452* (0.568)	−2.137*** (0.713)
(小麦种植面积)²	0.005** (0.002)	0.406* (0.216)	0.626** (0.293)
控制变量	控制	控制	未控制
镇虚拟变量	控制	控制	控制
县虚拟变量	控制	控制	控制
常数项	1.169*** (0.133)	1.364* (0.828)	2.057*** (0.227)
观测值	3 440	3 440	3 440
F - value	736.06***	623.17***	2 071.54***
Root MSE	0.638	2.843	1.377
DWH 检验		12.851***	11.540***
弱工具变量检验		15.062	20.495

注：***、**、* 分别表示在 1%、5%、10%水平上显著；括号内为村级的聚类标准误。

5.4 本章小结

近年来，农机服务在中国、印度以及许多亚洲和非洲国家得到了迅速发展。普遍观点认为，发展农机服务有利于提高农业生产率，减少自置机械的沉没成本。然而，农户是否必然采用农机服务则需要进一步探讨，这对未来的政策制定具有重要意义。

本章利用河南省农户调查数据，实证检验了农地经营规模与农机服务采用之间的关系。研究表明，农地经营规模与农机服务采用之间呈倒 U 形关系。其原因在于，小规模农户可以在单位土地面积上投入更多的劳动力，而大农场则倾向于自置机械。进一步分析表明，中等规模农户的农机服务成本占总生产成本的比例较高，而且他们使用服务的价格更低。本章分析表明，中国发展面向小农户的农业社会化服务的政策并未完全得到他们的响应。未来农机服务市场的主要需求方将是中等规模农户，这可能也是目前政策改革的主要目标。

对于小农户来说，一方面，其农地经营规模小，劳动力成本低。另一方面，他们几乎难以依赖农业收入维持生计。这意味着，即使小农户可以利用家庭劳动力替代农机服务，但当农业生产成本过高时，他们也会退出农业生产。换言之，小农户可能难以成为农机服务市场的主要需求者。同时，大农场的发展可能会限制农机服务的发展。其原因在于，农地经营规模越大，自置机械的规模经济性就越高，纵向一体化也越可能成为大农场的选择。可以预测，随着大农场数量的增加，农机服务市场的有效需求将会下降。然而，当前中国政府正在着力发展家庭农场（即中等规模农户），这意味着农机服务还将存在很长一段时间。

参考文献

Chayanov，A. V，1986. AV Chayanov on the Theory of Peasant Economy [M]. Manchester：Manchester University Press.

Chen，R.，Ye，C.，Cai，Y.，Chen，Q，2014. The Impact of Rural Out – migration on Land Use Transition in China：Past，Present and Trend [J]. Land Use Policy，40（4）：101 – 110.

Cheung，S. N. S，1983. The Contractual Nature of the Firm [J]. The Journal of Law and Economics，26（1）：1 – 21.

Coase，R. H.，1937. The Nature of the Firm [J]. Economica，4（16）：386 – 405.

Diao，X.，Cossar，F.，Houssou，N.，Kolavalli，S，2014. Mechanization in Ghana：Emerging Demand，and the Search for Alternative Supply Models [J]. Food Policy，48：168 – 181.

Foster，A. D.，Rosenzweig，M. R，2017. Are There Too Many Farms in the World? Labor – Market Transaction Costs，Machine Capacities and Optimal Farm Sizes [R]. NBER Working Paper，No. 23909.

Friedman，M.，Friedman，R，1980. Free to Choose [M]. New York：HBJ.

Houssou，N.，Chapoto，A，2015. Adoption of Farm Mechanization，Cropland Expansion，and Intensification in Ghana [J]. International Conference of Agricultural Economists，Milan Italy，August 8 – 14.

Kreps，D. M，2013. Microeconomic Foundation I：Choice and Competitive Markets [M]. Princeton：Princeton University Press.

Liu，Y. S.，Yang，R.，Long，H. L.，Gao，Y.，Wang，J. Y，2014. Implications of Land – use Change in Rural China：A Case Study of Yucheng，Shandong Province [J]. Land Use Policy，40：111 – 118.

Luenberger，D，1995. Microeconomic Theory [M]. New York：McGraw – Hill.

Luo, B, 2018. 40 - year Reform of Farmland Institution in China: Target, Effort and the Future [J]. China Agricultural Economic Review, 10 (1): 16 - 35.

Nguyen, T., Cheng, E., Findlay, C, 1996. Land Fragmentation and Farm Productivity in China in the 1990s [J]. China Economic Review, 7 (2): 169 - 180.

Obi, A., Chisango. F. F, 2011. Performance of Smallholder Agriculture under Limited Mechanization and the Fast Track Land Reform Program in Zimbabwe [J]. Int. Food and Agribusiness Management Review, 14 (4): 85 - 104.

Otsuka, K., Liu, Y. Y., Yamauchi, F, 2016. The Future of Small Farms in Asia [J]. Development Policy Review, 34 (3): 441 - 461.

Qiu, T., Choy, S. T. B., Li, S., He, Q., Luo, B, 2020. Does Land Renting - in Reduce Grain Production? Evidence from Rural China [J]. Land Use Policy, 90, 104311.

Sheng, Y., Ding, J., Huang, J, 2019. The Relationship between Farm Sizes and Productivity in Agriculture: Evidence from Northern China [J]. American Journal of Agricultural Economics, 101 (3): 790 - 806.

Sims, B., Heney, J, 2017. Promoting Smallholder Adoption of Conservation Agriculture through Mechanization Services [J]. Agriculture, 7 (64): 1 - 22.

Sims, B., Kienzle, J, 2016. Making Mechanization Accessible to Smallholder Farmers in Sub - Saharan Africa [J]. Environments, 3 (11): 1 - 18.

Stavis, B, 1978. The Politics of Agricultural Mechanization in China [J]. Journal of Development Economics, 6: 897 - 297.

Takeshima, H., Nin - Pratt, A., Diao, X, 2013. Mechanization and Agricultural Technology Evolution, Agricultural Intensification in Sub - Saharan Africa: Typology of Agricultural Mechanization in Nigeria [J]. American Journal of Agricultural Economics, 95 (5): 1230 - 1236.

Tan, S., Heerink, N., Qu, F, 2006. Land Fragmentation and Its Driving Forces in China [J]. Land Use Policy, 23 (3): 272 - 285.

Widianingsih, N. N., David, W., Pouliot, M., Theilade, I, 2019. Land Use, Income, and Ethnic Diversity in the Margins of Hutan Harapan - A Rainforest Restoration Concession in Jambi and South Sumatra, Indonesia [J]. Land Use Policy, 86: 268 - 279.

Yang, J., Huang, Z., Zhang, X., Reardon, T, 2013. The Rapid Rise of Cross - Regional Agricultural Mechanization Services in China [J]. American Journal of Agricultural Economics, 95 (5): 1245 - 1251.

Yi, Q., Chen, M., Sheng, Y., Huang, J, 2019. Mechanization Services, Farm Productivity and Institutional Innovation in China [J]. China Agricultural Economic Review, 11 (3): 536 - 554.

Zhang, K., Song, F, 2003. Rural - urban Migration and Urbanization in China: Evidence from Time - series and Cross - section Analyses [J]. China Economic Review, 14 (4): 386 - 400.

Zhang, X., Yang, J., Reardon, T, 2015. Mechanization Outsourcing Clusters and Division of Labor in Chinese Agriculture [R]. IFPRI Discussion Paper 01415.

Zhao, Y, 1999. Leaving the Countryside: Rural - to - Urban Migration Decisions in China [J]. America Economic Review, 89 (2): 281 - 286.

第六章　农机服务发展与农业生产率决定

本章提要： 本章利用 2017 年河南省 5 县 3 179 户小麦种植户样本，实证分析了农机服务对不同规模农户的农地产出率的影响。结果显示，中等规模农户的农地产出率较小农户和大农户更能从农机服务中得到改善。其原因在于，小农户更可能增加劳动投入，大农户倾向于自置机械，以替代农机服务。进一步证据表明，中等规模农户的农机服务使用率确实更高，且农机服务与农地产出率存在正相关关系。本章表明，发展面向小农户的农业社会化服务并未得到他们的积极响应。随着农业主体经营规模的进一步扩大，纵向一体化可能成为未来农业经营的重要组织方式。从政策层面来说，发展农业适度规模经营与农机服务市场具有协调一致、相互推进的作用。

2019 年 2 月，中共中央办公厅、国务院办公厅印发的《关于促进小农和现代农业发展有机衔接的意见》指出，要完善针对小农户的扶持政策，加强面向小农户的社会化服务，把小农户引入现代农业发展轨道。实际上，2018 年中央 1 号文件也提出，促进小农户与现代农业发展有机衔接，推进农业生产全程社会化服务，帮助小农户节本增效。无论是政策层面，或是理论界，均把发展农业社会化服务作为当前我国农村发展、农业增效、农民增收的重要途径（罗必良，2017a，2020；仇童伟，2020）。

然而，在探讨农业社会化服务的发展及其可能对农业绩效增长提升作用时，现有研究尚未分析谁更能从农业社会化服务中获益。现有关于农业社会化服务，尤其是面向小农的服务主要集中在对农机服务的探讨。已有研究对农机服务使用与农业生产率关系的研究显示，采用农机服务正向影响农地产出率（Yang et al.，2013；陈实等，2019；薛超等，2020）。扬子等（2019）发现，农机服务的使用提高了农业技术效率，但对大规模农户的提升作用更强。Yi 等（2019）研究表明，农机服务对农业生产率的提升作用弱于自有机械，具体原因尚不清楚。但已有研究始终未能够回答不同规模农户是否能从农机服务中获得一致性收益。

实际上，现有研究已大量关注了不同规模农户的生产率问题，但仍未达成一致性结论（Assunção and Ghatak；Larson et al.，2013；Carletto et al.，2013；Kagin et al.，2016）。Foster 和 Rosenzweig（2017）发现，机械的使用效率是解释经营规模与效率呈 U 形关系的关键。具体而言，他们发现，小农户由于手工作业的成本相对较低，他们的农地产出率与大规模农户几乎一致。Sheng 等（2019）的研究则表明，资本和劳动投入可以消除经营规模和农地产出率之间的非线性关系。虽然机械的使用或劳动的替代可以解释农业经营规模与生产率的关系，但仍缺乏从农机服务替代角度的分析。

显然，只有明确了农业经营规模与社会化服务的关系及不同规模农户或经营主体面临的约束，才可能针对性地发展面向不同规模经营主体的社会化服务。为此，本章的主要工作包括：第一，检验农机服务对不同规模农户的农地产出率的影响；第二，探讨不同规模农户为何会从农机服务中获得差异化的效益。本章拟利用 2017 年河南省 5 县 3 179 户小麦种植户样本进行实证分析。

6.1 分析线索

农业社会化服务的理论缘起于分工经济，尤其是 Adam Smith 和 Young 关于分工效率、分工与市场容量间关系的理论讨论（罗必良，2017a，2017b）。实际上，分工带来的经济效率源于内生比较优势，即从事特定工作后技能和经验的积累（杨小凯，2003）。Lundberg（1961）阐述的"胡恩达尔效应"就表明，在长达 15 年没有新增资本的情况下，胡恩达尔的钢铁生产依然保持了 2% 的年均增长率。基于 Hirsch 关于不同行业"学习曲线"的差异性，Arrow（1962）首次将"干中学"模型化并认为，即使没有新增资本，经验积累和技术进步都是可能存在的。由此可见，分工经济的关键在于内生比较优势的形成。

传统农业的最大特点在于，自给自足的小而全经营和技术进步滞后（杨小凯和黄有光，1999）。小而全的经营特征决定了，农户必须掌握所有生产环节的技能。这造成的直接后果就是，农户难以在特定环节形成专业化知识，且不同生产环节间的转换成本极高，不利于改善生产效率。传统农业社会技术滞后也很大程度上源于小而全的家庭经营格局。然而，Boserup（1965）并不认为在进行现代生产要素投入之前的所谓"传统农业"是一个简单的同一体。她发现，在人口增加诱发的生存压力下，人们会通过各种"集约化"的方式（例如刀耕火种、灌溉、翻耕和轮作等）来实现农业的技术变迁，以满足人们的食物需求并呈现阶段性稳定状态。正是这种外生压力，迫使人们在特定生产环节进行创新和经验积累，进而带动农业规模报酬的增加。

当进入现代农业发展阶段，农业纵向分工过程中的"干中学"速度显著加快。农业各生产环节的技术进步，都依赖于其他环节的学习和适配，并最终反映为专业化经济。很显然，这在以往的农业经济理论中未被讨论过，甚至在新古典经济理论中都很少涉及。其重要性在于，分工网络的完善会加速学习网络的形成，而内生互动和相互学习则会加速"干中学"过程中的经验积累，并提高专业化程度和迂回生产程度，这是深化农业纵向分工研究必须面临的重要理论命题。实际上，农业社会化服务的发展动力源自市场需求增多或市场容量的扩大。对于那些劳动投入大，且分工可计量性高的生产环节，农户存在外包的需求，由此诱使服务供给商在该环节投入资本，并加速"干中学"的过程。当各个生产环节都被不同专业化主体经营，那么经验积累和知识创新就持续进行，并将节约不同生产环节间的转换成本。对于农户而言，生产环节服务外包的程度越高，那么获取的服务规模经济效益越高，也更可能改善农业经营绩效。

新兴古典经济学认为，分工经济通过增加生产环节的迂回程度，进而改善经营效率（杨小凯、黄有光，1999）。但无论是 Dixit 和 Stiglitz（1977）、Krugman（1979），抑或是 Yang 和 Shi（1992），他们均没有讨论经营规模与经营主体参与分工的关系。换言之，到底是进行彻底的分工，还是通过自置装备进行一体化生产（即纵向一体化），分工理论并没有对其边界给予界定。仇童伟（2019）通过对农业社会化服务的差异化定价机制的分析表明，小规模农户与大规模经营农户具备不同的行为逻辑，且他们较中等规模农户更不愿意卷入分工经济。其理由在于，中等规模农户既面临高人工成本困境，又面临自置机械规模不经济的问题。这表明，不同规模主体在参与农业社会化服务方面存在显著差异。

如果假定农机服务对农户的生产效率改善具有同质性，且农机服务的规模报酬不变，那么不同农户从农机服务中得到的效率改善就取决于采用服务的规模。Assunção 和 Ghatak（2003）指出，一旦控制农户的异质性，那么经营规模与经营绩效无关。换言之，在控制其他因素的前提下，全程机械服务将诱致农户经营效率的无差异性。然而，在我国，无论是小农户，还是大农户，他们均面临资本和劳动投入方面的困境（Sheng et al.，2019）。这就使得，不同规模农户对农机服务的使用存在差异性，而这显然是可替代要素和服务采用成本核算的自然结果。

一方面，由于农地经营规模小，劳动投入低，小农户以劳动替代农机服务的可能性更高。同时，由于经营规模的扩大有助于降低单位经营成本，那么相同的服务对小农户单位经营成本的提升幅度就更大。而且，因为经营规模小，小农户自置机械也将面临规模不经济的局面（胡雯等，2019）。以小麦种植户为例，劳动消耗最大的环节包括整地和收割，但旋耕机和收割机的单位成本均较高。在这种情形下，小农户更可能采用自家的手扶拖拉机整地，并采用简易装置播种。显然，小农户进行人工作业的可能性高于大农户。换言之，小农户在利用家庭老龄劳动力或空闲时间方面更具比较优势，且有助于降低农业经营成本。如果农业不再是小农户的主要生计来源，那么充分利用家庭闲置劳力，追求务农成本最小化，将是小农生产的重要特征。

另一方面，由于农地经营规模大，面临较强的劳动约束，大农户以劳动替代农机服务的可能性极低。其原因在于，近年来，我国农业生产中劳动力成本快速增加，并成为农业发展的重要阻碍（Luo，2018）。在劳动成本不断增加的背景下，大农户理应更容易卷入分工经济，以降低农业生产成本。然而，农地经营规模扩大意味着，自置机械进行一体化生产的规模经济性也在增加。以一个经营 50 亩地的农户为例，如果自置一辆 2 万元的小型收割机，且按照当前亩均 100 元左右的收割价格，那么在 4 年内就可以收回成本。此外，自置机械还可以为周边农户提供服务，获得经营性收益。显然，农地经营规模的扩大，自置机械的回收期就越短，大农户自置机械的经济性就越强。

对于中等规模农户而言，他们既面临较强的劳动力约束，又面临自置机械的规模不经济。中等规模农户面临的困境还在于，与小农户不同，他们的主要生计来源可能就是农业生产。这就决定了，他们的生产经营行为必须接受市场检验。Cheung（1983）认为，如果经营成果不需要经过市场检验，那么其效率必然大幅下跌。相反，如果经营行为以利润最大化为目标约束，那么市场的"优胜劣汰"机制将发挥作用。由于仅讨论小麦种植户，那么在外部价格给定的前提下，农户只能在降低单位成本和提高单位产量两方面做出努力，以实现最大化收益。降低成本的关键在于降低亩均物质资本投入和劳动成本，采用农机服务无疑有助于替代劳动；提高亩产量则源于化肥、农药等资本的投入以及分工经济。这两方面的努力均部分涉及对农机服务的使用。由此，中等规模农户更可能采用农机服务。

基于上述分析，本章得出的研究假说如下：

假说 1：由于中等规模农户的农机服务采用率更高，故他们的农地产出率较小农户和大农户更能从农机服务中得到提升；

假说 2：农机服务采用率的差异取决于替代要素可及性，故小农户和大农户更倾向于分别在农业劳动和自置机械方面进行投入。

6.2　数据、变量与模型选择

6.2.1　数据来源

本章所用数据与第五章中的一致。考虑到本章的分析对象为小麦种植户，剔除了未种植小麦或变量缺失严重的样本，最终样本为 3 179 户小麦种植户。

6.2.2　变量选择与说明

第一，因变量。本章的因变量为农地产出率。参考 Sheng 等（2019）的做法，采用亩均小麦产量衡量农地产出率。为验证假说 2，机械资产投资（该变量也将作为控制变量使用，见下文说明）和亩均小麦投工量也将作为进一步分析中的因变量。具体变量定义见表 6-1。

第二，主要自变量。本章的主要自变量包括农机服务使用率和农地经营规模。与以往研究利用农户是否采用农机服务，或者农机服务费用来衡量农机服务不同，本章利用小麦生产环节外包占整个生产过程工作量的比重进行衡量[①]；农地经营规模由小麦播种面积进行衡量（Sheng et al.，2019）。Carter 和 Wiebe（1990）、Steven 和 Edward（2004）、Foster 和 Rosenzweig（2017）等学者发现，农地经营规模与农地生产率呈现 U 形或倒 U 形关系，故小麦播种面积的一次项和二次项将被同时引入模型。

第三，其他控制变量。本章还控制了家庭特征、投资特征、农地特征和村庄特征。其中，家庭特征包括未成年人占比、老龄人口占比、农业劳动力占比、农业收入占比、党员状况、村干部状况以及农业培训状况。家庭劳动力和社会资本可能会通过影响农户的租赁行为，进而改变其农地经营规模，而且家

[①] 根据 Yang 等（2013）的介绍，中国的农机服务主要集中在整地、播种和收割环节，这些环节也是粮食生产中劳动力消耗量最大的环节。为此，本章的机械服务采用率指标是对农机服务在整地、播种和收割环节完成的工作量比例（即服务的土地面积占比）加权平均得来的。

庭特征还会影响农业生产率；投资特征包括机械资产投资、土地肥力投资、土地平整投资和机井数量。很显然，预先投资额越高，农户越可能增加农地经营规模以充分利用投资，同时，土地相关性投资也有利于改善农地生产率；农地特征包括承包地地块数、大调整和小调整次数以及农地确权。众多研究表明，农地产权稳定性会影响农地流转，同时产权稳定性还会影响农地生产效率，即遗漏农地产权变量会造成自选择问题。此外，县级虚拟变量也被纳入模型估计。

表 6-1　变量定义与描述

变量名	变量定义	均值	标准差
农地产出率	小麦亩均产量（单位：吨/公顷）	5.465	1.892
小麦亩均投工量	小麦生产的亩均投工量（工/亩）	3.723	3.971
农机服务使用率	小麦生产环节由农机服务完成的工作量占比	0.879	0.256
小麦播种面积	农户小麦播种面积（单位：公顷）	0.558	0.393
家庭未成年人占比	家庭16岁以下人口占总人口的比例	0.182	0.186
家庭老龄人口占比	家庭60岁以上人口占总人口的比例	0.234	0.329
家庭农业劳动力占比	家庭纯务农劳动力占总劳动力的比例	0.592	0.560
家庭农业收入占比	家庭农业收入占总收入的比例	0.474	0.331
家庭成员党员状况	家庭成员是否有党员：1=是，0=否	0.133	—
家庭成员村干部状况	家庭成员是否有村干部：1=是，0=否	0.066	—
农业培训	家庭成员是否经历农业培养：1=是，0=否	0.031	—
机械资产投资	2011—2016年，机械资产投资额度（单位：千元）	3.785	18.090
土地肥力投资	2011—2016年，提高土地肥力的投资额度（单位：千元）	0.103	1.052
土地平整投资	2011—2016年，平整土地的投资额度（单位：千元）	0.016	0.220
机井	家庭拥有机井的数量（单位：口）	0.058	—
承包地地块数	家庭承包地地块数（单位：块）	3.790	3.218
高质量农地占比	家庭肥力较高的农地规模占比	0.168	0.355
小调整次数	二轮承包以来，家庭经历的农地小调整次数	0.179	0.846
大调整次数	二轮承包以来，家庭经历的农地大调整次数	0.242	0.912
农地确权	家庭是否完成农地确权：1=是，0=否	0.882	—
县虚拟变量	5个县的区域虚拟变量	—	—

6.2.3　模型选择与说明

本章的目的在于分析农机服务对不同经营规模农户的农地产出率的影响及其原因。为此，本章首先识别了如下方程：

$$Y_i = \beta_0 + \beta_1 M_i + \beta_2 C_i + \beta_3 C_i^2 + \beta_4 C_i M_i + \beta_5 C_i^2 M_i + X_i \beta_6 + \varepsilon$$

$$(6.1)$$

式（6.1）中，Y_i 表示农地产出率，采用小麦亩均产量进行衡量。M_i 表示农机服务使用率，C_i 为小麦播种面积，X_i 表示家庭特征、投资特征和农地特征等变量组成的矩阵。β_0 为截距项，ε 为误差项，并假设其符合正态分布。

为探究农机服务对不同规模农户的农地产出率存在差异化影响的原因，进一步识别如下两组方程：

$$A_i = \kappa_0 + \kappa_1 C_i + \kappa_2 C_i^2 + X_i \kappa_3 + \varepsilon \qquad (6.2)$$

$$L_i = \alpha_0 + \alpha_1 C_i + \alpha_2 C_i^2 + X_i \alpha_3 + \varepsilon \qquad (6.3)$$

式（6.2）和式（6.3）中，A_i 表示家庭自置机械价值，L_i 表示小麦亩均劳动投入。κ_0 和 α_0 表示常数项，$\kappa_1 \sim \kappa_3$、$\alpha_1 \sim \alpha_3$ 为待估计系数。其余变量和参数的定义与式（6.1）一致。

然而，式（6.1）到式（6.3）的估计可能面临内生性问题。首先，根据 Sheng 等（2019）的研究，如果农户的农地产出率较高，那么他们就可能更倾向于租入农地以增加种植规模。即，农地经营规模与农地产出率存在反向因果关系。本章参照 Foster 和 Rosenzweig（2017）、Sheng 等（2019）的做法，本章采用承包地面积作为工具变量。其理由在于，承包地面积是由政策决定的，相对于农户的生产行为是严格外生的。其次，农机服务使用率对农地产出率的影响同样面临内生性问题。其理由在于，生产率越低的农户可能通过采用农机服务，进而改善生产率。为此，本章采用村庄农机服务的发展状况作为农机服务参与率的工具变量。一方面，个体农户的生产率对农机服务市场发展的影响较小。另一方面，农机服务市场只有通过影响农户的服务参与率，才能对其生产率产生干扰。考虑到本章的因变量均为连续变量，故采用两阶段最小二乘法（2SLS）进行估计。

6.3　实证结果与分析

6.3.1　农机服务对不同规模农户农地产出率的影响

表 6-2 汇报了农机服务使用率对不同规模农户的农地产出率的影响。从

估计3和估计4的结果来看，Durbin‑Wu‑Hausman（DWH）检验的结果显著为正，即小麦播种面积、农机服务使用率对农地产出率的影响均面临内生性问题；弱工具变量检验的结果显示，本章针对小麦播种面积和农机服务使用率所选择的工具变量不存在弱工具变量问题。考虑到内生性问题的存在，估计3和估计4将作为解释依据。

估计3和估计4的结果均显示，农机服务使用率与小麦播种面积的交互项在10％显著水平上正向影响农地产出率；农机服务使用率与小麦播种面积平方的交互项在1％显著水平上负向影响农地产出率。这表明，农机服务使用率对农地产出率的影响大小与小麦播种面积呈倒U形关系，即农机服务对中等规模农户的农地产出率具有更高的激励作用，由此证明了假说1。正如本章分析线索所指出的，农机服务使用率的差异是不同规模农户农地产出率存在差异的重要原因。对于小农户[①]，使用农机服务的单位成本更高。加之农机服务价格的逐年上涨，很多小农户已经逐渐退出了农业经营（Qiu et al.，2020）。与此同时，小农户由于较小的经营规模和老年劳动力的存在，使得他们更可能依赖家庭劳动力进行农业生产。尤其在农业已难以成为小农户主要生计来源的背景下，务农成本最小化的动机将抑制小农户参与农机服务市场。从统计结果上看，倒U形曲线分别在1.185公顷（即18.168除以15.328）（见估计3）和1.032公顷（即11.626除以11.267）（见估计4）处与横坐标相交，即农机服务对农地产出率影响的最大值分别位于0.593公顷和0.516公顷，他们均处于本章界定的中等规模农户区间内。随着农地经营规模超过1.185公顷（估计3）或1.032公顷（估计4），农机服务对农地产出率的影响为负。

实际上，对于大农户而言，较大的经营规模首先给予了他们充分利用机械的优势（Foster and Rosenzweig，2017）。利用机械可以通过租赁和自置两种方式来实现，前者通过从市场上购买服务，后者则属于纵向一体化生产。然而，农机服务的高成本不仅抑制小农户的使用，同样会倒逼大农户自置机械。

---

① 从严格意义上来说，目前并没有一个被广泛认可的区分小农户、中等规模农户和大农户的量化指标。包括 Foster 和 Rosenzweig（2017）、Sheng 等（2019）在内的学者也是根据规模与生产率之间的关系进行的定性界定，即U形或倒U形关系的两侧为小农户和大农户，中间为中等规模农户。根据联合国粮农组织对农户规模的定义，规模小于2公顷为小农场。但《中国农村经营管理统计年报》数据显示，2016年我国农村户均耕地面积仅为5.621亩（即0.375公顷）。显然，以2公顷来界定小农户的说法在中国可能并不十分合适。但限于具体指标的缺乏，本章将2公顷以上规模的农户视为大农户，小于全国平均耕地面积的农户视为小农户，介于全国平均规模与2公顷之间的农户可以视为中等规模农户。虽然该界定仍然缺乏足够的依据，但大体也是符合国情的。

只要机械在报废前产生的效益大于农机服务，那么大农户必然选择自置机械。而且，经营规模越大，投资的回收期就越短。加之自置机械不仅可以解决自身需求，还可以为周边农户提供服务，获取经营者收益。如此一来，大农户对农机服务的需求量就会大幅下降，从而影响农地产出率。与自置机械相比，农机服务是基于分工专业化展开的，这就使得自置机械程度更高的大农户可能具有更低的农地产出率。与小农户和大农户不同的是，中等规模农户既无法以家庭劳动力替代农机服务，又不具备自置机械的规模经济性，由此造成他们必须依赖于农机服务。

表 6-2 农机服务对不同规模农户的农地产出率的影响

变量	OLS 估计 1	OLS 估计 2	2SLS 估计 3	2SLS 估计 4
农机服务使用率	2.404*** (0.321)	2.153*** (0.316)	−0.938 (6.048)	−1.886 (3.942)
小麦播种面积	3.247*** (0.778)	3.206*** (0.785)	—	—
小麦播种面积平方	−1.502*** (0.413)	−1.497*** (0.427)	2.407 (1.745)	3.115*** (1.138)
农机服务使用率× 小麦播种面积	−4.228*** (0.882)	−4.140*** (0.870)	18.168* (10.411)	11.626* (6.579)
农机服务使用率× 小麦播种面积平方	1.764*** (0.487)	1.885*** (0.494)	−15.328*** (5.358)	−11.267*** (3.455)
家庭未成年人占比		0.444** (0.174)		0.052 (0.307)
家庭老龄人口占比		−0.021 (0.105)		0.281 (0.323)
家庭农业劳动力占比		0.105 (0.091)		−0.015 (0.137)
家庭农业收入占比		0.609*** (0.110)		−0.045 (0.402)
家庭成员党员状况		0.175* (0.105)		0.137 (0.176)
家庭成员村干部状况		0.100 (0.128)		0.089 (0.205)
农业培训		0.264 (0.194)		0.485 (0.309)
机械资产投资		0.005*** (0.002)		0.005 (0.003)
土地肥力投资		−0.008 (0.028)		0.053 (0.059)
土地平整投资		−0.452* (0.234)		−0.380 (0.341)
机井		0.097 (0.102)		−0.042 (0.131)

（续）

变量	OLS 估计 1	OLS 估计 2	2SLS 估计 3	2SLS 估计 4
承包地地块数		−0.136*** (0.024)		−0.130*** (0.030)
高质量农地占比		0.347*** (0.093)		0.344*** (0.129)
小调整次数		−0.082 (0.053)		−0.114* (0.061)
大调整次数		0.074*** (0.029)		0.004 (0.052)
农地确权		−0.204** (0.097)		−0.187 (0.174)
县虚拟变量	已控制	已控制	已控制	已控制
常数项	3.558*** (0.296)	3.869*** (0.317)	2.429 (3.218)	1.671 (2.414)
观测值	3 179	3 179	3 179	3 179
R^2	0.028	0.102	0.742	0.829
F 值	19.76***	11.86***	10.89***	7.49***
弱工具变量检验 （农机服务参与率）			57.214	57.214
弱工具变量检验 （小麦播种面积）			74.492	74.492
DWH 检验			19.344***	14.155***

注：***、**和*分别表示在1%、5%和10%水平上显著；括号内为稳健标准误。

其他控制变量的影响方面（见估计 4），承包地块数越多，农地产出率越低。这是因为，农地的细碎化程度越高，越难以形成规模经济性，且会提高单位经营成本，从而降低农地产出率（Parikh and Shah，2010；Kawasaki，2010）。相反，高质量农地占比越高，农地产出率越高。很显然，农地质量与农地产出率呈正相关关系（Ma，2013）。我们还发现，农地小调整次数与农地产出率负相关。正如 Ma 等（2015）所指出的，产权稳定性越差，农户进行土地相关性投资或长期性投资的可能性就越小，这将抑制农地肥力的提升，进而降低农地产出率。此外，其他控制变量未呈现显著性影响。

6.3.2 不同规模农户的机械资产投资与小麦投工量差异

本章的主要假设是，不同规模农户在自置机械和劳动力刚性约束上存在差异。为此，表 6-3 进一步估计了小麦播种面积对机械资产投资和小麦投工量的影响。首先，DWH 检验的结果显示，小麦播种面积与机械资产投资的关系、小麦播种面积与亩均小麦投工量的关系均面临内生性问题；其次，弱工具变量检验的结果显示，采用承包地规模作为工具变量未造成弱工具变量问题。鉴于内生性问题的存在，估计 6 和估计 8 将作为解释依据。

首先，估计 6 的结果显示，小麦播种面积的一次项和二次项分别负向和正向影响机械资产投资。即，小麦播种面积与机械资产投资呈 U 形关系。然而，从一次项和二次项的关系来看，只有当小麦播种面积高于 1.242 公顷（即 18.612 除以 14.991）时，小麦播种面积的提高才会增加机械资产投资。尤其当经营规模大于 2 公顷后，农地规模对自置机械的激励作用不断增强。换言之，对于中等规模或小规模农户，他们进行机械资产投资的可能性更低，且投资额也更少。很显然，投资机械是有门槛的。当资本的回收期过长，且机械作业面临严重的规模不经济，那么投资机械的决策并不会被农户选择。当农地经营规模跨越门槛，随着农地规模增加，连片种植和机械连续作业的程度就越高，自置机械的规模经济性就越强。这表明，大农户之所以采用更少的农机服务，是自置机械的经济性使然。

其次，估计 8 的结果显示，小麦播种面积的一次项和二次项分别在 1% 显著性水平上正向和负向影响亩均小麦投工量。这表明，小麦播种面积与亩均投工量呈倒 U 形关系。具体而言，当小麦播种面积大于 1.622 公顷（即 53.165 除以 32.773）时，小麦播种面积的增加将显著降低亩均小麦投工量。换言之，对于农地规模在 20 亩左右的农户，他们不会在小麦中投入更多的劳动力，甚至可能由于家庭劳动力刚性约束的增强，被迫降低劳动投入。随着经营规模的进一步增加，自置机械或采用农机服务的优势会使得劳动投入被替代，从而表现出中等规模和大规模农户具有更少劳动投入的特征。进一步地，对于经营规模小于 1.622 公顷的农户，在农地规模处于 [0, 0.811] 区间时，经营规模的扩大会提高劳动投入，但进入 [0.811, 1.622] 区间后，经营规模增加所诱发的劳动投入增加水平开始下降，这也大致符合本章对不同类型规模农户的划分。农地规模的初始增加意味着，农户对农业经营的依赖性增加，增加家庭劳动投入是提高农地产出率和压缩生产成本的重要途径。随着规模的持续增加，家庭劳动力的刚性约束会快速出现，从而抑制劳动投入的进一步增加，直至家庭劳动力无法满足农业生产，农户便会采取替代性要素（如农机服务或自置机械设备等）。

表6-3　不同规模农户的机械资产投资与小麦投工量差异

变量	机械资产投资		亩均小麦投工量	
	OLS 估计5	2SLS 估计6	OLS 估计7	2SLS 估计8
小麦播种面积	0.503 (3.429)	−18.612** (7.445)	0.428 (0.630)	53.165*** (4.613)
小麦播种面积平方	3.020 (2.440)	14.991*** (5.130)	−0.235 (0.355)	−32.773*** (3.010)
家庭未成年人占比	5.702*** (2.029)	5.574*** (1.936)	0.198 (0.388)	0.483 (1.025)
家庭老龄人口占比	−1.679** (0.820)	−2.699*** (0.887)	0.499** (0.239)	3.465*** (0.568)
家庭农业劳动力占比	0.495 (0.786)	0.706 (0.847)	0.492** (0.202)	−0.057 (0.399)
家庭农业收入占比	−0.911 (0.995)	0.324 (0.879)	−0.207 (0.249)	−3.870*** (0.391)
家庭成员党员状况	−1.051 (0.908)	−1.125 (0.927)	−0.091 (0.216)	0.111 (0.436)
家庭成员村干部状况	0.483 (1.314)	0.582 (1.350)	0.215 (0.311)	−0.056 (0.587)
农业培训	−1.132 (1.479)	−1.136 (1.538)	−0.235 (0.311)	−0.271 (0.856)
土地肥力投资	−0.074 (0.081)	−0.057 (0.107)	0.091 (0.057)	0.042 (0.118)
土地平整投资	0.092 (0.770)	0.358 (0.773)	−0.400*** (0.150)	−1.159*** (0.322)
机井	0.034 (0.775)	0.226 (0.783)	0.021 (0.170)	−0.538 (0.339)
承包地地块数	0.189 (0.219)	0.205 (0.227)	0.066** (0.027)	−0.012 (0.049)
高质量农地占比	0.891 (0.781)	0.832 (0.780)	−0.358* (0.190)	−0.190 (0.366)
小调整次数	1.055 (0.783)	1.028 (0.776)	0.028 (0.074)	0.077 (0.194)
大调整次数	1.519* (0.784)	1.662** (0.775)	−0.041 (0.068)	−0.460*** (0.139)
农地确权	−0.511 (1.070)	−0.321 (1.078)	−0.098 (0.215)	−0.642* (0.389)
县虚拟变量	已控制	已控制	已控制	已控制
常数项	0.720 (1.617)	5.096** (2.345)	3.187*** (0.310)	−8.878*** (1.300)
观测值	3 179	3 179	3 179	3 179
R^2	0.039	0.062	0.008	0.878
F值	4.38***	9.33***	1.77**	41.54***
弱工具变量检验		76.419		76.419
DWH检验		2.353*		256.245***

注：***、**和*分别表示在1%、5%和10%水平上显著；括号内为稳健标准误。

6.3.3　进一步分析1：谁的农机服务使用率更高

前文提到，农机服务之所以对中等规模农户的农地产出率的提升作用更强，是由于中等规模农户的农机服务使用率更高。相对于小农户和大农户具有替代性要素，中等规模农户在劳动投入和自置机械两方面都面临严重困境。为检验该推论，表6-4展示了小麦播种面积对农机服务使用率的影响，具体控制变量、工具变量和估计方法与表6-2中一致。DWH检验显示，小麦播种面积对农机服务使用率的影响面临内生性问题；弱工具变量检验显示，利用承包地面积作为工具变量不存在弱工具变量问题。

表6-4的估计结果显示，小麦播种面积一次项和二次项分别在1％显著性水平上正向和负向影响农机服务参与率。这表明，小麦播种面积与农机服务使用率呈现倒U形关系，即中等规模农户具有更高的农机服务使用率。由此论证了本章的基本推断。中等规模农户面临的劳动投入不足和自置机械不经济的困境，使得他们更大可能依赖于外包服务。反过来说，中等规模农户与大规模农户相似，具有使用机械作业的经济性。但他们与小规模农户不同，连片种植和机械连续作业会使得他们的单位作业成本更低。因此，理性的中等规模农户将更多地购买农业社会化服务。

表6-4　小麦播种面积对农机服务使用率的影响

变量	OLS 估计9	2SLS 估计10
小麦播种面积	−0.038（0.043）	1.126***（0.165）
小麦播种面积平方	−0.022（0.026）	−0.758***（0.108）
控制变量	已控制	已控制
常数项	0.951***（0.018）	0.069***（0.045）
观测值	3 179	3 179
R^2	0.062	0.900
F 值	8.23***	24.04***
弱工具变量检验		74.492
DWH 检验		28.220***

注：***、**和 * 分别表示在1％、5％和10％水平上显著；括号内为稳健标准误。

6.3.4　进一步分析2：使用农机服务提高了农地产出率吗

本章的另一个基本推断是，农机服务使用率越高，农地产出率就越高。这就意味着，只要中等规模农户的服务使用率更高，那么他们获得的农地产出率就会更高，这与表6-2和表6-4的逻辑是一致的。因此，需要进一步验证农机服务使用率与农地产出率的关系。表6-5汇报了估计结果，具体的控制变量、工具变量和估计方法与表 6-2 中的一致。DWH 检验结果显示，农机服务使用率对农地产出率的影响面临内生性问题；弱工具变量检验结果显示，采用村庄农机服务市场发展状况作为工具变量不存在弱工具变量问题。

估计 12 的结果显示，农机服务使用率在 1% 显著性水平上正向影响农地产出率，即采用的农机服务越多，农地产出率越高。这与已有研究的结论保持一致（Yang et al.，2013；Yi et al.，2019）。不同的是，本章所采用的农机服务使用率指标表达的是农户参与农机服务市场的程度。显然，卷入分工的程度越大，利用专业化经济的可能性就高，知识分工带来的绩效增长就会越强（杨小凯和黄有光，1999）。由此，本章的基本逻辑可以概括为，使用农机服务改善了经营效率，正因为中等规模农户的农机服务使用率更高，所以他们的农地产出率从农机服务中获得了更大程度的提升。

表 6-5 农机服务使用率对农地产出率的影响

变量	OLS 估计 11	2SLS 估计 12
农机服务参与率	0.066*** (0.138)	7.513*** (1.214)
控制变量	已控制	已控制
常数项	5.110*** (0.198)	−1.392 (1.174)
观测值	3 179	3 179
R^2	0.096	0.817
F 值	11.31***	9.00***
弱工具变量检验		57.214
DWH 检验		59.805***

注：***、**和 * 分别表示在 1%、5% 和 10% 水平上显著；括号内为稳健标准误。

6.4　本章小结

发展和完善面向小农户的现代农业服务体系，鼓励农业适度规模经营，是现阶段我国农业发展的重要方向。但是，已有研究并未回答，不同规模农户在使用农业社会化服务后是否能获得一致性收益？不同规模农户的服务使用情况又是怎样的？对这些问题的回答，一方面有助于检验发展农业社会化服务的成效，另一方面则有助于剖析现阶段农业社会化服务市场所面临的难境，从而为进一步完善农业社会化服务市场提供有益启发。

本章利用 2017 年河南省 3 179 户小麦种植户样本，实证检验了农机服务对不同经营规模农户的农地生产率的影响。结果显示，中等规模农户的农地产出率较小农户和大农户更能从农机服务中得到提升。进一步分析表明，小农户更可能在农业生产中投入更多劳动力，大农户则倾向于自置机械，从而替代对农机服务的使用。研究还发现，中等规模农户的农机服务使用率更高，且农机服务使用率与农地产出率具有正相关关系。由此表明，小农户和大农户的生产效率并非必然从农机服务发展中获益，不同的要素替代及其配置策略是其未能参与农机服务市场的重要原因。

本章对于理解当前农机服务市场的发育具有启迪价值。它表明，即使农业服务存在分工经济优势，但并不意味着农户会自发参与其中。现实中，存在较多的小农户，尤其是那种经营极小的小农户，他们可能更多地以自家老年劳动力替代农业服务。对于大农户，自置机械更具规模经济性。可以推测，未来中国农机服务市场的主要参与者将是中等规模农户，这与目前国家倡导的发展适度规模经营具有逻辑的一致性。随着大规模农户的逐渐形成，自置机械进行纵向一体化生产可能成为我国农业经营的基本组织方式。因此，可能的政策导向是，一方面引导农地流转有序进行，鼓励适度规模经营，将有助于小农经营转型并促进农业社会化服务市场的发育；另一方面积极培育新型经营主体，引导其引入现代生产要素，在促进纵向一体化经营的同时提升其生产性服务能力。因此，发展农业适度规模经营与农机服务市场具有协调一致的政策含义。

参考文献

陈实，刘颖，刘大鹏，2019. 农机推广率、农业机械化与湖北省水稻生产 [J]. 农业技术经济（6）.

仇童伟，2019. 农业服务的差异化定价机制何以存在 [J]. 制度经济学研究（1）.

仇童伟，2020. 从经验积累到分工经济：农业报酬递增的演变逻辑 [J]. 华中农业大学学报（社会科学版）（6）.

胡雯，张锦华，陈昭玖，2019. 小农户与大生产：农地规模与农业资本化——以农机作业服务为例 [J]. 农业技术经济（6）.

罗必良，2020. 小农经营、功能转换与策略选择——兼论小农户与现代农业融合发展的"第三条道路" [J]. 农业经济问题（1）.

罗必良 a，2017. 农业家庭经营：走向分工经济 [M]. 北京：中国农业出版社.

罗必良 b，2017. 论服务规模经营——从纵向分工到横向及连片专业化 [J]. 中国农村经济（11）.

薛超，史雪阳，周宏，2020. 农业机械化对种植业全要素生产率提升的影响路径研究［J］. 农业技术经济（10）.

杨小凯，黄有光，1999. 专业化与经济组织———一种新兴古典微观经济学框架［M］. 北京：经济科学出版社.

杨子，张建，诸培新，2019. 农业社会化服务能推动小农对接农业现代化吗———基于技术效率视角［J］. 农业技术经济（9）.

Arrow, K., 1962. The Economic Implication of Learning by Doing ［J］. Review of Economics & Statistics, Vol. 3：155 - 173.

Assunção, J., Ghatak, M., 2003. Can Unobserved Heterogeneity in Farmer Ability Explain the Inverse Relationship between Farm Size and Productivity ［J］. Economics Letters, Vol. 2：189 - 194.

Boserup, E., 1965. The Conditions of Agricultural Growth：the Economics of Agrarian Change Under Population Pressure ［M］. Allen & Unwin, London.

Carletto, C., Savastano, S., Zezza, A., 2013. Fact or Artifact：The Impact of Measurement Errors on the Farm Size Productivity Relationship ［J］. Journal of Development Studies, Vol. 1：254 - 261.

Carter, M., Wiebe, K., 1990. Access to Capital and Its Impact on Agrarian Structure and Productivity in Kenya ［J］. American Journal of Agricultural Economics, Vol. 5：1146 - 1150.

Cheung, S., The Contractual Nature of the Firm ［J］. Journal of Law & Economics, Vol. 1：1 - 21.

Dixit, A., and Stiglitz, J., 1977. Monopolistic Competition and Optimum Product Diversity ［J］. American Economic Review, Vol. 6：297 - 308.

Foster, A. D., Rosenzweig, M., 2017. Are there too Many Farms in the World? Labor - market Transaction Costs, Machine Capacities and Optimal Farm Size ［R］. NBER working paper, 2017. http：//www. nber. org/papers/w23909.

Kagin, J., Taylor, E., Yúnez - Naude, A., 2016. Inverse Productivity or Inverse Efficiency? Evidence from Mexico ［J］. Journal of Development Studies, Vol. 3：369 - 411.

Kawasaki, K., 2010. The Costs and Benefits of Land Fragmentation of Rice Farms in Japan ［J］. Australian Journal of Agricultural and Resource Economics, Vol. 4：509 - 526.

Krugman, P., 1979. Increasing Returns, Monopolistic Competition, and International Trade ［J］. Journal of International Economics, Vol. 4：469 - 479.

Larson, D., Otsuka, K., Matsumoto, T., Kilic, T., 2013. Should African Rural Development Strategies Depend on Smallholder Farms? An Exploration of the Inverse Productivity Hypothesis ［J］. Agricultural Economics, Vol. 3：1 - 13.

Lundberg, E. , 1961. Produktivitet och Rantabilitet [M]. P. A. Norstedt and Soner, Stockholm.

Ma, X, 2013. Does Tenure Security Matter? Rural Household Responses to Land Tenure Reforms in Northwest China, PhD Thesis [D]. Wageningen University, Wageningen, NL.

Ma, X. , Heerink, N. , Feng, S. , Shi, X. , 2015. Farmland Tenure in China: Comparing Legal, Actual and Perceived Security [J]. Land Use Policy, Vol. 42: 293 - 306.

Parikh, A. , and Shah, K. , 2010. Measurement of Technical Efficiency in the North - West Frontier Province of Pakistan [J]. Journal of Agricultural Economics, Vol. 45: 132 - 138.

Qiu, T. , Luo, B. , Choy, B. , Li, J. , Li, Y. , 2020. Farmers' Exit from Land Operation in Rural China: Does the Price of Agricultural Mechanization Services Matter [J]. China & World Economy, forthcoming.

Sheng, Y. , Ding, J. , Huang, J, 2019. The Relationship between Farm Size and Productivity in Agriculture: Evidence from Maize Production in Northern China [J]. American Journal of Agriculture Economics, Vol. 3: 790 - 806.

Steven, M. , Edward, H. , 2004. Farm Size and the Determinants of Productive Efficiency in the Brazilian Center - West [J]. Agricultural Economics, Vol. 2 - 3: 241 - 249.

Yang, J. , Huang, Z. , Zhang, X. , Reardon, T. , 2013. The Rapid Rise of Cross - regional Agricultural Mechanization Services in China [J]. American Journal of Agricultural Economics, Vol. 5: 1245 - 1251.

Yang, X. , Shi, H. , 1992. Specialization and Product Diversity [J]. American Economic Review, Vol. 2: 392 - 398.

Yi, Q. , Chen, M. , Sheng, Y. , Huang, J. , 2019. Mechanization Services, Farm Productivity and Institutional Innovation in China [J]. China Agricultural Economic Review, Vol. 3: 536 - 554.

第七章　农机服务发展与农户退出决策

本章提要： 本章利用河南省 3 914 户农户数据，实证检验了农机服务价格对农户退出农业生产的影响。结果表明，农机服务价格的上涨确实造成了农户离农的概率增加。尤其考虑到农业经营的高机会成本和自置农机的资本回收期较长，这一情况尤为显著。随着城乡劳动力非农转移速度加快，农户离农的可能性进一步增加。我们还发现，农机服务价格的增加还会抑制农户的农地租赁行为并加剧农地非粮化。由此表明，当前的农机服务发展并不利于小农户的持续经营。

在许多亚洲和非洲国家，发展农机服务被认为是提高农业生产率和替代人力的重要途径（Houssou et al.，2013；Diao et al.，2014；Yi et al.，2019）。通过将部分劳动密集型生产环节外包，有利于降低许多发展中国家的农户贫困问题（Zhang et al.，2017）。在中国农村，土地细碎化问题较为严重（Wang et al.，2007；Qiu et al.，2020a），这降低了农地规模化经营的可能性。为此，发展农机服务来实现服务规模经营被认为是提高农业规模经济性的重要途径（Yang et al.，2013）。自 2004 年以来，中国政府颁布了多项政策来促进农业社会化服务的发展。

然而，Foster 和 Rosenzweig（2017）发现印度的粮食种植面积与农机服务采用率之间存在倒 U 形关系。同样，本章所用河南省调查数据显示，小麦种植面积与农机服务采用率之间也存在倒 U 形关系。如果小农户能从农机服务中受益，他们为什么会使用更少的服务呢？Foster 和 Rosenzweig（2017）认为，小农户倾向于用家庭劳动力替代机械，而大农场则具有在大规模作业中使用自有机械的优势。此外，小农户也无法从规模经济中获益，而且使用农机服务会减少小农户在农业生产中的预期收入，从而降低其农机服务使用率。

在过去 40 年中，中国经历了全球最大规模的城乡劳动力迁移（Zhao，1999），非农收入已成为农村居民的主要收入来源。根据 Johnson（2002）研究，从事农业的劳动力比例从 1978 年的 70％以上下降到 2000 年的 50％以下，这是因为大部分劳动力开始离开农业部门转而从事非农就业（Deininger and Jin，2005）。即使在淡季，农民工的实际工资也在大幅增加（Zhang et al.，2011）。这表明，今天农民的农业生产机会成本已相当高，这也使得小农户不愿再从事农业生产。

而且，在中国农村，农机服务的价格并不低。河南省调查数据显示，小麦生产的农机服务，如整地、播种、收割等的平均价格超过每亩 120 元，甚至超过了小麦生产的净收益。从逻辑上来说，农机服务价格越高，小农户越有可能退出农业经营。即便不考虑农机服务，由于农业劳动力投入和自置机械对他们来说都是非常昂贵的，这也会造成大量农户离农。尽管中国政府表示，要发展面向小农户的农业社会化服务，但该政策的目标与现实是否一致尚不清楚。

尽管许多研究已经分析了农户退出农业经营的方式，如转出农地和抛荒（Feng et al.，2010；Liu，2018），但对农机服务价格影响农户退出农业经营的分析仍显不足。此外，城乡劳动力快速转移也是决定农户能否持续经营农业的关键因素（Feng et al.，2010；Kimura et al.，2011）。考虑到从事农业生产的机会成本不断增加以及大量的农村人口向城市迁移，农户退出农业经营可能对农机服务价格更为敏感。尽管有研究发现，将部分劳动力密集型生产环节外包可以降低农业生产成本（Yi et al.，2019），但由于缺乏农机服务替代品以及非农部门的高薪吸引，小农户仍然具有较大概率退出农业经营。

本章检验的内容包括两个方面。首先，本章检验了农机服务价格对农户退出农业经营的影响。对于许多发展中国家来说，农机服务市场还不发达，这可能诱发缺乏市场竞争时的高价格，从而限制农业发展。其次，我们还分析了城乡劳动力非农转移状态下农机服务价格对农户退出农业经营的影响。随着许多发展中国家的城市化和工业化进程加快，农业部门的劳动力短缺迟早会出现，本章研究将为其未来的农业发展提供重要启示。

本章贡献分为两方面。首先，本章评估了农机服务对农业生产的影响。虽然现有文献反复强调农机服务的重要性，但少有文献探讨农机服务发展是否能够保障小农户经营的可持续性。其次，本章还分析了小农户对农机服务价格的反应。对于小农户来说，非农业部门的工资要比农业经营的收入高得多。随着农机服务价格的上涨，他们从事农业经营的动力越来越小。虽然使用农机服务可以节省农业劳动力，但如果使用农机服务的成本超过了农业生产的净收益，小农户仍可能从事非农就业并放弃农业生产，这种情况在今天的中国已经非常普遍。

7.1 研究背景与分析框架

7.1.1 中国农业发展

在过去的20年里，随着中国农业社会化服务市场的发展，农业机械化得到了快速发展（Yang et al.，2013）。尽管针对亚洲其他国家和非洲国家的众多研究表明，农机服务提高了农业生产率（Diao et al.，2014；Sims and Heney，2017；Yi et al.，2019），但中国的小农户是否倾向于参与农机服务市场尚不清楚。当人均耕地面积小、地块细碎时，小农户不太可能通过采用农业机械化实现规模经济，而且这还会增加单位土地的服务成本（Foster and Rosenzweig，2017）。

相关数据显示，在2000年，中国农户承包地块数平均为5.9块，户均承包地面积为7.43亩。2015年，户均地块数下降到3.27块，户均承包地面积则降至7.26亩。据《中国农村经营管理统计年报》数据显示，2012—2016年，全国未经营农地的农户从1 375万户增加到1 854万户，经营10亩以下农地的农户从2009年的19 024万户增加到2016年的23 000万户。这表明，大量农户已经开始退出农业经营。

农业生产成本的急剧增加可能农户退出农业经营的重要决定因素。Qiu等（2020a）指出，2014年粮食生产中的劳动力成本占总生产成本的41.8%，而1990年这一比例仅为35.1%。据《全国农产品成本收益资料汇编》数据显示，粮食生产中每亩的劳动力成本从2009年的188.39元增长到了2014年的446.75元。农业劳动力成本的上升必然导致替代要素的出现，而农机服务是替代农业劳动力的最重要方式之一。尤其考虑到小农户仍是中国农业的主要经营者，自置机械的高成本必然抑制小农户投资自有机械，进而加速农机服务发展。据《全国农产品成本收益资料汇编》数据显示，1990年粮食生产中农机服务成本占总生产成本的比例仅为3.5%，该数据在2014年增加到12.6%，在2016年则增加到了13.1%。随着农村人口向城市的大量转移，农业劳动力必然减少，由此带来劳动力成本大幅增加，这会导致农业生产环节的外包（Zhang et al.，2017）。

然而，粮食生产利润在近年却呈现急剧下降态势。据《全国农产品成本收益资料汇编》数据显示，粮食生产的平均利润从2004年的每亩196.5元下降到2016年的每亩116.2元。生产利润的下降可能促使农户放弃或出租他们的农地，并在非农部门寻求就业。相关研究指出，城乡劳动力大规模转移不仅会激励农户转出农地（Feng et al.，2010；Kimura et al.，2011），还会加剧农地抛荒（Liu et al.，2010；Liu，2018）。换言之，如果农机服务价格上涨到小农户无法承受的水平，那么他们必然会放弃农业经营。劳动力实际工资的加速增长则表明，中国农村劳动力剩余的时代已经过去了（Zhang et al.，2011），农业生产中的劳动力成本将成为实质性负担，并可能影响农业部门的长久发展。

7.1.2　分析框架

为分析农机服务价格对农户退出农业经营的影响，本小节构建了一个分析框架。首先，本部分只考虑粮食生产，这是因为农机服务在粮食生产中的采用率比在非粮食生产中更普遍。其次，考虑到粮食作物相对于经济作物的产品价格更低，我们将进一步讨论随着粮食生产服务价格的提高，农民进行非粮化生产的可能性。因此，本部分将主要探讨劳动力成本、粮食作物价格、农机服务价格和投资机械的成本—收益关系。

从理论上来说，如果农机服务价格上涨，那么农户就会自置机械或增加农业劳动投入。然而，农业生产的高机会成本将降低农户用家庭劳动力替代农机服务的可能性。此外，自置机械对小农户来说是非常昂贵的，这不仅是因为机械的沉没成本（在非农忙时节的闲置）相对较高，还因为小农户的农地经营规模小，无法实现农业经营的规模经济性（Foster and Rosenzweig，2017）。

新古典经济学认为，正常商品的价格越高，其市场需求就越低（Kreps，2013）。尽管中国政府表示，发展农机服务对于推动小农户与现代农业有机结合和提高农业生产率具有重要意义，但农机服务的高价格必然降低小农户的使用率。如前所述，在中国农村，小农户获得便宜的农机服务的机会有限。当高昂的农机服务价格损害了农业生产的预期收益时，农户会自发地转出农地或抛荒。如果农地流转市场运行良好，那么农户通过转出农地来获得租金收益，将比从事农业生产给他们带来更多的收益。相反，如果小农户无法转出农地，抛荒就会变得普遍。因此，农户的土地利用方式取决于农业经营与出租或抛荒农地相对收益的大小。

随着农村人口向城市转移规模的增加，农户对农机服务价格的变化会更加敏感。Chaianov（1986）认为，小农户往往会在农业中过度投入劳动。然而，农业劳动力的稀缺性意味着，农户无法通过调整农业劳动力来应对农机服务价格的变化。在这种情况下，农机服务价格的上涨更可能导致农户退出农业经营。不应忽视的是，自置机械的高成本是农户退出农业经营的另一个重要前提。考虑到非农业部门的工资要高得多，而粮食产品的价格又很低，小农户对农机服务价格的提高将更加敏感。虽然他们可以调整种植业结构，但技术门槛和自置机械的高沉没成本将限制大多数农户从事非粮生产，由此造成农户自发退出农业经营。

7.2 数据、变量和估计策略

7.2.1 数据来源

本章所用数据与第五章中的一致，不予赘述。

7.2.2 变量选择与定义

本章因变量为农户是否退出农业经营，并由两个指标加以衡量：农户是否降低农地经营规模的虚拟变量和农地退出率。如果农户减少了农地经营面积，赋值为 1，否则为 0；农地退出率等于农户家庭未耕种的承包地面积与家庭承包土地面积的比值。

农机服务价格是本章的主要自变量。然而，对于那些已不再经营农业的农户来说，家庭层面的农机服务价格是不可获取的。此外，家庭层面的农机服务价格对农户退出农业经营的影响也受到内生性干扰。参考 Ma 等（2016）的研究，本章采用村级层面小麦生产中农机服务价格占每亩总生产成本的比重来衡量农机服务价格，即相对价格[1]。由于小麦是河南省的主粮，且不同粮食作物的农机服务价格相似，故小麦生产中的农机服务价格可以代表村级农机服务的发展状况。同时，村级农机服务价格与农户退出农业生产的影响不受反向因果干扰。

农村劳动力非农转移是影响农机服务价格与农户退出农业经营相互关系的重要调节因素。参考 Ma 等（2015）和 Qiu 等（2020a）的做法，本章采用村级非农转移劳动力占总劳动力的比例来衡量农村劳动力非农转移状况。在一定程度上，使用村级指标可以避免内生性问题。相关研究表明，村庄劳动力非农转移状况可以表征劳动力市场的发展和农业生产的机会成本（Yan et al.，

---

[1] 只有相对价格才能表征农机服务价格给农民造成的负担。

2016)，故在很大程度上可以反映农户的劳动力约束。

此外，本章估计还控制了农户、土地和村庄的特征。其中，农户特征包括农户的家庭规模（Yan et al.，2016）、家庭抚养率、老年人比例（Xu et al.，2019）、家庭成员是否有党员（Ma，2013）或村干部（Qiu et al.，2020a）、家庭成员是否接受过农业技能培训、家庭是否有机井。土地特征方面，引入了承包地面积（Xu et al.，2019）、地块数量（Yan et al.，2016）、农地小调整次数、农地大调整次数①以及农地承包经营权证书。相关研究表明，农地产权对农地流转交易有重要影响（Feng et al.，2010），而农地调整和农地确权往往被用来表征农地产权安全性（Jacoby et al.，2002；Rao et al.，2016；Hong et al.，2020）。估计中还控制了村庄农机服务发展状况，这是因为它可以同时影响农户退出农业经营的决策和农机服务价格。其中，村庄使用整地和收割服务的农户比例被用来表征农机服务发展。同时，整地和收割的服务价格也都被控制了。最后，村庄与最近城镇或县城之间的距离（Ma，2013；Xu et al.，2019）、村庄的地形地貌和村庄的交通状况（Qiu et al.，2020b）以及县级区域虚拟变量也都被控制了。具体变量定义与描述详见表7-1。

表7-1　变量定义和描述

变量	定义	均值	标准差
因变量			
农户是否降低农地经营规模	农户减少了农地经营规模=1，否则=0	0.146	—
农地退出率	未耕地占承包地的比重	0.087	0.254
自变量			
村庄农机服务价格	村庄小麦生产每亩农机化服务价格除以生产成本的均值	0.267	0.063
村庄劳动力非农转移	外出务工劳动力占村庄劳动力的比例	0.499	0.081
控制变量			
家庭规模	家庭成员人数（人）	4.404	1.783
家庭抚养率	16岁以下家庭成员比例	0.182	0.192

① 农地小调整是指部分自然村或村小组内部的承包地再调整，而农地小调整是指整个行政村的承包地的再调整。

（续）

变量	定义	均值	标准差
老年人占比	60 岁以上家庭成员比例	0.242	0.339
家庭成员是否有党员	家庭成员有党员＝1，否则＝0	0.138	—
家庭成员是否有村干部	家庭成员有村干部＝1，否则＝0	0.069	—
农业技能培训	家庭成员接受过农业技能培训＝1，否则＝0	0.031	—
机井	家庭有机井＝1，否则＝0	0.056	—
承包地面积	分配给农民的承包地规模（亩）	8.382	6.038
地块数量	承包地块数	3.694	3.545
农地小调整次数	1998 年以来农地小调整次数	0.177	0.837
农地大调整次数	1998 年以来农地大调整次数	0.228	0.880
农地确权	家庭农地已经确权＝1，否则＝0	0.871	—
村庄整地服务市场	村庄使用整地服务农户的比例	0.728	0.146
村庄收割服务市场	村庄使用收割服务农户的比例	0.821	0.146
村庄整地服务价格	村庄整地服务的价格（元/亩）	60.179	29.174
村庄收割服务价格	村庄收割服务的价格（元/亩）	56.773	11.558
村庄到最近城镇的距离	村庄与最近城镇的距离（公里）	4.416	12.801
村庄到最近县城的距离	村庄与最近县的距离（公里）	21.359	12.822
村庄地形			
山地	村庄地形为山地＝1，否则＝0	0.007	—
丘陵	村庄地形为丘陵＝1，否则＝0	0.104	—
平原	村庄地形平原＝1，否则＝1	0.889	—
村庄交通状况			
非常差	非常差＝1，否则＝0	0.064	—
差	差＝1，否则＝0	0.171	—
中等	中等 ＝1，否则 ＝ 0	0.383	—
良好	良好＝1，否则＝0	0.341	—
优越	优越＝1，否则＝0	0.041	—
县虚拟变量	县虚拟变量	—	—

7.2.3　估算策略

为了估计农机服务价格对农户退出农业经营的影响，本章识别如下模型：

$$Y_i = \beta_0 + \beta_1 C_i + \beta_2 X + \varepsilon_i \qquad (7.1)$$

其中，Y_i 表示农户退出农业经营的情况，用农户是否降低农地经营规模和农地退出率来衡量。C_i 是农机服务价格。X 表示农户家庭、土地和村庄特征等控制变量。β_0 是常数项，β_1 和 β_2 为待估计参数。e_i 为随机误差项，并符合标准正态分布。

为探讨劳动力约束下农机服务价格的影响，在式（7.1）基础上引入了农机服务价格和村庄劳动力非农转移的交互项，如式（7.2）所示。

$$Y_i = \lambda_0 + \lambda_1 C_i + \lambda_2 C_i L_i + \lambda_3 L_i + \lambda_4 X + \varepsilon_i \qquad (7.2)$$

其中，L_i 表示村庄劳动力非农转移状况。λ_0 是常数项，λ_1、λ_2、λ_3 和 λ_4 为待估计的系数。其他变量及参数定义与式（7.1）中的定义相同。

虽然式（7.1）和式（7.2）的估计可能面临内生性问题，但正如 7.3.2 节所述，村庄农机服务价格与农户退出农业经营之间不存在反向因果关系。换言之，单个农户退出农业经营难以显著影响村庄农机服务价格。然而，遗漏变量仍可能干扰本章估计。虽然本章控制了村庄农机服务市场发展、村庄地形、交通状况、地理位置和县虚拟变量等变量，有助于缓解遗漏变量问题，但其他无法观测的社会经济因素也可能同时影响村庄农机服务价格和农户退出农业经营。

因此，本章使用工具变量法来处理内生性问题，具体工具变量包括户均承包地面积和人均承包地面积。其理由在于，户均承包地面积决定了农机服务的市场容量，它会影响机械作业的规模经济和市场价格；人均承包地面积反映了农户的劳动力约束，也可以衡量农户对农机服务的需求。同时，这两个工具变量是农机服务价格和农民退出农业经营的外生变量。这是因为，村庄农地规模是由自然因素和行政区划决定的，农地承包则是国家政策，可以视为外生冲击（Sheng et al.，2019）。

由于式（7.1）中的因变量由虚拟变量（农户是否降低农地经营规模）和连续变量（农地退出率）共同衡量，故分别采用工具变量 probit 模型（IV - probit）和两阶段最小二乘法（2SLS）进行估计。此外，由于式（7.2）中存在两个内生变量，故按照 Maitra 和 Rao（2014）的做法，使用扩展的线性回归模型（ERM）进行估计。具体而言，当因变量为二元变量时，使用扩展的

probit 回归模型（eprobit）进行估计；当因变量为连续变量时，使用扩展的线性回归模型（eregress）进行估计。

7.3 实证结果与分析

7.3.1 农机服务价格对农户退出农业经营的影响

表7-2汇报了式（7.1）的模型估计结果，即农机服务价格对农户退出农业经营的影响。首先，Durbin-Wu-Hausman（DWH）检验表明，式（7.1）估计面临内生性问题；其次，弱工具变量检验表明，表7-2不存在弱工具问题。Wooldridge（2010）指出，当存在多个工具变量时，应该对额外的工具变量的有效性进行检验。表7-2中的过度识别检验显示，本章工具变量与残差项不相关，这意味着本章工具变量在一定程度上是有效的[①]。

表7-2的第（2）列和第（4）列结果显示，村庄农机服务价格的系数在1‰统计水平上显著为正。这表明，随着农机服务价格的提高，农户退出农业经营的可能性显著增加。尽管一些研究指出，采用农机服务可以提高农业生产率（Yang et al.，2013；Zhang et al.，2017；Yi et al.，2019），但他们并未分析小农户面临的现实困境——劳动力成本和农机服务价格的快速上涨。尤其考虑到中国面临严重的土地细碎化问题，小农户几乎无法实现农业经营的规模经济性。

表7-2 农机服务价格对农户退出农业经营的影响

变量	农户是否降低农地经营规模		农地退出率	
	(1) probit	(2) IV-probit	(3) OLS	(4) 2SLS
村庄农机服务价格	1.478* (0.887)	19.964*** (4.377)	0.362*** (0.128)	3.799*** (1.014)
家庭规模	−0.024 (0.018)	−0.020 (0.016)	−0.007*** (0.003)	−0.007** (0.003)
家庭抚养率	0.206 (0.141)	0.054 (0.141)	0.011 (0.021)	−0.010 (0.023)
老年人占比	0.273*** (0.085)	0.246*** (0.080)	0.046*** (0.015)	0.049*** (0.016)

---

① 从严格意义上来说，工具变量的外生性是无法被证明的。这是因为残差项是未知的，过度识别检验只能提供间接证据来证明工具变量的有效性。为此，现有文献没有提供过度识别检验的结果（Sheng et al.，2019）。参考 Sheng 等（2019）的研究，本章工具变量均为自然决定或政策决定的，可以视为小农户农业经营行为的外生变量。

（续）

变量	农户是否降低农地经营规模		农地退出率	
	（1） probit	（2） IV - probit	（3） OLS	（4） 2SLS
家庭成员是否有党员	0.132* (0.077)	0.083 (0.072)	0.018 (0.013)	0.013 (0.014)
家庭成员是否有村干部	0.014 (0.106)	−0.012 (0.095)	−0.000 (0.018)	−0.005 (0.019)
农业技能培训	−0.039 (0.152)	0.044 (0.143)	−0.019 (0.018)	−0.005 (0.021)
机井	−0.129 (0.098)	−0.088 (0.094)	−0.015 (0.010)	−0.011 (0.012)
承包地面积	0.007 (0.006)	0.009* (0.005)	−0.001 (0.001)	0.000 (0.001)
地块数量	0.018** (0.008)	0.013** (0.006)	0.001 (0.001)	0.001 (0.001)
农地小调整次数	−0.005 (0.036)	0.061 (0.038)	0.001 (0.005)	0.012* (0.006)
农地大调整次数	−0.046 (0.035)	−0.062** (0.031)	−0.004 (0.003)	−0.008** (0.004)
农地确权	−0.050 (0.080)	−0.168** (0.077)	−0.020 (0.013)	−0.043*** (0.014)
村庄整地服务市场	−1.202 (0.406)***	−4.547*** (0.829)	−0.157*** (0.055)	−0.803*** (0.199)
村庄收割服务市场	−0.454 (0.392)	1.589** (0.629)	−0.244*** (0.057)	0.109 (0.119)
村庄整地服务价格	0.010** (0.005)	0.001 (0.005)	0.002** (0.001)	0.001 (0.001)
村庄收割服务价格	−0.019*** (0.006)	−0.030*** (0.005)	−0.004*** (0.001)	−0.006*** (0.001)
村庄到最近城镇的距离	0.001 (0.002)	−0.001 (0.003)	0.001 (0.000)	0.000 (0.001)
村庄到最近县城的距离	−0.006** (0.003)	0.001 (0.003)	−0.000 (0.000)	0.001 (0.000)
村庄地形 （以"平原"作为参照组）				
山地	0.699** (0.333)	0.460 (0.330)	0.152* (0.082)	0.127 (0.084)

（续）

变量	农户是否降低农地经营规模		农地退出率	
	(1) probit	(2) IV - probit	(3) OLS	(4) 2SLS
丘陵	0.225 (0.235)	−0.203 (0.233)	0.038 (0.051)	−0.034 (0.057)
村庄交通状况 （以"优越"作为参照组）				
非常差	0.122 (0.165)	0.161 (0.152)	−0.008 (0.023)	0.002 (0.025)
差	0.008 (0.141)	0.064 (0.129)	0.003 (0.020)	0.013 (0.022)
中等	−0.096 (0.132)	−0.048 (0.121)	0.005 (0.019)	0.010 (0.020)
良好	−0.037 (0.131)	0.030 (0.120)	0.003 (0.019)	0.014 (0.021)
县虚拟变量	控制	控制	控制	控制
常数项	0.458 (0.394)	−3.339*** (0.987)	0.480*** (0.064)	−0.194 (0.203)
DWH 检验	14.620***		13.898***	
弱工具变量检验	38.281		38.281	
过度识别检验	1.272		0.014	
χ^2	208.23***	380.33***		194.54***
观测值	3 914	3 914	3 914	3 914

注：***、**、*分别表示在1%、5%和10%的水平上具有统计学意义；括号内为稳健标准误；χ^2值在OLS模型中不可用。

尽管中国政府近几十年来推动了农机服务的市场化，并取得了重要进展，但对于小农户来说，整地和收割服务的平均价格始终偏高，农机服务组织仍然缺乏。据《全国农产品成本收益资料汇编》数据显示，近年来中国粮食生产净利润不仅没有增加，甚至出现迅速下滑。在这种情况下，小农户几乎没有继续从事农业生产的动力。虽然农机服务的高价格可能会鼓励小农户用家庭劳动力来替代农机服务，但城乡劳动力大规模非农转移使得从事农业生产的机会成本大幅增加。因此，在农业生产收益减少的情况下，小农户将趋向于出租农地以获得租金，或者抛荒，这都是对农机服务价格上涨的应激反应。

　　由农机服务组织缺乏而导致的市场竞争不足可能是农机服务价格偏高的重要决定因素。根据《中国农业机械工业年鉴》数据显示，农机服务中介组织的数量从 2008 年的 7 100 家减少到 2016 年的 6 500 家，同期这些服务组织的从业人员规模从 63 800 人减少到 49 500 人。这表明，农机服务市场发展严重不足，而服务市场缺乏竞争在一定程度上意味着垄断的形成，并由此造成服务价格高企。尽管 Yi 等（2019）阐明了农机服务对中国农业发展的重要性，但小农户在面临日益增加的生产成本时可能不得不退出农业经营。

　　其他变量的影响方面，老年人比例与农户退出农业经营正相关（表 7-2 中第（2）和（4）列）。其原因在于，老年人的工作能力较弱，这会诱发他们转出农地。同时，地块数量与农户退出农业经营正相关，这是因为土地细碎化会降低农业生产率，增加农业生产的交易成本（Wan and Cheng，2001；Rahman and Rahman，2009）。此外，农地大调整次数和农地确权都与农户退出农业经营负相关。一方面，农地调整增加了失去土地的风险，从而降低了农业劳动迁移的概率。另一方面，农地确权增加了农民对耕地的禀赋效应，这可能会激励他们继续从事农业经营。我们还发现，村庄整地服务市场的发展减少了农户退出农业经营的可能性。这是因为，农机服务的发展强化了竞争，从而降低了服务价格。然而，村庄收割服务价格与农户退出农业经营之间存在正相关关系。其原因在于，对收割服务的需求增加会导致价格上升，从而反向诱发农户退出农业经营。最后，其他控制变量对农户退出农业经营未呈现显著影响。

7.3.2　考虑村庄劳动力非农转移时农机服务价格的影响

　　表 7-3 引入了村庄劳动力非农转移与农机服务价格的交互项，并估计了其对农户退出农业经营的影响。估计结果显示，农机服务价格与村庄劳动力非农转移的交互项在 1% 显著性水平上正向影响农户是否降低农地经营规模变量。这表明，随着城乡劳动力转移规模的增加，农机服务价格对农户退出农业经营的影响不断增加。已有研究表明，随着大规模农村劳动力非农转移，农户很可能将劳动密集型农业生产环节外包给专业服务组织（Yang et al.，2013；Zhang et al.，2017）。但这必然造成农业生产服务价格的上涨，从而降低农户的预期收入。为应对农机服务价格的上涨，小农户要么自置机械，要么以其他生产要素替代机械。然而，非农业部门的高劳动力回报率吸引了家庭劳动力，小农户自置机械的沉没成本又太高，从而诱发他们退出农业经营。

　　自 1978 年改革开放以来，中国经历了世界上最大的城乡人口流动

（Zhao，1999）。根据《中国农村经营管理统计年报》数据显示，2016 年从事农业生产的农村劳动力已不足 37.65%。Zhang 等（2011）则发现，即使在淡季，农民工的实际工资也在大幅增加，这意味着中国的剩余劳动力时代已经结束，劳动力短缺导致的结构性变化正在影响农业部门的发展。这同时表明，农业部门已经不能提供足够的就业来保证大多数小农户的生计（Rigg，2006）。考虑到小农户自置机械的规模不经济，以及家庭劳动力从事农业生产的机会成本不断增加，农机服务价格的上涨将不可避免地导致农户退出农业经营。

表 7-3　考虑村庄劳动力非农转移时农机服务价格的影响

变量	农户是否降低农地经营规模	农地退出率
	（1） eprobit	（2） eregress
村庄农机服务价格	-2.914（2.718）	-1.902（1.700）
村庄农机服务价格×村庄劳动力非农转移	30.799***（3.747）	16.956**（7.792）
村庄劳动力非农转移	-0.729（0.877）	-0.714*（0.443）
控制变量	Yes	Yes
县虚拟变量	Yes	Yes
常数项	-2.706***（0.572）	-0.815（0.860）
观测值	3 914	3 914

注：***、**、* 分别表示在 1%、5% 和 10% 的水平上具有统计学意义；括号内为稳健标准误。

7.3.3　进一步分析 1：基于农地转入的证据

在表 7-2 和表 7-3 中，农户退出农业经营被作为因变量使用。从逻辑上来说，如果农机服务价格对农户退出农业经营的正向影响得到证实，那么可以推断出农户在农机服务价格提高的情况下转入农地的可能性也会下降，这也可以作为表 7-2 和表 7-3 的稳健性检验。参照 Ma（2013）的研究，表 7-4 利用农地转入的虚拟变量和农地转入率（转入农地面积占总经营农地面积的比例）来表征农地转入。表 7-4 使用了与表 7-3 相同的控制变量和工具变量。

首先，DWH 检验显示，农机服务价格与农地转入之间存在内生性关系。其次，弱工具检验表明，表 7-4 估计不存在弱工具变量问题。再者，过度识别检验表明，表 7-4 所使用的工具变量是有效的。表 7-4 中第（2）列和第

（4）列估计结果显示，村庄农地服务价格变量均在 1% 显著性水平上为负。这表明，随着农机服务价格的提高，农户转入农地的可能性在下降，即农机服务价格的提高阻碍了农地规模经营。考虑到当前农民对农业的依赖程度越来越低，不再转入农地在很大程度上意味着农业经营意愿下降。

表 7-4 农机服务价格对农地转入的影响

变量	农地转入		农地转入率	
	（1）	（2）	（3）	（4）
	probit	IV - probit	OLS	2SLS
村庄农机服务价格	-2.255**	-23.187***	-0.205**	-2.915***
	(0.928)	(3.486)	(0.094)	(0.794)
控制变量	控制	控制	控制	控制
县虚拟变量	控制	控制	控制	控制
常数项	-1.498***	2.997***	0.061	0.593***
	(0.431)	(0.907)	(0.040)	(0.163)
DWH 检验		13.376***		14.683***
弱工具变量检验		38.281		38.281
过度识别检验		0.134		0.564
χ^2	131.60***	323.52***		110.89***
观测值	3 914	3 914	3 914	3 914

注：***、**、* 分别表示在 1%、5% 和 10% 的水平上具有统计学意义；括号内为稳健标准误；χ^2 值在 OLS 模型中不可用。

7.3.4 进一步分析 2：来自农地非粮化的证据

在本章中，农机服务是采用小麦生产中的农机服务进行表征的。由于河南省是中国的小麦主产区，退出农业经营几乎等同于退出小麦生产，这也意味着小麦生产的预期收入也将随着农机服务价格的上升而减少。然而，部分农户也存在种植经济作物以增加农业收入的可能性。为此，表 7-5 检验了农机服务价格与农地非粮化之间的关系。其中，农地非粮化虚拟变量和农地非粮化比例被作为因变量使用，其他控制变量和估计策略与表 7-3 中的相同。DWH 检验、弱工具变量检验和过度识别检验的结果均与表 7-2 中的类似。

表 7-5 中第（2）列和第（4）列的估计结果显示，村庄农机服务价格变

量在1%水平上显著为正。这表明，随着小麦生产中农机服务价格的提高，农户更倾向于进行非粮化生产。从理论上来说，粮食生产利润的下降可能激励农户从事非农就业或非粮化生产。只有当非农就业的收入和种植经济作物的收入趋于一致时，家庭劳动力才会被随机分配。表7-5的发现还意味着，农机服务价格不仅在诱发农户退出农业经营，还加剧了非粮化风险。

表7-5 农机服务价格对农地非粮化的影响

变量	农地非粮化		农地非粮化比例	
	(1)	(2)	(3)	(4)
	probit	IV - probit	OLS	2SLS
村庄农机服务价格	1.678*	24.490***	0.465**	9.186***
	(0.869)	(2.810)	(0.213)	(1.852)
控制变量	控制	控制	控制	控制
县虚拟变量	控制	控制	控制	控制
常数项	−1.321***	−5.495***	0.401***	−1.310***
	(0.369)	(0.559)	(0.096)	(0.381)
DWH检验	28.854***		33.815***	
弱工具变量检验	38.281		38.281	
过度识别检验	0.019		0.007	
χ^2	1,193.14***	2,008.85***		3,943.08***
观测值	3 914	3 914	3 914	3 914

注：***、**、*分别表示在1%、5%和10%的水平上具有统计学意义；括号内为稳健标准误；χ^2值在OLS模型中不可用。

7.3.5 稳健性检验1：考虑混合样本引起的估计偏误

尽管使用混合数据集有助于识别更全面的信息，但河南省的两次农户调查的抽样程序确实是不同的，这可能混淆估计结果。为此，本部分使用第二轮调查的2 000户农户样本进行独立估计。表7-6展示了新的估计结果，DWH检验、弱工具变量检验和过度识别检验的结果均与表7-2中的类似。表7-6中第（2）列和第（4）列的估计结果显示，农机服务价格变量在1%或5%显著水平上为正，这与本章主要结论一致。由此表明，使用混合样本并未影响本章分析的可靠性。

表7-6 稳健性检验1：考虑混合样本引起的估计偏误

变量	农户是否降低农地经营规模		农地退出率	
	(1)	(2)	(3)	(4)
	probit	IV-probit	OLS	2SLS
村庄农机服务价格	2.944**	36.513***	0.612**	14.626**
	(1.363)	(3.351)	(0.254)	(7.441)
控制变量	控制	控制	控制	控制
县虚拟变量	控制	控制	控制	控制
常数项	0.374	8.398***	0.511***	3.861**
	(0.522)	(0.692)	(0.100)	(1.648)
DWH检验		19.493***		12.042***
弱工具变量检验		38.281		38.281
过度识别检验		0.202		0.236
χ^2	150.39***	1 407.42***		419.24***
观测值	2 000	2 000	2 000	2 000

注：***、**、*分别表示在1%、5%和10%的水平上具有统计学意义；括号内为稳健标准误；χ^2值在OLS模型中不可用。

7.3.6 稳健性检验2：考虑聚类稳健标准误

另一个可能干扰本章估计结果的问题是农户可能存在退出农业经营的集聚效应。众所周知，同村的农户往往会相互模仿，即存在同群效应（Qiu et al.，2020），因此不考虑聚类稳健标准误可能会使得估计结果有偏。表7-7中展示了控制村级聚类稳健标准误的模型估计结果，DWH检验、弱工具变量检验和过度识别检验的结果均与表7-2中的类似。表7-7中第（2）和（4）列的估计结果显示，农机服务价格变量在1%显著水平上为正，这与本章主要模型估计结果一致。换句话说，控制稳健标准误而非聚类稳健标准误并未严重干扰本章估计结果。

表7-7 稳健性检验2：控制聚类稳健标准误

变量	农户是否降低农地经营规模		农地退出率	
	(1)	(2)	(3)	(4)
	probit	IV-probit	OLS	2SLS
村庄农机服务价格	2.320** (1.051)	10.404*** (3.506)	0.454** (0.190)	1.834*** (0.602)

（续）

变量	农户是否降低农地经营规模		农地退出率	
	（1）	（2）	（3）	（4）
	probit	IV - probit	OLS	2SLS
控制变量	控制	控制	控制	控制
县虚拟变量	控制	控制	控制	控制
常数项	0.149 (0.203)	−0.946 (0.753)	0.456*** (0.113)	0.283** (0.131)
DWH 检验		8.820***		9.305***
弱工具变量检验		38.281		38.281
过度识别检验		1.272		0.014
χ^2	182.75***	147.00***		100.47***
观测值	3 914	3 914	3 914	3 914

注：***、**、* 分别表示在 1%、5% 和 10% 的水平上具有统计学意义；括号内为稳健标准误；χ^2 值在 OLS 模型中不可用。

7.4　本章小结

在过去的 20 年里，许多亚洲、非洲和欧洲国家的农机服务取得了巨大发展。尽管发展农机服务被认为是连接小农户与现代农业的重要方法，但很少有研究探讨过农机服务价格对农户退出农业经营的影响。从理论上来说，小农户自置农机具有规模不经济特征，这将限制他们对机械的投资。此外，农村人口向城市的大量转移也降低了农户用家庭劳动力替代农机服务的可能性。特别是1978 年以来，中国经历了大规模的城乡劳动力流动，小农户从事农业生产的机会成本日趋增加，这大大降低了小农户以家庭劳动力替代农机服务的可能。

本章利用河南省农户调查数据，实证检验了农机服务价格对农户退出农业经营的影响。估计结果表明，随着农机服务价格的提高，农户退出农业经营的可能大幅增加。我们还发现，农机服务价格对农户退出农业经营的正向影响随着村庄劳动力非农转移的增加而提高。进一步分析表明，农机服务价格上升还阻碍了农地规模经营，并加剧了农地非粮化。

众多研究显示，采用农机服务有助于提高农业生产率。但不应忽视的是，小农户是否会采用农机服务主要取决于市场价格。尽管发展农机服务被认为是助推小农户家庭经营向现代农业生产转变的重要途径，但农户因服务价格过高而退出农业经营的现象已经相当普遍。显然，农地规模经营是促进农业现代化的必要过程，这又不可避免地需要大多数小农户退出农业经营。近年来，中国政府将培育家庭农场和新型农业经营主体作为乡村振兴的主要目标。这意味着，巩固家庭经营在农业中的基础性地位更多的是历史问题而不是经济问题，中国农业也将越来越依赖于新型农业经营主体和现代科技。换言之，市场在农业生产要素的配置中发挥决定性作用的过程，就是经营主体和经营模式重塑的过程，小农户退出农业经营也是社会经济发展的必然过程。

参考文献

Chaianov, A. V., 1986. AV Chayanov on the Theory of Peasant Economy [M]. Manchester: Manchester University Press.

China Machinery Industry Information Institute, 2009, 2017. China Agricultural Machinery Industry Yearbook [M]. Beijing: China Machine Press (in Chinese).

Deininger, K. and S. Q. Jin, 2005. The Potential of Land Rental Markets in the Process of Economic Development: Evidence from China [J]. Journal of Development Economics, Vol. 78, No. 1: 241 – 270.

Diao, X. S., F. Cossar, N. Houssou and S. Kolavalli, 2014. Mechanization in Ghana: Emerging Demand, and the Search for Alternative Supply Models [J]. Food Policy, Vol. 48: 168 – 181.

Feng, S. Y., N. Heerink, R. Ruben and F. T. Qu, 2010. Land Rental Market, off – farm Employment and Agricultural Production in Southeast China: A Plot – level Case Study [J]. China Economic Review, Vol. 21, No. 4: 598 – 606.

Foster, A. D. and M. R. Rosenzweig, 2017. Are there too Many Farms in the World? Labor – market Transaction Costs, Machine Capacities and Optimal Farm Sizes [R]. NBER Working Paper No. 23909, National Bureau of Economic Research, Cambridge, MA.

Hong, W. J., B. L. Luo and X. Y. Hu, 2020. Land Titling, Land Reallocation Experience, and Investment Incentives: Evidence from Rural China [J]. Land Use Policy, Vol. 90 [online; cited October 2020]. Available from: https: //doi. org/10. 1016/j. landusepol. 2019. 104271.

Houssou, N., X. S. Diao, F. Cossar, S. Kolavalli, K. Jimah and P. O. Aboagye, 2013. Agricultural Mechanization in Ghana: Is Specified Agricultural Mechanization Service Provision a Viable Business Model [J]. American Journal of Agricultural Economics, Vol. 95, No. 5: 1237 – 1244.

Jacoby, H., G. Li and S. Rozelle, 2002. Hazards of Expropriation: Tenure Insecurity and Investment in Rural China [J]. American Economic Review, Vol. 92, No. 5: 1420 - 1447.

Johnson, D. G., 2002. Can agricultural Labour Adjustment Occur Primarily through Creation of Rural Non - farm Jobs in China? [J]. Urban Studies, Vol. 39, No. 12: 2163 - 2174.

Kimura, S., K. Otsuka, T. Sonobe and S. Rozelle, 2011. Efficiency of Land Allocation through Tenancy Markets: Evidence from China [J]. Economic Development & Cultural Change, Vol. 59, No. 3: 485 - 510.

Kreps, D. M., 2013. Microeconomic Foundation I: Choice and Competitive Markets [M]. Princeton: Princeton University Press.

Lin, J. Y. F., 1992. Rural Reforms and Agricultural Growth in China [J]. American Economic Review, Vol. 82, No. 1: 34 - 51.

Liu, Y. S., 2018. Introduction to Land Use and Rural Sustainability in China [J]. Land Use Policy, Vol. 74: 1 - 4.

Liu, Y. S., Y. Liu, Y. F. Chen and H. L. Long, 2010. The Process and Driving Forces of Rural Hollowing in China under Rapid Urbanization [J]. Journal of Geogrophy Science, Vol. 20, No. 6: 876 - 888.

Ma, X. L., 2013. Does Tenure Security Matter? Rural Household Responses to Land Tenure Reforms in Northwest China [D]. PhD Thesis, Wageningen University, Wageningen, NL [online; cited October 2020] . Available from: https: //core. ac. uk/download/pdf/29216944. pdf.

Ma, X. L., N. Heerink, E. Ierland and X. P. Shi, 2016. Land Tenure Insecurity and Rural - urban Migration in Rural China [J]. Papers in Regional Science, Vol. 95, No. 2: 383 - 406.

Ma, X. L., N. Heerink, S. Y. Feng and X. P. Shi, 2015. Farmland Tenure in China: Comparing Legal, Actual and Perceived Security [J]. Land Use Policy, Vol. 42: 293 - 306.

Maitra, C. and P. Rao, 2014. An Empirical Investigation into Measurement and Determinants of Food Security in Slums of Kolkata [R]. School of Economics Discussion Paper No. 531, School of Economics, University of Queensland [online; cited October 2020] . Available from: http: //espace. library. uq. edu. au/view/UQ: 352184.

Ministry of Agriculture of the People's Republic of China, 2009. Data Compilation of National Rural Household Survey [M]. Beijing: China Agriculture Press (in Chinese) .

Ministry of Agriculture of the People's Republic of China, 2013. The Statistical Annual Report on Rural Management in China [M]. Beijing: China Agricultural Press (in Chinese).

Ministry of Agriculture of the People's Republic of China, 2017a. Data Compilation of National Rural Household Survey [M]. Beijing: China Agriculture Press (in Chinese) .

Ministry of Agriculture of the People's Republic of China, 2017b. The Statistical Annual

Reporton Rural Management in China [M]. Beijing: China Agricultural Press (in Chinese).

NBS (National Bureau of Statistics of China), 2018. China Statistical Yearbook [M]. Beijing: China Statistics Press.

NDRC (National Development and Reform Commission of the People's Republic of China), 1991, 2015, 2017. China Agricultural Products Cost – Benefit Compilation of Information [M]. Beijing: China Statistic Press (in Chinese).

Qiu, T. W., B. Choy, S. P. Li, Q. Y. He and B. L. Luo, 2020a. Does land renting – in Reduce Grain Production? Evidence from Rural China [J]. Land Use Policy, Vol. 90, 104311. Available from: https://doi.org/10.101 6/j.landusepol.2019.104311.

Qiu, T. W., B. L. Luo, Q. Y. He, 2020b. Does Land Rent between Acquaintances Deviate from the Reference Point? Evidence from Rural China [J]. China & World Economy, Vol. 28, No. 3: 29 – 50.

Rahman, S. and M. Rahman, 2009. Impact of Land Fragmentation and Resource Ownership on Productivity and Efficiency: The Case of Rice Producers in Bangladesh [J]. Land Use Policy, Vol. 26: 95 – 103.

Rao, F. P., M. Spoor, X. L. Ma and X. P. Shi, 2016. Land tenure (in) Security and Crop – tree Intercropping in Rural Xinjiang, China [J]. Land Use Policy, Vol. 50: 102 – 114.

Rigg, J., 2006. Land, Farming, Livelihoods, and Poverty: Rethinking the Links in the Rural South [J]. World Development, Vol. 34, No. 1: 180 – 202.

Sheng, Y., J. P. Ding and J. K. Huang, 2019. The Relationship between Farm Sizes and Productivity in Agriculture: Evidence from Northern China [J]. American Journal of Agricultural Economics, Vol. 101, No. 3: 790 – 806.

Sims, B. and J. Heney, 2017. Promoting Smallholder Adoption of Conservation Agriculture through Mechanization Services [J]. Agriculture, Vol. 7, No. 64: 1 – 22.

Wan, G. H. and E. J. Cheng, 2001. Effects of Land Fragmentation and Returns to Scale in the Chinese Farming Sector [J]. Applied Economics, Vol. 33, No. 2: 183 – 194.

Wang, X. B., T. Herzfeld, T. Glauben, 2007. Labor Allocation in Transition: Evidence from Chinese Rural Households [J]. China Economic Review, Vol. 18, No. 3: 287 – 308.

Wooldridge, J., 2010. Econometric Analysis of Cross Section and Panel Data [M]. London: MIT Press.

Xu, D. D., X. Deng, S. L. Guo and S. Q. Liu, 2019. Labor Migration and Farmland Abandonment in Rural China: Empirical Results and Policy Implications [J]. Journal of Environment Management, Vol. 232: 738 – 750.

Yan, J. Z., Z. Y. Yang, Z. H, Li, X. B. Li, L. J. Xin and L. X. Sun, 2016. Drivers of

Cropland Abandonment in Mountainous Areas: A Household Decision Model on Farming Scale in Southwest China [J]. Land Use Policy, Vol. 57: 459 – 469.

Yang, J. , Z. H. Huang, X. B. Zhang and T. Reardon, 2013. The Rapid Rise of Cross – regional Agricultural Mechanization Services in China [J]. American Journal of Agricultural Economics, Vol. 95, No. 5: 1245 – 1251.

Yi, Q. , M. Y. Chen, Y. Sheng and J. K. Huang, 2019. Mechanization Services, farm Productivity and Institutional Innovation in China [J]. China Agricultural Economic Review, Vol. 11, No. 3: 536 – 554.

Zhang, X. B. , J. Yang and T. Reardon, 2017. Mechanization Outsourcing Clusters and Division of Labor in Chinese Agriculture [J]. China Economic Review, Vol. 43: 184 – 195.

Zhang, X. B. , J. Yang, S. L. Wang, 2011. China Has Reached the Lewis Turning Point [J]. China Economic Review, Vol. 22, No. 4: 542 – 554.

Zhao, Y. H. , 1999. Leaving the Countryside: Rural – to – urban Migration Decisions in China [J]. American Economic Review, Vol. 89, No. 2: 281 – 286.

第八章　农机服务发展悖论

本章提要： 鉴于农机服务价格的快速增长，其是否仍能有助于小农户家庭经营的持续性是不确定的。本章利用 2017 年和 2019 年中国家庭面板调查数据分析了农机服务发展与农户农业经营关系。研究表明，农机服务的发展降低了小农户通过农地抛荒退出农业生产的可能性，但增加了其通过转出农地退出农业经营的概率。进一步分析表明，随着大规模农场的出现及其租入农地面积的增加，农机服务发展会诱发小农户同时通过农地抛荒和转出农地退出农业生产。我们还发现，农机服务可以增加农地流转的市场需求和农地流转的市场化水平，进而导致细碎、偏远地块被市场抛弃。

自 2004 年以来，农机服务在中国农村迅速发展（Yang et al.，2013）。相关研究指出，农机服务能显著提高农业生产率（Obi and Chisango，2011；Houssou and Chapoto，2015）。由于小农户占发展中国家贫困人口的大部分（Zhang et al.，2017），故将农业生产中的劳动密集型环节外包出去，不仅可以减少小农户自置机械的沉没成本（Yi et al.，2019），还有助于通过提高小农户的生产率来消除贫困（Zhang et al.，2017）。由于机械化投入通常很昂贵，农机专业化服务被认为是重要的替代品（Sims and Kienzle，2016）。

Zhang 等（2015）指出，农民工实际工资的增加促使农户将一些劳动密集型生产环节外包给专业服务供给商，而不是进行人工作业。在中国，由于政府提供的补贴和广泛的服务，农机服务在小农户中越来越受欢迎，而且服务价格也在他们的承受范围内（Sims and Kienzle，2016）。相比之下，在许多非洲国家，如尼日利亚，尽管当地政府通过直接销售来补贴拖拉机服务，但农机服务市场仍然不发达（Takeshima et al.，2013）。Sims 和 Heney（2017）指出，由于农机短缺，撒哈拉以南非洲地区 65% 的农用动力仍由人力提供。此外，由于缺乏私人服务供给商，小农户难以获得农机服务。而且，这些国家市场的非竞争性造成其无法通过提高效率来降低农机服务价格，也就难以增加市场需求。

2019 年中央 1 号文件指出，将发展农业社会化服务和加快小农户现代化建设作为巩固和完善农村基本经营制度的重要举措。近年来，大规模的城乡人口流动（Zhao，1999）和户籍制度改革（Cai and Lu，2016；Cai，2018）极大地提高了农户从事农业经营的机会成本（Yan et al.，2016）。快速的城乡人口流动不仅诱发小农户转出农地（Feng et al.，2010；Kimura et al.，2011；Su et al.，2018），还导致大规模的农地抛荒（Li et al.，2018；Liu，2018）。为了巩固农业基本经营制度，发展农机服务被普遍认为是通过降低农业劳动力成本和提高农业生产率，进而保障小农户持续经营的重要途径（Yang et al.，2013；Yi et al.，2019）。

然而，相关研究并未重视农机服务发展给小农户带来的负担，农机服务的高价格正在迫使小农户放弃使用该类服务（Qiu et al.，2021）。此外，大的农地经营规模对保证机械能够以更高效率完成农业生产至关重要（Foster and Rosenzweig，2017）。换句话说，与大农场相比，农机服务给小农户带来的效益是相对有限的。此外，据《全国农产品成本收益资料汇编》数据显示，2016 年粮食生产中农机服务的平均成本为 142.79 元/亩，且粮食生产净利润为负。一方面，农机服务的高成本降低了小农户对该服务的采用（Qiu and Luo，2020）。另一方面，小农户从事农业生产的高机会成本激励他们进行非农转移，从而转出或抛荒农地（Yan et al.，2016）。一旦缺乏运行良好的农地流转市场和足够多的农业劳动力，农地抛荒或成为普遍现象（Liu，2018；Xu et al.，2019）。上述因素加在一起，必然增加农户退出农业经营的可能性[①]。

据我们所知，大多数研究者认为，发展农机服务有利于小农户与现代农业有机结合，从而有助于巩固农业家庭经营的基础性地位，对于农机服务发展是否会导致小农户经营的瓦解仍缺乏足够关注。本章利用 2017—2019 年中国家庭面板调查数据，首先分析了农机服务发展对小农户退出农业经营的影响，其次探讨了农地流转市场运行良好情况下农机服务发展对小农户经营的影响，进而剖析中国农机服务发展的悖论。

[①] 需要指出的是，农民退出农业生产是指农民放弃经营自己的承包地。在中国，农地是农民在农业中的主要生产要素（Lin，1992），放弃经营承包地可以等同于退出农业生产。即使农民为合作社或其他经济组织从事农业生产，我们的定义仍然具有重要意义。这是因为本章的目的是探讨发展农机服务是否支持农民继续经营自己的承包地，这也是当前中国改革的重要目标。

8.1 研究背景

8.1.1 农户退出农业生产的情况

自 20 世纪 90 年代中国农村劳动力开始向城市转移以来（Cai，2018），农户从事农业生产的机会成本迅速增加，这是导致小农户退出农业经营的最重要因素之一。根据 Cai（2016）的说法，在中国农村，劳动力从农业向其他行业的转移是不可逆转的。技术的进步使得劳动力密集型的农业生产环节可以用机器来完成，这使得农业无法再消化农村剩余劳动力。此外，农村转移人口的后代已经普遍缺乏农业经营能力，且已经习惯于城市生活。

表 8-1 描述了 2006—2019 年中国农村劳动力转移状况。数据显示，从事农业生产的农村劳动力比例稳步下降，已从 2006 年的 43.07％下降到 2019 年的 35.35％。在同一时期，从事非农就业的农村劳动力比例从 23.07％升至 43.39％。这表明，越来越多的农村劳动力从农业部门转移到非农业部门。在从事非农就业的农村劳动力中，从省外转到县内工作的劳动力比例逐年增加。在 2006—2019 年期间，在县外省内工作的农村劳动力比例无显著变化。

表 8-1 中国农村劳动力转移状况

单位：％

农村劳动力转移状况	2006	2008	2010	2012	2014	2016	2019
从事农业的劳动力	43.07	42.52	41.64	39.94	38.69	37.65	35.35
从事非农就业的劳动力	23.07	26.99	29.63	31.53	33.11	33.78	43.39
镇外县内就业	26.54	27.28	29.69	31.37	32.38	33.40	34.56
县外省内就业	30.49	29.89	29.54	29.54	29.32	29.41	29.78
省外就业	42.97	42.83	40.77	39.09	38.30	37.20	35.66

资料来源：《中国农村经营管理统计年报》。

表 8-2 展示了家庭层面的非农就业特征。数据显示，从事非农就业的家庭劳动力比例从 2006 年的 20.76％增加到了 2015 年的 36.23％，仅 2010 年就增长了 11.48％。在此期间，从事非农就业的家庭劳动力年均工作时间在 270 天左右，年均收入也从 2006 年的 7 532 元增加到 2015 年的 27 646 元，9 年间增长了 267％。这表明，非农业收入对农村居民越来越重要，并由此吸引了更多的农村劳动力向城市转移。根据国家统计局数据显示，农业收入占农村家庭

总体收入的比例已从 1999 年的 41.55% 降至 2012 年的 25.11%[①]。

表 8-2　家庭层面的非农就业状况

特征	2006	2008	2010	2012	2014	2015
从事非农就业的劳动力占比（%）	20.76	22.56	34.04	34.38	35.98	36.23
非农就业劳动力人均年工作时间（天）	270	265	270	270	268	267
非农就业劳动力人均年收入（元）	7 532	10 747	14 157	21 168	25 410	27 648

资料来源：全国农村固定观测点调查数据。

　　农户退出农业生产必然伴随着农地抛荒或农地流转，这意味着不再经营农地的农户数量和拥有大量农地的农户数量都会增加。表 8-3 展示了 2009—2019 年经营不同规模农地的农户数量。数据显示，不再经营农地的农户占比从 2012 年的 5.27% 增加到 2019 年的 9.07%，即退出农业生产的农户比例不断增加。表 8-3 还表明，经营农地规模小于 10 亩的农户占比从 2009 年的 84.02% 增至 2019 年的 85.67%。同时，经营农地规模大于 200 亩的农户数量也从 2009 年的 23.8 万增至 2019 年的 47.2 万。

表 8-3　不同农地规模的农户数量

单位：万户

土地规模	2009	2010	2011	2012	2013	2014	2015	2016	2019
=0 亩	—	—	—	1 375.2	1 414.4	1 577.0	1 656.6	1 853.8	2 506.1
<10 亩	19 023.6	22 387.4	22 659.3	22 523.3	22 666.4	22 815.7	22 931.7	22 968.0	23 661.7
10~30 亩	2 762.8	2 825.2	2 819.3	2 741.8	2 711.8	2 703.3	2 760.6	2 814.4	2 966.7
30~50 亩	582.3	609.0	611.4	603.5	673.6	691.4	695.4	700.6	706.5
50~100 亩	189.5	201.2	197.1	204.9	225.8	235.4	242.3	251.9	283.6
100~200 亩	60.8	48.8	53.2	56.9	62.9	74.8	79.8	87.7	104.9
>200 亩	23.8	23.3	25.7	25.7	28.9	31.1	34.5	36.6	47.2

资料来源：《中国农村经营管理统计年报》。

　　表 8-4 展示了中国农地流转的基本状况。数据显示，农地流转率从 2006 年的 4.57% 急剧上升到 2019 年的 35.9%，这表明农地流转市场正在快速发展。同时，发生在村庄内部的农地流转占比从 2006 年的 67.33% 下降到 2016 年

---

① 国家统计局未提供 2013 年后农村居民的收入信息。

的 55.18%。而且，流转入农户的农地占比也从 2010 年的 69.17%下降到 2019
年的 56.18%。同期，流转入合作社和企业的农地规模不断增加。据《中国农村
经营管理统计年报》数据显示，2009 年合作社和企业转入的农地面积分别占总
农地流转面积的 11.87%和 8.08%，到 2019 年则分别达到了 22.69%和 10.38%。

表 8－4　农地流转情况分析

单位：%

农地流转	2006	2008	2010	2012	2014	2016	2019
农地流转率	4.57	8.84	14.65	21.24	30.36	35.14	35.90
村内农地流转占比	67.33	64.57	61.75	59.75	55.36	55.18	—
流转入农户的农地占比	—	—	69.17	64.69	58.36	58.38	56.18

资料来源：《中国农村经营管理统计年报》。

表 8－5 进一步介绍了中国家庭农场[①]的发展状况。在中国的政策文件中，
家庭农场被定为农户经营，农地规模超过 50 亩[*]的农场。表 8－5 的数据显示，
中国家庭农场的数量从 2013 年的 340 559 个增加到 2016 年的 444 885 个，同
期农地经营规模超过 1 000 亩的家庭农场数量增长了 64.18%，达到了 4 533
个。同时，2016 年家庭农场经营的农地规模为 9 571 万亩，其中 70.75%为流
转入农地，该数据高于 2013 年的 4 597 万亩和 48.48%。这表明，家庭农场的
发展诱发了农地流转市场需求的增加。

表 8－5　中国家庭农场发展情况

家庭农场	2013	2014	2015	2016	2019
家庭农场数量	340 559	399 135	342 626	444 885	853 141
50～200 亩	91 910	104 544	90 875	112 563	215 612
200～500 亩	40 202	44 465	40 321	48 910	65 572
500～1 000 亩	7 405	11 371	9 316	12 099	18 407
＞1 000 亩	2 761	3 780	3 405	4 533	
家庭农场经营土地规模（万亩）	4 597	5 868	5 191	9 571	9 524
租赁土地面积比例（%）	48.48	53.80	73.93	70.75	69.14

资料来源：《中国农村经营管理统计年报》。

---

① 需要指出的是，中国政策文件中使用的家庭农场的概念是从西方国家引进的。根据农业农村
部的规定，家庭农场是指农地经营面积不低于 50 亩的农户。

＊ 1 亩＝1/15 公顷。

农地抛荒是农民退出农业生产的另一种方式。虽然在中国没有国家的农地抛荒数据，但全国和地区的调查数据仍可以反映农地抛荒情况。Cheng 等（2014）指出，仅在 2010 年，农村就至少抛荒了 670 万公顷的农地。Liu 等（2011）预测，由于城乡人口流动，2012 年的农地抛荒面积将达到约 760 万公顷。对全国性调查的分析显示，2015 年约有 12% 的农户抛荒了农地（Xu et al.，2019）。最近，Xu 等（2019）发现，中国有 6.2% 的农地被抛荒了。事实上，如果将没有抛荒农地的农户排除在分析之外，农地抛荒率将更高。例如，据浙江大学 2019 年对 29 省的调查数据显示，2018 年有 15.8% 的农户抛荒了全部或部分承包地，占总耕地的 5.9%。这些证据表明，在中国，农地抛荒已经成为一个严重而紧迫的问题，也意味着农户退出农业生产的程度越来越高。

8.1.2　中国农机服务发展概况

毛泽东同志曾说过，农业的根本出路在于机械化（Stavis，1978），中国的第一个五年计划就是强调重工业化。换言之，自 1949 年新中国成立以来机械化对农业发展的重要性就受到重要关注。然而，直到 1983 年，中央 1 号文件才指出，农业机械化发展是服务于合作经济，以巩固双层经营制度。具体而言，实施家庭经营的社区和生产队必须为村民提供统一的服务（如耕作、灌溉等）。在中国经济改革的初始阶段，农业服务完全由政府提供，农业社会服务市场并不发达，这与许多非洲国家当前的状况类似（Takeshima et al.，2013；Diao et al.，2014）。

2007 年之后每一年的中央 1 号文件都强调发展农业社会服务，具体包括鼓励大农场利用机械、发展专业化服务，以及促进农机服务的市场化。2008 年中央 1 号文件进一步强化了发展农机服务的目标，并将农业社会化服务的发展纳入其中。从 2009 年起，在中国的政策文件中，农机服务一词完全被农业社会化服务所取代。今天，农业社会化服务已经在促进小农户与现代农业有机结合方面发挥了重要作用。

据《中国农业机械工业年鉴》数据显示，全国农机总动力从 2006 年的 72.64 亿千兆瓦猛增到 2016 年的 97.25 亿千兆瓦。在此期间，收割机数量增加了 200%。与此同时，农机服务商的数量从 2008 年的 16.56 万增加到 2016 年的 18.73 万，农机服务从业人员也从 73 万人飙升至 208 万人，增加了近 2 倍，这表明近年来中国农机服务市场取得了长足发展。此外，近 10 年来，粮食生产的机耕率、机播率和机收率明显提高，这进一步反映了中国农业机械化进程的快速发展[①]。

8.2 理论框架

从理论上来说，农户的行为是由成本—收益驱动的。因此，农业生产的高机会成本和低收入将促使农户退出农业生产。Luo（2018）发现，在1990年和2014年，生产粮食作物的平均劳动力成本分别占总生产成本的35.1%和41.8%。Zhang等（2011）指出，即使在淡季，农民工实际工资的增加也表明，农业劳动力过剩的时代已经过去，劳动力短缺导致的结构性变化将严重影响农业发展。事实上，由于农村劳动力向城市的快速转移，非农就业已经成为农村家庭收入的主要来源。虽然将劳动密集型生产环节进行外包有助于降低劳动力成本，增加粮食生产利润（Yang et al.，2013；Yi et al.，2019），但农业生产的高成本和不断下降的利润抑制了小农户经营农业的热情，并促使他们退出农业生产。

显然，随着农机服务价格的上涨，假定家庭劳动力和自置机械或其他替代性生产要素的价格不变，小农户经营农业的利润必然减少。近年来，中国粮食生产的净利润急剧下降。例如，2016年的小麦生产净亏损57元/亩，而2006年的净利润为145元/亩。同样，玉米的生产从2006年的净利润145元/亩跌至2016年的净亏损209元/亩。在这种情况下，小农户，特别是家里有老人和孩子的小农户，会用家庭劳动力替代农机服务。当家庭劳动力严重不足时，通过转出农地退出农业生产将成为农户的重要选择。如前所述，农户退出农业生产与农地抛荒及转出农地密切相关。然而，农机服务可以鼓励小农户转出农地，进而降低农地抛荒。此外，农机服务可以替代农业生产中的高劳动成本，进而缓解因进城务工而对家庭劳动力的约束。

农户在退出农业生产之前，需要一个运行良好的农地流转市场来消化他们的农地供给。从理论上来讲，农机服务的发展可以通过降低农业劳动力成本和提高大农场的农业经营能力，进而促进市场对农地流转的需求（Zhang，2020）。此外，地块面积越大，使用机械的效益就越高（Foster and Rosenz-

---

① 例如，2008—2016年期间，水稻生产的机耕率从78.3%提高到97%，机播率和机收率分别从2006年的9%和39.3%提高到2016年的43.6%和85.5%。

weig，2017）。

长期以来，中国的农地流转普遍发生在朋友或亲戚之间，农地租金很低甚至为零（Feng et al.，2010；Ma et al.，2015）。Qiu 等（2020c）发现，随着家庭农场、合作社和农业公司等大型农场经营者的出现，中国农村的农地流转已经开始从关系型向市场型转变。如果租金收入高于农业生产的净利润，非农转移的农户就有可能转出农地。换句话说，农机服务的发展可能会鼓励农户退出农业生产。然而，农地规模经营需要地块连片。当村庄农地被集中流转时，细碎和偏远的地块就可能被抛荒。原因有两点：首先，在细碎和偏远的地块上进行机械作业的单位成本非常高。其次，农机服务商也不愿意为这种类型的地块提供服务。

可以推断，小农户通过转出农地退出农业生产，是由自营农业的生产成本与转出农地的相对收益决定的。此外，尽管农地抛荒可以通过农机服务和农地流转市场的需求增加得以缓解，但对地块连片的要求和高单位机械作业成本都可能造成细碎和偏远地块的抛荒。这意味着，在农业现代化和生产要素配置市场化的过程中，一些小农户及其耕地将被市场遗弃，从而被迫退出农业生产。

8.3 数据、变量和估计策略

8.3.1 数据来源

本章所使用的数据来自浙江大学在 2017 年和 2019 年开展的中国家庭面板调查。该调查收集了全国 29 个省份（不包括新疆和西藏）的样本，数据集具有省级代表性。具体抽样过程包括三个阶段。首先，根据人均 GDP 将各县分为 10 个等级，然后从每个等级中随机抽取有代表性的县。然后，从代表性的县中随机选择社区或村庄。最后，从被抽中的社区或村庄中随机抽取家庭户。2017 年调查的样本包括分布在 1 417 个社区或村庄的 40 011 个家庭，其中农村样本覆盖了 29 个省 527 个村庄的 11 805 个农户；2019 年调查的样本分布在 1 303 个社区或村庄的 20 815 个家庭，包括 776 个村庄的 11 306 个农户。为了缓解遗漏变量造成的偏差，本章使用面板数据进行分析。在删除信息不完整的观测值并确保满足面板数据的要求后，最终样本包括 2017 年和 2019 年分布在 306 个村庄的 2 884 个农户，实际观测值为 5 768。

8.3.2 变量定义与描述

本章因变量为小农户退出农业生产，用农地抛荒或农地转出来衡量。在中国农村，农地是农民最为重要的资产，故抛荒农地或转出农地可以视为退出农业生产。具体变量方面，参照 Feng 等（2010）和 Ma（2013）的做法，采用农户是否转出农地表征农地转出；参照 Deng 等（2019）和 Xu 等（2019）的做法，采用农户是否抛荒农地表征农地抛荒。

农机服务发展是本章的主要自变量。已有研究普遍采用农户是否采用农机服务表征农机服务发展（Sheng et al.，2019；Yi et al.，2019），Yang 等（2013）则使用了农机服务总成本来表征省级农机服务的发展状况。在本章中，我们采用村庄农作物生产中由农机服务完成的作业比例来刻画农机服务发展情况，比例越高，农机服务发展水平越高（Qiu et al.，2021）。

此外，我们还控制了农户家庭和村庄特征。其中，家庭特征包括家庭规模、家庭劳动力比例、非农劳动力比例、初中生比例、党员比例、家庭总收入、家庭总支出、家庭是否拥有牲畜、农机总价值和承包地面积。Qiu 等（2018）指出，家庭特征决定了农地的使用。显然，大农户的农地抛荒和转出农地的可能性较小。反之，非农就业会导致农地抛荒和农地转出（Feng et al.，2010；Ma，2013；Xu et al.，2019）。家庭总收入和家庭总支出代表家庭财富，这可能会鼓励农地流转。此外，农业机械和承包地面积可能会减少农地抛荒和农地转出。这是因为，沉没成本和大面积农地提供了增加经营性收益的机会（Paul et al.，2004；Hornbeck and Naidu，2014）。

村庄特征包括村庄人均收入、农地确权、农地流转入非承包户比例、是否存在大农场经营者和村庄道路条件。这些特征不仅影响农机服务的发展，也决定了农户对农地的使用。村庄人均收入会影响农户对农地经营的依赖性，这可能会诱发农地流转；农地确权被认为是农地流转的重要决定因素（Hong et al.，2020）。此外，农地流转市场的发展有助于促进农机服务发展，并抑制农地抛荒和农地转出。从理论上来讲，运行良好的农地流转市场有利于农地规模经营，从而增加对农业生产资料的需求。农地流转市场也可以激励农户参与市场，从而缓解农地抛荒。农地流转入非承包户的比例和村庄是否存在大农场经营者被用来作为农地流转市场发展的代理变量。此外，本章还控制了村庄道路状况，因为它代表了村庄基础设施状况。在模型估计中，年份和地区固定效应也被控制了。具体变量定义和描述见表 8 - 6。

表 8-6 变量定义和描述

变量	定义	均值	标准差
农地抛荒	农户抛荒了农地＝1，否则＝0	0.121	0.326
农地转出	农户转出农地＝1，否＝0	0.207	0.405
农机服务	村庄使用农业机械化耕、种、收的耕地占比	0.612	0.352
家庭规模	家庭成员人数	3.479	1.689
家庭劳动力比例	劳动力占家庭成员人数的比例	0.662	0.336
非农劳动力比例	非农劳动力占家庭成员的比例	0.223	0.308
初中生比例	初中及以上学历人口比例	0.404	0.333
党员比例	党员比例	0.049	0.149
家庭总收入	家庭总收入（元）（自然对数）	9.658	2.347
家庭总支出	家庭总支出（元）（自然对数）	10.285	0.896
是否拥有牲畜	家庭拥有牲畜＝1，否＝0	0.056	0.230
农机总价值	农业机械价值（元）（自然对数）	1.588	3.296
承包地面积	农户承包地面积（亩）	9.570	16.997
村庄人均收入	村庄人均收入（元）（自然对数）	8.787	1.188
村庄农地确权	村庄经历了农地确权＝1，否则＝0	0.848	0.359
农地流转入非承包户比例	村庄流转入非承包户的农地占总承包地的比例	0.237	0.253
村庄大农场经营者	村庄存在大农场经营者＝1，否＝0	0.657	0.475
村庄道路	1＝柏油路，2＝水泥路，3＝土路	1.523	0.531
年份虚拟变量	2017 年虚拟变量	0.504	0.500

8.3.3 估算策略

本章考察了农机服务发展对小农户退出农业生产的影响，并以农地抛荒和农地转出作为小农户退出农业生产的代理变量。首先，利用 2017 年和 2019 年的混合截面数据，得到以下回归模型

$$Y_i = \beta_0 + \beta_1 S_i + X_i \beta_2 + \varepsilon_i, i = 1, \cdots, 5768 \qquad (8.1)$$

其次，利用面板数据识别如下估计模型

$$Y_{it} = \beta_0 + \beta_1 S_{it} + X_{it} \beta_2 + \mu_i + \varepsilon_{it}, i = 1, 2, \cdots, 2884; t = 1, 2 \qquad (8.2)$$

其中，Y_i 和 Y_{it} 为农地抛荒或农地转出。S_i 和 S_{it} 表示村庄农机服务发展情况。X_i 和 X_{it} 是家庭和村庄特征变量组成的向量。β_0，β_1 和 β_2 是待估计的回归系数。u_i 是不随时间变化的个体异质性。ε_i 和 ε_{it} 是随机干扰项，假定是独立同正态分布，且 ε_{it} 和 u_i 不相关。由于因变量为二元变量，故使用 probit 回归模型进行参数估计。STATA 中的命令"probit"用于估计混合截面数据，"xtprobit"用于估计面板数据。

由于农地流转市场发展对农户退出农业生产也起着一定的作用，并可能与农机服务存在相互影响，故对模型（8.1）和（8.2）分别做如下修改。

$$Y_i = \lambda_0 + \lambda_1 S_i + \lambda_2 L_i + \lambda_3 S_i L_i + X_i \lambda_4 + \varepsilon_i \qquad (8.3)$$

$$Y_{it} = \lambda_0 + \lambda_1 S_{it} + \lambda_2 L_{it} + \lambda_3 S_{it} L_{it} + X_{it} \lambda_4 + \mu_i + \varepsilon_{it} \qquad (8.4)$$

其中，L_i 和 L_{it} 表示农地流转市场的发展，用村庄是否存在大农场经营者的虚拟变量来衡量。如果村庄存在大农场经营者，赋值为 1，否则为 0。从理论上讲，大农场经营者倾向于转入大面积连片地块，这会导致细碎和偏远地块被抛荒。λ_0，λ_1，$\cdots$，λ_4 是回归系数。其他控制变量和参数的定义与模型（8.1）和（8.2）相同。

我们认为，本章估计不存在严重的内生性问题。原因有二，首先，在农机服务和小农户退出农业生产的关系中不存在反向因果关系，这是因为农机服务为村级指标，而农地抛荒和农地转出是家庭指标。由于单个农户的承包地面积较小，故难以影响农机服务发展。其次，尽管遗漏变量问题可能会干扰估计结果，但我们控制了家庭和村庄特征，并使用了面板估计，可以较好地缓解遗漏变量问题。

8.4 估计结果与分析

8.4.1 农机服务对农民退出农业生产的影响

表 8-7 展示了式（8.1）和式（8.2）的估计结果。结果显示，在使用混合截面数据和面板数据的估计中，农机服务均在 1% 水平上显著。由于使用混合截面数据和面板数据的估计结果一致，故遗漏变量问题并未严重干扰估计结果。

当农地抛荒作为因变量时，农机服务的估计系数在 1% 显著水平上为负。这表明，农机服务发展降低了农户通过农地抛荒退出农业生产的可能性。Yan 等（2016）指出，从事农业生产的高机会成本正在诱发农地抛荒普遍化。因此，降低农业生产成本和提供农地流转交易机会有利于缓解抛荒发生率（Tan et al.，2006；Xu et al.，2019）。一方面，农机服务可以替代农业中的高劳动力成本，提高大农场完成农业生产任务的能力，进而降低生产成本。另一方面，农机服务发展诱发了市场对农地流转的需求，有助于提高农地交易价值。显然，运行良好的农地流转市场有助于缓解农地抛荒（Tan et al.，2006）。

农地抛荒的减少也可能意味着，农户选择转出更多的土地而不是抛荒土地，这仍意味着农户选择退出农业生产。表 8-7 的估计结果进一步显示，农机服务的发展激励小农户转出农地。当农地转出作为因变量时，农机服务的系数为正。这表明，农机服务通过鼓励小农户参与农地流转，进而增加了他们退出农业生产的可能性。由于农机服务的单位成本较高，小农场获得的利润比大农场少得多（Foster and Rosenzweig，2017）。此外，他们的谈判能力也不如大农场，无法进一步降低单位成本。Paul 等（2004）、Hornbeck 和 Naidu（2014）发现，增加农业的回报率需要相当大的农地经营面积。考虑到农地规模经营的预期收入相对较高，一旦大农场经营者的流转需求增加，农地租金水平会随之提高。此外，鉴于非农部门的工资水平较高，而粮食生产的利润较小，小农更可能转出农地（Feng et al.，2010；Kimura et al.，2011；Su et al.，2018）。当然，由于劳动力成本和市场风险较高，绝大多数小农户无法依赖种植经济作物谋生。

其他控制变量的影响方面，家庭规模和家庭劳动力比例均与农地抛荒及农地转出负相关。这是因为，家庭规模越大意味着农业劳动力数量可能越多，这将降低农地抛荒和农地转出的可能性。相比之下，非农劳动力比例与农地抛荒及农地转出有明显的正相关关系（Feng et al.，2010；Xu et al.，2019）。初中生比例、党员比例、家庭总收入、家庭总支出、村庄人均收入与农地抛荒几乎没有显著关系，但它们对农地转出有显著的正向影响。其原因在于，教育水平和党员身份增加了非农就业的机会，有利于增加农地供给。家庭总收入、家庭总支出和村庄人均收入代表了财富，富有的农户更有可能转出农地。此外，农业机械是一种沉没成本，它会激励农户继续经营农业，故减少了农地抛荒和农地转出。承包地规模与农地转出负相关，这是因为农地数量越多越有利于规模化经营。同时，农地流转给非承包户和村庄大农场经营者均与农地转出正相关。这是因为，运行良好的农地流转市场有助于激励农户参与农地流转。最后，其他控制变量未呈现显著影响。

表 8-7　农机服务对农户退出农业生产的影响

变量	农地抛荒		农地转出	
	probit	xtprobit	probit	xtprobit
农机服务	−0.691***	−0.857***	0.366***	0.438***
	(0.095)	(0.139)	(0.089)	(0.127)
家庭规模	−0.049***	−0.063***	−0.108***	−0.147***
	(0.017)	(0.024)	(0.016)	(0.024)
家庭劳动力比例	−0.231***	−0.329***	−0.633***	−0.836***
	(0.075)	(0.112)	(0.066)	(0.104)
非农劳动力比例	0.362***	0.464***	0.500***	0.658***
	(0.080)	(0.117)	(0.072)	(0.102)
初中生比例	−0.143*	−0.183	0.229***	0.333***
	(0.084)	(0.123)	(0.071)	(0.111)
党员比例	−0.172	−0.264	0.245*	0.310*
	(0.156)	(0.239)	(0.128)	(0.182)
家庭总收入	−0.019	−0.021	0.037***	0.043**
	(0.012)	(0.016)	(0.012)	(0.017)
家庭总支出	−0.025	−0.033	0.076***	0.091**
	(0.032)	(0.044)	(0.029)	(0.042)
是否拥有牲畜	−0.023	0.010	−0.082	−0.045
	(0.104)	(0.138)	(0.102)	(0.138)
农机总价值	−0.040***	−0.045***	−0.082***	−0.090***
	(0.010)	(0.013)	(0.008)	(0.011)
承包地面积	−0.000	0.000	−0.006***	−0.008**
	(0.002)	(0.003)	(0.002)	(0.003)
村庄人均收入	−0.026	−0.032	0.039**	0.060**
	(0.017)	(0.023)	(0.019)	(0.027)
村庄农地确权	0.002	−0.012	0.056	0.074
	(0.077)	(0.098)	(0.065)	(0.089)
农地流转入非承包户比例	0.110	0.112	0.775***	0.864***
	(0.100)	(0.135)	(0.080)	(0.115)
村庄大农场经营者	−0.027	−0.041	0.191***	0.284***
	(0.053)	(0.071)	(0.048)	(0.069)
村庄道路（以"土路"为参照组）				
柏油路	0.000	0.019	0.039	0.022
	(0.073)	(0.100)	(0.065)	(0.090)

（续）

变量	农地抛荒		农地转出	
	probit	xtprobit	probit	xtprobit
水泥路	−0.059	−0.080	0.055	0.042
	(0.068)	(0.091)	(0.063)	(0.088)
年份虚拟变量	−0.149***	−0.168**	−0.209***	−0.236***
	(0.057)	(0.072)	(0.048)	(0.060)
常数项	−0.544	−0.970	−2.430***	−3.210***
	(0.437)	(0.606)	(0.350)	(0.521)
观测值	5 769	5 769	5 769	5 769
Log pseudolikelihood	−1 755.40	−1 701.22	−2 494.10	−2 393.17
Wald χ^2	575.60***	310.23***	741.87***	449.66***
Pseudo R^2	0.17		0.15	

注：*、**、***分别表示在10％、5％、1％水平上显著；括号内为稳健标准误。

8.4.2 考虑农地流转市场时农机服务的影响

表8-8展示了式（8.3）和式（8.4）的模型估计结果。首先，在回归模型中加入农机服务和村庄大农场经营者的交互项后，对数伪似然估计值、Wald统计量和伪 R^2 略有改善。其次，交互项对农地抛荒具有显著正向影响。尽管农机服务和村庄大农场经营者都会独立减少农地抛荒，但他们的综合效应却加剧了农地抛荒。其原因在于，农地规模经营需要扩大经营面积，以实现连片种植。连片种植不仅可以降低运输成本[①]和机械作业成本，还可以实现农业规模报酬递增。因此，大农场经营者倾向于转入彼此相邻的地块，这也导致细碎和偏远地块很容易被市场遗弃。农机服务商往往不愿意为这类地块提供服务，因为机械单位运行成本过高。也正是因为收益与投入不相称，农民也不愿意经营细碎或偏远地块，最终导致这些地块被抛荒。一般来说，随着农业生产要素配置的市场化，一些地块和一部分小农户将不可避免地被市场遗弃。

对农地转出的影响方面，农机服务和村庄大农场经营者的交互项在5％显著水平上正向影响农地转出。这意味着，随着大农场经营者的出现，农机服务的发展更可能激励小农户转出农地。造成这种情况的两个可能原因是，农机服

---

① 连续作业是使用机械的低单位成本或高收益成本率的重要前提，这也适用于农机服务。由于小面积和细碎的地块无法保证机械的连续作业，因此导致了较高的运营成本。

务的高成本和农地流转的市场需求。众所周知，运行良好的市场是农地流转的前提条件。随着大农场经营者推动农地流转的市场化，农地使用权的交易价值将增加，小农户将从农地流转中获得更多利益。虽然农机服务的发展伴随着农业生产成本的增加，但它也提高了大农场经营者实施农地规模经营的能力，从而激活了农地市场。此外，我们也采用大农场经营者转入农地规模来表征农地流转市场发展，该变量被定义为大农场经营者转入农地规模占村庄总承包地面积的比例①。结果显示，随着大农场经营者转入农地规模的增加，农机服务的发展更可能导致小农户通过农地抛荒和农地转出两种途径退出农业生产，这与使用村庄大农场经营变量的估计结果一致。

表8-8 考虑农地流转市场时农机服务的影响

变量	农地抛荒		农地转出	
	probit	xtprobit	probit	xtprobit
农机服务	−0.891***	−1.176***	0.198	0.165
	(0.131)	(0.184)	(0.124)	(0.180)
农机服务×村庄大农场经营者	0.337**	0.528***	0.268**	0.419**
	(0.154)	(0.205)	(0.135)	(0.192)
村庄大农场经营者	−0.175**	−0.270**	0.037	0.043
	(0.086)	(0.115)	(0.090)	(0.128)
控制变量	控制	控制	控制	控制
常数项	−0.462	−0.850	−2.337***	−3.039***
	(0.438)	(0.608)	(0.353)	(0.529)
观测值	5 769	5 769	5 769	5 769
Log pseudolikelihood	−1 753.18	−1 698.24	−2 492.15	−2 390.69
Waldχ^2	585.69***	313.42***	751.65***	453.96***
Pseudo R^2	0.17		0.15	
变量	农地抛荒		农地转出	
	probit	xtprobit	probit	xtprobit
农机服务	−0.770***	−0.971***	0.275***	0.306**
	(0.102)	(0.147)	(0.093)	(0.135)

① 这里只考虑大农场经营者的原因在于，小农户之间的流转交易更可能伴随着非正式特点，该类交易对地块连片的要求较低。而大农场经营者是为了利润而进行流转交易的，这决定了细碎、偏远的地块可能会被市场抛弃。

（续）

变量	农地抛荒		农地转出	
	probit	xtprobit	probit	xtprobit
农机服务×大农场经营者转入农地规模	0.969***	1.306***	0.629**	0.771**
	(0.326)	(0.287)	(0.263)	(0.362)
大农场经营者转入农地规模	−0.746***	−0.986***	0.178	0.282
	(0.210)	(0.287)	(0.188)	(0.265)
控制变量	控制	控制	控制	控制
常数项	−0.502	−0.905	−2.232***	−2.908***
	(0.438)	(0.605)	(0.353)	(0.522)
观测值	5 769	5 769	5 769	5 769
Log pseudolikelihood	−1 749.29	−1 695.35	−2 477.56	−2 380.57
Wald χ^2	578.74***	310.72***	784.96***	484.28***
Pseudo R^2	0.18		0.16	

注：*、**、***分别表示在10%、5%、1%水平上显著；括号内为稳健标准误。

8.4.3　进一步分析1：农机服务对农地流转市场需求的影响

正如上文所讨论的，农机服务对农户退出农业生产的影响在很大程度上取决于农地流转市场的发展。如果没有运行良好的农地流转市场，小农户将别无选择地选择抛荒，而非转出农地。同时，农机服务的发展也有助于培育大农场。此外，运行良好的农地市场可以提高农地使用权的交易价值，从而鼓励小农户转出农地。在本节中，我们将分析农机服务对农地流转及其市场需求的影响。因变量包括农地转入、村庄大农场经营者和农地租金。农民对农地转入的需求用一个虚拟变量表示，如果农户转入农地，赋值为1，否则为0。表8-9中展示了模型估计结果。结果显示，无论使用混合截面数据还是面板数据，在所有三个模型中，农机服务的回归系数都在5%水平上显著为正。这表明，农机服务的发展激励了农户转入农地，诱发了大农场经营者的出现，并提高了农地使用权的交易价值。上述发现进一步证实了表8-7和表8-8估计结果的可靠性。

表8-9　进一步分析1：农机服务对农地流转市场需求的影响

变量	农地转入		村庄大农场经营者		农地租金	
	probit	xtprobit	probit	xtprobit	ols	xtreg
农业机械化服务	0.192**	0.229*	0.456**	0.540**	1.099**	1.100**
	(0.098)	(0.123)	(0.231)	(0.275)	(0.439)	(0.448)

（续）

变量	农地转入		村庄大农场经营者		农地租金	
	probit	xtprobit	probit	xtprobit	ols	xtreg
控制变量	控制	控制	控制	控制	控制	控制
常数项	−2.511***	−3.131***	−1.189**	−1.360*	1.271	1.271
	(0.353)	(0.449)	(0.593)	(0.704)	(1.206)	(1.186)
Observations	5 769	5 769	612	612	612	612
Log pseudolikelihood	−2 148.43	−2 114.52	−338.68	−336.27		
Wald χ^2	329.23***	252.26***	106.47***	77.19***		259.07***
Pseudo R^2	0.08		0.14			

注：*、**、***分别表示在10%、5%、1%水平上显著；括号内为稳健标准误。

8.4.4　进一步分析2：农机服务对农地抛荒原因的影响

正如在理论框架中所论证的，随着农地流转市场的发展，农机服务加剧农地抛荒的原因是大农场经营者偏好于连片地块，而在偏远或细碎地块上使用农机服务的成本很高。为了检验农机服务加剧农地抛荒的内在机制，表8-10引入了农地抛荒类型作为因变量。如果无农地抛荒，赋值为1；如果农地因其他原因被抛荒，赋值为2；如果农地被抛荒是由于偏远或细碎造成的，赋值为3。由于农地抛荒类型是离散变量，故采用多元 Logit 模型（mlogit）进行估计。表8-10中的其他控制变量和估计方法与表8-8中的相同。

表8-10的结果显示，尽管农机服务与村庄大农场经营者的交互项对农地抛荒原因的影响不显著，但随着大农场经营者转入农地面积的增加，农机服务仍加剧了偏远或细碎地块的抛荒。具体而言，交互项对无抛荒农地和因其他原因抛荒农地的影响无显著性差异。但是，与无抛荒农地和因其他原因抛荒农地相比，交互项在1%显著性水平上正向影响地块因偏远或细碎而被抛荒的可能性。换言之，随着农机服务和农地流转市场的发展，偏远或细碎地块更有可能被市场抛弃。

表8-10　进一步分析2：农机服务对农地抛荒原因的影响

变量	土地抛荒类型			
	mlogit			
	参照组：农地抛荒类型＝1			
	农地抛荒类型＝2	农地抛荒类型＝3	农地抛荒类型＝2	农地抛荒类型＝3
农机服务	−1.531***	−1.719***	−1.223***	−1.661***
	(0.350)	(0.336)	(0.263)	(0.256)

（续）

变量	土地抛荒类型			
	mlogit			
	参照组：农地抛荒类型＝1			
	农地抛荒类型＝2	农地抛荒类型＝3	农地抛荒类型＝2	农地抛荒类型＝3
农业机械化服务×村庄大农场经营者	0.654 (0.409)	0.468 (0.419)		
农业机械化服务×大农场经营者转入农地规模			1.062 (0.804)	2.716*** (0.910)
村庄大农场经营者	−0.278 (0.206)	−0.332 (0.205)		
大农场经营者转入农地规模			−0.880* (0.477)	−1.989*** (0.549)
控制变量	控制	控制	控制	控制
常数项	−0.793 (1.299)	−2.989** (1.337)	−0.881 (1.299)	−3.030** (1.338)
观测值	5 769		5 769	
Log pseudolikelihood	−2 202.11		−2 196.29	
Wald χ^2	808.56***		820.20***	
Pseudo R^2	0.16		0.16	

注：*、**、***分别表示在10%、5%、1%水平上显著；括号内为稳健标准误。

8.4.5　稳健性检验1：使用工具变量法的估计

尽管上文阐述了内生性问题并不会严重干扰本章估计，但遗漏变量问题仍是无法规避的，这可能影响估计结果的准确性。为此，我们再次使用工具变量法来估计农机服务发展对小农户退出农业生产的影响，村庄承包地规模被用来作为农机服务的工具变量。首先，村庄承包地规模对农户退出农业生产来说是外生的。其次，它是农机服务市场容量的先决条件，这是因为大面积农地对农机服务有更高的需求。具体估计方法方面，STATA中的命令"ivprobit"和"xteprobit"分别用于混合截面数据和面板数据的估计。表8-11的估计结果显示，该估计不存在弱工具变量问题。但是，Durbin—Wu—Hausman（DWH）检验则表明，农机服务发展对小农户退出农业生产的影响并未受到内生性问题干扰。

表 8 - 11 稳健性检验 1：使用工具变量法的再估计

变量	农地抛荒		农地转出	
	ivprobit	xteprobit	ivprobit	xteprobit
农机服务	−2.203***	−2.657***	0.731	0.753
	(0.650)	(0.842)	(0.536)	(0.754)
控制变量	控制	控制	控制	控制
常数项	0.509	0.403	−2.785***	−3.590***
	(0.624)	(0.882)	(0.477)	(0.697)
观测值	5 730	5 730	5 730	5 730
Log pseudolikelihood	−1 338.6	−2 395.2	−2 079.1	−3 093.2
Wald χ^2	714.80***	280.99***	742.70***	452.92***
DWH test	0.386		0.052	
Minimum eigenvalue statistics	173.4			
2SLS Size of nominal 5% Wald	10%	15%	20%	25%
test	16.38	8.96	6.66	5.53

注：*、**、***分别表示在 10%、5%、1%水平上显著；括号内为稳健标准误。

8.4.6 稳健性检验 2：区分整地、播种和收割环节的分析

表 8 - 6 中使用的农机服务被定义为村庄整地、播种、收割的农地面积占比（即均值），该定义容易忽略农业生产中劳动密集型环节的一些重要信息。为此，本部分通过区分整地、播种、收割环节，重新估计农机服务对农户退出农业生产的影响。具体而言，村庄承包地整地、播种、收割环节采用农机服务的比例被用来表征各环节的机械化程度。

表 8 - 12 的估计结果显示，首先，当农机服务被分为整地服务、播种服务、收割服务时，他们均对农地抛荒呈现显著负向影响。然而，播种服务对农地转出无显著影响。这表明，农业生产中每个劳动密集型环节的服务都能在一定程度上降低劳动成本，从而降低生产成本。此外，收割服务的发展对农地转出具有正向激励作用。总的来说，农业中针对劳动密集型环节的社会服务会增加农地流转的需求，激励小农户转出农地，缓解农地抛荒。

表 8 - 12　稳健性检验 2：区分整地、播种和收割环节的分析

变量	农地抛荒			农地转出		
	xtprobit	xtprobit	xtprobit	xtprobit	xtprobit	xtprobit
整地服务	−0.547***			−0.328***		
	(0.107)			(0.106)		
播种服务		−0.462***			0.134	
		(0.120)			(0.101)	
收割服务			−0.545***			0.293***
			(0.110)			(0.099)
控制变量	控制	控制	控制	控制	控制	控制
常数项	−1.151*	−1.143*	−1.141*	−3.235*	−3.096***	−3.175***
	(0.612)	(0.622)	(0.606)	(0.530)	(0.528)	(0.525)
观测值	5 723	5 710	5 684	5 723	5 710	5 684
Log pseudolikelihood	−1 684.49	−1 686.22	−1 668.14	−2 371.37	−2 370.69	−2 357.01
Wald χ^2	297.93***	292.31***	300.85***	445.24***	455.22***	445.86***

注：*、**、***分别表示在 10%、5%、1%水平上显著；括号内为稳健标准误。

8.4.7　稳健性检验 3：使用有序 probit 模型估计农地抛荒

在本章所使用的数据中，农地抛荒被分为"没有抛荒"、"部分抛荒"和"全部抛荒"。然而，在 8.4.1 和 8.4.2 的分析中，我们使用了农户是否抛荒农地来表征农地抛荒，这可能会遗漏一些重要信息。为此，表 8 - 13 利用有序 probit 回归模型重新估计了 8.4.1 节的分析。其中，"没有抛荒"、"部分抛荒"和"全部抛荒"分别赋值为 1，2，3。STATA 中的命令"oprobit"和"xtoprobit"分别用于估计混合截面数据和面板数据。表 8 - 13 展示了模型估计结果，表 8 - 14 展示了农机服务的边际效应。

表 8 - 13 的估计结果显示，农机服务在 1%显著水平上负向影响农地抛荒，且估计系数略大于表 8 - 7 中利用混合截面数据和面板数据的估计值。表 8 - 14 的结果显示，农机服务的边际效应均在 1%水平上具有统计学意义。这表明，农机服务发展可以极大地降低小农户抛荒农地的可能性。这与8.4.1 中的估计结果一致，从而表明使用农户是否抛荒农地变量并不会影响本章估计。

表 8 - 13　稳健性检验 3：使用有序 probit 模型估计农地抛荒

变量	农地抛荒	
	oprobit	xtoprobit
农机服务	−0.616*** (0.091)	−0.741*** (0.126)
控制变量	控制	控制
Observations	5 767	5 768
Log pseudolikelihood	−2 153.95	−2 102.3
Wald χ^2	562.55***	345.54***
/cut 1	0.699 (0.444)	1.023 (0.587)
/cut 2	1.537 (0.443)	2.136 (0.591)

注：*、**、***分别表示在 10%、5%、1%水平上显著；括号内为稳健标准误。

表 8 - 14　农机服务的边际效应

农地抛荒	oprobit	xtoprobit
1＝没有抛荒	0.104*** (0.015)	0.094*** (0.016)
2＝部分抛荒	−0.069*** (0.010)	−0.062*** (0.011)
3＝完全抛荒	−0.035*** (0.005)	−0.032*** (0.006)

注：*、**、***分别表示在 10%、5%、1%水平上显著；括号内为稳健标准误。

8.5　本章小结

　　发展农机服务被普遍认为是实现农业现代化和提高农业生产率的重要途径之一。在中国，农机服务也被认为是实现小农户与现代农业有机结合的关键途径。然而，鉴于从事农业生产的机会成本越来越高，加之农机服务价格日益增长，小农户从使用农机服务中获得的收益也越来越小。事实上，大农场比小农户更能从使用农机服务中受益，这是因为大农场作业的单位成本更低且规模回报更高。然而，随着农地流转需求的增加，小农户转出农地较自营的受益可能更高，这无疑为小农户退出农业生产提供了重要途径。

　　本章利用 2017—2019 年中国家庭面板调查数据，实证检验了农机服务发展与农民退出农业生产的关系。研究结果显示，农机服务发展降低了小农户通过农地抛荒退出农业生产的可能性，但增加了其通过农地转出退出农业生产的概率。我们还发现，随着大农场经营者的出现及其转入农地规模的增加，农机服务发展将诱发小农户通过农地转出和抛荒偏远细碎地块的方式退出农业生产。进一步证据显示，农机服务发展正向影响农地转入需求、大农场经营者出现和农地租金。

自 1978 年以来，家庭承包责任制在中国的农业经营制度中就占据了主导地位。然而，随着中国经济的快速发展，农业部门的产值已经无法吸纳更多的就业，小农户离开农业部门已成必然。在这种情况下，巩固农村基本经营制度，其政治意义要远大于经济价值。众所周知，农地规模经营是农业现代化的基础，这意味着现代化农业根本不需要大量农民。目前，中国政府正在培育家庭农场和其他大农场经营者，那么如何才能在不造成小农户大规模离农的情况下实施呢？实际上，无论政策上如何强调小农户和家庭经营的重要性，不可否认的是，小农户退出农业生产是实现农业现代化的必要前提。从经济发展的角度来看，要素配置的市场化可以淘汰低效率的经营模式。因此，小农户退出农业生产，既是历史的必然，也是市场选择的结果。

参考文献

Cai，F, 2016. China's Economic Growth Prospects: From Demographic Dividend to Reform Dividend [M]. Edward Elgar Publishing, Cheltenham.

Cai，F, 2018. The Great Exodus: How Agricultural Surplus Laborers Have Been Transferred and Reallocated in China's Reform Period [J]. China Agricultural Economic Review, 10 (1): 2 - 15.

Cai, F., & Lu, Y, 2016. Take - off, Persistence and Sustainability: The Demographic Factor in Chinese Growth [J]. Asia & the Pacific Policy Studies, 3 (2): 203 - 225.

Chen, R., Ye, C., Cai, Y., Xing, X., & Chen, Q, 2014. The Impact of Rural Out - migration on Land Use Transition in China: Past, Present and Trend [J]. Land Use Policy, 40: 101 - 110.

Deng, X., Xu, D., Zeng, M., & Qi, Y, 2019. Does Internet Use Help Reduce Rural Cropland Abandonment? Evidence from China [J]. Land Use Policy, 89: 104243.

Diao, X., Cossar, F., Houssou, N., & Kolavalli, S, 2014. Mechanization in Ghana: Emerging Demand, and the Search for Alternative Supply Models [J]. Food Policy, 48: 168 - 181.

Foster, A. D., & Rosenzweig, M. R., 2017. Are there too Many Farms in the World? Labor - market Transaction Costs, Machine Capacities and Optimal Farm Sizes [R]. NBER Working

Paper, No. 23909.

Hong, W. , Luo B. , & Hu, X. , 2020. Land Titling, Land Reallocation Experience, and Investment Incentives: Evidence from Rural China [J]. Land Use Policy, 90: 104271.

Hornbeck, R. , & Naidu, S. , 2014. When the Levee Breaks: Black Migration and Economic Development in the American South [J]. American Economic Review, 104: 963 - 990.

Houssou, N. , & Chapoto, A. , 2015. Adoption of Farm Mechanization, Cropland Expansion, and Intensification in Ghana [C]. International Conference of Agricultural Economists, Milan Italy, August 8 - 14.

Kimura, S. , Otsuka, K. , Sonobe, T. , & Rozelle, S. , 2011. Efficiency of land Allocation through Tenancy Markets: Evidence from China [J]. Economic Development & Culture Change, 59: 485 - 510.

Li, S. , Li, X. , Sun, L. , Cao, G. , Fischer, G. , & Tramberend, S. , 2018. An Estimation of the Extent of Cropland Abandonment in Mountainous Regions of China [J]. Land Degradation Development, 29: 1327 - 1342.

Lin, J, Y. , 1992. Rural Reforms and Agricultural Growth in China [J]. American Economic Review, 82 (1): 34 - 51.

Liu, Y. , Long, H. , Chen, Y. , & Wang, J. , 2011. China Rural Development Research Report: Rural Hollowing and Its Remediation Strategy [M]. Beijing: Science Press. (in Chinese)

Liu, Y. S. , 2018. Introduction to Land Use and Rural Sustainability in China [J]. Land Use Policy, 74: 1 - 4.

Luo, B. , 2018. 40 - year reform of Farmland Institution in China: Target, Effort and the Future [J]. China Agricultural Economic Review, 10 (1): 16 - 35.

Ma, X. , 2013. Does Tenure Security Matter? Rural Household Responses to Land Tenure Reforms in Northwest China [D]. PhD Thesis, Wageningen University, Wageningen, NL.

Ma, X. , Heerink, N. , Feng, S. , & Shi, X. , 2015. Farmland Tenure in China: Comparing Legal, Actual and Perceived Security [J]. Land Use Policy, 42: 293 - 306.

Obi, A. , & Chisango. F. F. , 2011. Performance of Smallholder Agriculture under Limited Mechanization and the Fast Track Land Reform Program in Zimbabwe [J]. International Food and Agribusiness Management Review, 14 (4): 85 - 104.

Paul, C. , Nehring, R. , Banker, D. , & Somwaru, A. , 2004. Scale Economies and Efficiency in U. S. Agriculture: Are Traditional Farms History [J]. Journal of Productivity Analysis, 22: 185 - 205.

Qian, F. Z. , 2015. Class Differentiation in Rural China: Dynamics of Accumulation, Commodification and State Intervention [J]. Journal of Agrarian Change, 15 (3): 338 - 365.

Qian, F. Z. , 2013. Comparing Local Models of Agrarian Transition in China [J]. Rural China An International Journal of History and Social Science, 10 (1): 5 - 35.

Qiu, T. , & Luo, B. , Do Small Farms Prefer Agricultural Mechanization Services? Evidence from Wheat Production in China [EB/OL]. Applied Economics, online 2020. https: //doi. org/10. 1080/00036846. 2020. 1870656.

Qiu, T. , Choy, S. T. B. , Li, Y. , Luo, B. , Li, J. , 2021. Farmers' Exit from Land Operation in Rural China: Does the Price of Agricultural Mechanization Services Matter [J]. China & World Economy, 2021, 29 (2): 99 - 122.

Qiu, T. , Luo, B. , & He, Q. , 2018. Are Land Rents Lower in Transactions between Acquaintances? New Evidences from Rural China [R]. SSRN Working Paper. SSRN: https: //ssrn. com/abstract=3269680.

Qiu, T. , Luo, B. , Choy, S. T. B. , Ma, X. , He, Q, 2020b. Do the Transactions between Strangers Have Demonstration Effect on Those among Acquaintances? Evidence from Land Rentals in Rural China [J]. Applied Economics, 52 (43): 4780 - 4793.

Qiu, T. , Luo, B. , He, Q. , 2020a. Do Land Rents among Acquaintances Deviate from the Reference Point? Evidence from Rural China [J]. China & World Economy, 28 (3): 29 - 50.

Sheng, Y. , Ding, J. , & Huang, J. , 2019. The Relationship between Farm Sizes and Productivity in Agriculture: Evidence from Northern China [J] . American Journal of Agricultural Economics, 101 (3): 790 - 806.

Sims, B. , & Heney, J. , 2017. Promoting Smallholder Adoption of Conservation Agriculture through Mechanization Services [J]. Agriculture, 7 (64): 1 - 22.

Sims, B. , & Kienzle, J. , 2016. Making Mechanization Accessible to Smallholder Farmers in Sub - Saharan Africa [J]. Environments, 3 (11): 1 - 18.

Stavis, B. , 1978. The Politics of Agricultural Mechanization in China [J]. Journal of Development Economics, 6: 897 - 297.

Su, W. , Eriksson, T. , & Zhang, L. , 2018. Off - farm Employment, Land Renting and Concentration of Farmland in the Process of Urbanization: Chinese Evidence [J]. China Agricultural Economic Review, 10 (2): 338 - 350.

Takeshima, H. , Nin - Pratt, A. , & Diao, X. , 2013. Mechanization and Agricultural Technology Evolution, Agricultural Intensification in Sub - Saharan Africa: Typology of Agricultural Mechanization in Nigeria [J]. American Journal of Agricultural Economics, 95 (5): 1230 - 1236.

Tan, S. , Heerink, N. , & Qu, F. , 2006. Land Fragmentation and Its Driving Forces in China [J]. Land Use Policy, 23 (3): 272 - 285.

Xu, D., Deng, X., Guo, S., & Liu, S., 2019. Labor Migration and Farmland Abandonment in Rural China: Empirical Results and Policy Implications [J]. Journal of Environment Management, 232: 738 – 750.

Yan, J., Yang, Z., Li, Z., Li, X., Xin, L., & Sun, L., 2016. Drivers of Cropland Abandonment in Mountainous Areas: A Household Decision Model on Farming Scale in South West China [J]. Land Use Policy, 57: 459 – 469.

Yang, J., Huang, Z., Zhang X., & Reardon, T., 2013. The Rapid Rise of Cross - regional Agricultural Mechanization Services in China [J]. American Journal of Agricultural Economics, 95 (5): 1245 – 1251.

Yi, Q., Chen, M., Sheng, Y., & Huang, J., 2019. Mechanization Services, Farm Productivity and Institutional Innovation in China [J]. China Agricultural Economic Review, 11 (3): 536 – 554.

Zhang, T., 2020. The Logic of Grain Planting: A Framework of Farmland Property Right, Resource Allocation, and Division of Labor [J]. China Agricultural Economic Review, 12 (1): 173 – 175.

Zhang, X., Yang, J., & Reardon, T., 2017. Mechanization Outsourcing Clusters and Division of Labor in Chinese Agriculture [J]. China Economic Review, 43: 184 – 195.

Zhang, X., Yang, J., & Wang, S., 2011. China Has Reached the Lewis Turning Point [J]. China Economic Review, 22 (4): 542 – 554.

Zhao, Y., 1 999. Leaving the Countryside: Rural - to - urban Migration Decisions in China [J]. American Economic Review, 89 (2): 281 – 286.

第三部分
农机服务发展的转型趋势

第九章　农机服务发展的组织转型

本章提要：培育农机服务供给主体是中国政府激活外包服务市场目标的重要组成部分，但什么类型的供给主体将在农机服务市场中占主导地位尚不清楚。本章利用河南省农户调查分析了大农场发展与农机服务的关系。结果显示，75.02%、74.12%和73.79%的小农户分别向大农场购买了整地、播种和收割服务。实证分析表明，当村庄存在大农场经营者时，小农户将较少采用跨区服务或本地专业化农机服务。进一步分析表明，大农场的发展激励了小农户采用农机服务，并减少他们在农业劳动力和机械方面的投资。我们还发现，受到政府扶持的大农场在农机服务市场中已占据主导地位，这可能会导致中国农业经营格局的转变。

相关研究显示，农机服务可以提高农业生产率（Yang et al.，2013；Houssou，2013；Diao et al.，2014；Zhang et al.，2015）。在以小农户为主要贫困人群的发展中国家，农机服务可以减少自置机械带来的沉没成本，提高农业机械作业的可及性（Sims and Kienzle，2016；Yi et al.，2019）。然而，在缺乏私人服务提供者的情况下，小农户可能无法有效获得农机服务。例如，在撒哈拉以南的非洲，65%的农场动力仍是人力（Sims and Heney，2017）。在一些国家（例如尼日利亚），即使政府通过补贴的方式激励拖拉机销售，但农机服务市场仍不发达（Takeshima et al.，2013）。

相比之下，中国的政府补贴和迅速发展的外包服务正在使越来越多的小农户使用农机服务（Sims and Kienzle，2016）。为降低农业生产成本，推动小农户与现代农业有机结合，中国政府正在通过补贴服务供给者的方式为小农户提供农业社会化服务①。根据 Yang 等（2013）的研究，全国各地提供收割服务组织的出现是农业社会化服务市场发展的一个重要标志。显然，农

---

① 资料来源：国家乡村振兴战略规划（2018—2022 年）。

机服务市场的发展对于保证农民获得农机服务是必要的（Qiu et al. ，2021），全国性的农机服务市场则弱化了农业分工的实施障碍（Luo，2018；Zhang，2020）。

从逻辑上来说，小农户不具备购买大型农机的规模经济性。跨区的农机服务提供者则可以为小农户提供替代性要素，从而降低机械作业的单位成本（Yang et al. ，2013）。据《中国农村经营管理统计年报》数据显示，2016年，全国已有75 886家农机合作社，这足以为周边农户提供专业化服务。同时，政府实施的发展土地合作社和家庭农场等新型农业经营主体的政策，也使得大农场的数量在过去10年内迅速增加。据《中国农村经营管理统计年报》数据显示，经营种植业的合作社数量从2006年的63 454个增加到2016年的843 510个，家庭农场数量从2013年的340 559个增加到2016年的444 885个①。显然，对这些大农场经营者来说，自置机械较小农户更具规模优势。

农机服务合作社可以为当地农户服务，大农场同样可以为周边小农户提供类似服务。大农场的优势还体现在他们可以在自营的农地上使用农机，这也提高了他们的经营效率（Foster and Rosenzweig，2017）。从理论上来说，当大农场经营者实施纵向一体化经营时，为周边小农户提供农机服务可以极大地缩短其资本回收期。在这种情况下，大农场经营者便能以较低的成本为自己和其他农户提供服务。为了鼓励大农场②的发展，政府在农机购置和生产经营方面进行了大量补贴，这极大地提高了他们与专业服务组织竞争的能力。如此一来，不能提供价低且稳定服务的农机服务组织将被迫退出市场。

现有研究较少对大农场在农机服务市场中的角色及其影响进行探讨。显然，剖析大农场在农机服务供给中的地位转变，不仅有助于揭示农机服务市场的转型趋势，还有助于预测未来中国的农业经营模式。本章重点探讨了大农场经营者的发展对小农户服务供给主体选择及农机服务使用程度的影响。从逻辑上判断，大农场经营者可以提供更廉价的服务。这是因为他们的机械的闲置及运行成本均较低，而且较大的自营农地规模也缩短了自置机械的资本回收期。

---

① 我国的家庭农场被定义为土地面积超过50亩，由单一家庭经营的农场。这个定义是从西方国家引进的，最早在2013年的中央1号文件中被提出。

② 2019年，中央出台了《家庭农场培育计划实施指导意见》。这是继2014年发布的《关于促进家庭农场发展的指导意见》之后出台的。

9.1　研究背景和理论框架

9.1.1　研究背景

（1）中国农业机械化发展。在过去的 20 年，农业机械化服务在中国取得了快速发展（Yang et al.，2013）。据《中国农业机械工业年鉴》数据显示，中国的农业机械总动力从 2006 年的 72.64 亿千兆瓦增加到 2016 年的 97.25 亿千兆瓦。同期，旋耕机的数量从 2006 年的 306.56 万台增加到 2016 年的632.91 万台；水稻和小麦收割机的数量从 50.46 万台增加到 142.83 万台；玉米收割机的数量从 1.5 万台增加到 47.39 万台。

《中国农业机械工业年鉴》还显示，全国粮食生产的机械化率也呈现大幅提高态势。具体而言，水稻、小麦和玉米作物的机耕率分别从 2008 年的78.3%、88.08% 和 53.2% 增加到 2016 年的 97%、89.92% 和 58.39%。同样，水稻、小麦和玉米的机播率从 2008 年的 9%、76.81% 和 54.38% 增加到2016 年的 43.6%、86.09% 和 69.78%；水稻、小麦和玉米的机收率从 2006年的 39.3%、76.81% 和 4.38% 提高到 2016 年的 85.5%、91.81% 和 55.5%。此外，据《全国农产品成本收益资料汇编》数据显示，1990 年农机服务成本占粮食生产总成本比例仅为 3.5%，2014 年和 2016 年该数据分为增至 12.6%和 13.1%。

随着城乡劳动力转移规模的迅速扩大，小农户从事农业的机会成本不断提高（Yan et al.，2016；Luo，2018），由此促进了农机服务的发展。据《中国农业机械工业年鉴》数据显示，农机服务组织数量从 2008 年的 16.56万个增加到 2016 年的 18.73 万个，农机服务从业人员数量也从 2008 年的72.6 万个增加到 2016 年的 208.07 万个。《中国农村经营管理统计年报》数据还显示，农机服务合作社数量从 2009 年的 1.221 万增加到 2016 年的7.589 万。这表明，中国的农机服务市场正在快速发展。然而，《中国农业机械工业年鉴》还显示，农机服务中介组织的数量从 2010 年的 7.1 万个减少到 2016 年的 6.5 万个。这或许说明，农机服务市场正在发生着某种结构性的调整。

（2）中国大农场的发展。2012 年党的十八大报告提出，要鼓励新型农业经营主体发展，具体包括大户、家庭农场、农民合作社、农业企业以及其他农业经营组织。在本节中，我们重点讨论大农场的发展，包括种植大户、家庭农场、土地合作社以及转入大量农地的农业公司。大农场的增加带动了农地流转市场的快速发展（Ma et al.，2015；Ma et al.，2017）。据《中国农村经营管理统计年报》数据显示，我国农地流转率从 2006 年的 4.57％上升到 2016 年的 35.14％。同期，流转入农户的农地比例从 2006 年的 71.6％下降到 2016 年的 58.38％，流转入合作社的农地比例则从 2006 年的 8.87％增加到 2016 年的 21.58％，农业企业转入的农地占到了 2016 年流转农地总量的 9.96％。

《中国农村经营管理统计年报》还显示，我国家庭农场数量从 2013 年的 34.056 万个增加到 2016 年的 44.489 万个。同期，家庭农场经营的农地总面积也从 1 437 万亩增加到 9 571 万亩。此外，200 亩以上的家庭农场数量从 2013 年的 5.037 万增加到 2016 年的 6.554 万。近年来，家庭农场转入的农地总量也在增加。《中国农村经营管理统计年报》数据表明，2013 年家庭农场转入的农地为 1 959 万亩，到了 2016 年这一数据已变为 4 014 万亩。种植业合作社的发展也呈现出类似趋势。如《中国农村经营管理统计年报》所示，种植业合作社的数量从 2009 年的 11.034 万个增加到 2016 年的 84.035 万个；2009年仅有 2.637 万个粮食专业合作社，在 2016 年则增加到 32.49 万个。近几十年来，中央政府和农业农村部都在培育家庭农场等新型农业主体方面体投入了大量的政策性支持[①]。

9.1.2　分析框架

本节提出了一个分析框架，以考察大农场发展与小农户农机服务偏好之间的关系。假设小农户对农机服务供给者的选择取决于服务价格和交易成本的相关大小，其中交易成本系指寻找服务供给者的成本，故因缺乏服务供给者而造成的农业经营性损失也可被视为交易成本。因此，小农户的选择取决于谁能提供更便宜、更可靠的农机服务。

农机服务供给者主要包括跨区服务组织、本地专业化服务组织和大农场经营者。本地专业化服务组织包括合作社、企业和其他组织。与专业化服务组织不同，大农场只提供兼职的农机服务。他们只在完成自己的农事作业后才向周边小农户提供农机服务。大约在 10 年前，跨区服务组织的市场占有量很大，这也使得他们可以利用全国服务市场的优势提供相对便宜的服务（Yang et

---

①　数据来源：http：//www.moa.gov.cn/govpublic/FZJHS/202011/t20201117_6356418.htm.

•　170　•

al.，2013)。

对于跨区域服务来说，在全国服务市场上经营意味着他们在单位农地上的运营成本更低，利润也更高。由于小农户拥有的机械资产很少，所以跨区服务组织曾经很受欢迎(Yi et al.，2019)。尤其是在农业劳动力成本大幅增加的情况下，农机服务成为农户的重要替代性要素(Qiu et al.，2020；Zhang，2020)。然而，跨区服务组织提供的农机服务具有较强的不确定性，他们每年的服务路线不完全确定，这就会造成交易成本的大幅增加。此外，不稳定的农机服务供给可能导致错过种植或收获的最佳时期，这将不可避免地损害农户收益。而且，部分跨区服务组织甚至可能绕过农机服务需求量不足的地区①。

跨区农机服务的不稳定性使本地专业化服务组织在当地市场具有更强的竞争优势。一方面，本地专业化服务组织可以为农民提供更方便的服务。另一方面，他们可能垄断当地市场并收取更高的服务价格。在一些地区，跨区服务组织被阻止进入当地市场。在此情况下，本地专业化服务组织就可以从垄断价格中获益。跨区农机服务的供给不稳定性造成的潜在损失则使本地专业化服务组织从中受益，他们可以将潜在损失的减少纳入其服务价格之中。然而，当跨区和本地专业化服务组织在市场中共存且市场完全竞争时，农机服务价格将会趋同。

跨区服务组织和本地专业化服务组织之所以出现，是因为小农户自置机械的沉没成本过高且规模不经济。然而，大农场由于农地经营规模较大，其自置机械的资本回收期要短得多。显然，自置机械的大农场对农机服务的需求较低，并且可以为周边农户提供兼业化农机服务。此外，大农场提供的农机服务比跨区农机服务更稳定，也比本地专业化服务组织的更便宜。而且，提供兼职农机服务可以为大农场带来额外的经营性收入，进一步缩短自置农机的资本回收期。因此，大农场具有自置农机的双重优势，这也将进一步压缩本地专业化服务组织的市场份额，并可能导致他们退出农机服务市场。

应该指出的是，大农场的主要任务是农业生产。为了充分发挥自置机械的作业能力，他们也可能转入农地，以扩大农地经营规模。这表明，随着大农场的发展，更多的小农户可能会退出农业生产。显然，当前的小农户对农业收入

---

①　在过去，土地以种植粮食作物为主，大多数小农户会采用农机服务。但是，随着非粮生产的增加，很多地区对农机服务的需求降低，这也导致了近年来跨区作业的农机服务的减少。

的依赖程度已经大幅度下降，而且不断增长的农业生产成本也在降低他们的农业收入预期。当大农场支付相对较高的农地租金时，大多数小农户更愿意转出农地并从事非农就业，这实际上也更有利于小农户最大化家庭要素配置收益。因此，大农场的发展将伴随着小农户的非农转移与非农收入的增长。总体而言，大农场的发展不仅会诱发农机服务市场的结构转型，还可能诱使小农户退出农业生产。

9.2 数据、变量和估计策略

9.2.1 数据来源

本章数据与第五章中的一致。考虑到两轮调查数据可能存在的抽样框不一致，故本章采用了第二轮调查的 2 000 户农户数据。

9.2.2 变量选择与定义

本章因变量是农机服务供给主体，利用小农户采用农机服务的供给者类型表征。根据 Yang 等（2013）和 Qiu 等（2021）的研究，农业生产中劳动强度最大的环节是整地、播种和收割，这也是小麦生产中农业机械化完成的主要任务。为此，整地、播种和收割服务的供给者被作为因变量使用。如果农户采用的农机服务来自大农场，赋值为 1，否则为 0。

本章主要的自变量是大农场的发展。需要指出的是，该变量是一个村级指标。显然，拥有大农场的村庄往往较无大农场的村庄更可能衍生出兼业化农机服务供给主体。在中国，大农场可以分为家庭农场、土地合作社、转入农地的农业企业以及其他经营大面积耕地的经济组织。

参考已有文献（Feng et al.，2010；Ma et al.，2015；Sheng et al.，2019；Yi et al.，2019），本章还控制了家庭特征、土地特征和村庄特征。家庭特征包括家庭规模、家庭抚养率、老年人比例（Ma，2013）、家庭成员是否有党员或村干部、以及家庭成员是否接受过农业技能培训。土地特征包括家庭是否拥有机井、承包地面积（Qiu et al.，2020）、地块数量（Feng et al.，2010）、农地小调整次数、农地大调整次数（Wang et al.，2011；Ma，2013；Rao et al.，2016）和农地确权（Hong et al.，2020）。村庄交通状况和县级虚拟变量也被纳入模型估计之中。村庄位置和地形也被控制了，而且它们在后面的分析中将被作为工具变量使用（表 9-1）。

表 9-1　变量定义和描述

变量	定义	均值	标准差
因变量			
大农场整地服务	1＝农户使用大农场提供的整地服务，0＝其他	0.750	0.433
大农场播种服务	1＝农户使用大农场提供的播种服务，0＝其他	0.741	0.438
大农场收割服务	1＝农户使用大农场提供的收割服务，0＝其他	0.738	0.440
自变量			
大农场	1＝村庄中有大农场经营者，0＝其他	0.460	0.499
家庭规模	家庭成员人数	4.423	1.793
家庭抚养率	儿童人数与家庭成员总人数之比	0.173	0.191
老年人比例	老年人人数与家庭成员人数之比	0.266	0.334
家庭成员有党员	1＝家庭成员有党员，0＝其他	0.154	0.361
家庭成员有村干部	1＝家庭成员有村干部，0＝其他	0.080	0.271
农业技能培训	1＝家庭成员接受过农业技能培训，0＝其他	0.027	0.161
机井	1＝家庭有机井，0＝其他	0.045	0.253
承包地面积	分配给农民的承包地规模（亩）	5.225	3.551
地块数量	承包地块数	2.869	2.002
农地小调整次数	二轮承包后农地小调整次数	0.072	0.404
农地大调整次数	二轮承包后农地大调整次数	0.068	0.361
农地确权	1＝家庭农地已经确权，0＝否则	0.875	0.331
村庄交通状况	1＝非常差，2＝差，3＝中等，4＝良好，5＝优越	3.287	0.848
进一步分析中的因变量			
农户是否采用农机服务	1＝农户采用农机服务，0＝其他	0.977	0.150
农户服务采用率	农机服务作业的面积占农作物播种面积的比重	0.922	0.223
家庭农业劳动力占比	家庭成员从事农业劳动的比例	0.502	0.360
家庭机械资产	家庭拥有的机械货币价值的自然对数（元）	2.118	13.338

注：整地、播种和收割服务估计主体的描述性统计分别基于使用这些服务的 1 497、1 333 和 1 591 户农户样本；农机服务采用率的描述性统计是基于 1 654 户农户样本；其他变量的描述性统计是基于 2 000 户农户样本计算得出的。

此外，在第 9.3.2 节中引入了分析大农场发展影响农户农机服务采用的两个因变量。其中，参考 Yi 等（2019）和 Sheng 等（2019）的研究，选择了农户是否采用农机服务采用的虚拟变量；按照 Qiu 等（2021）的做法，使用了农机服务采用率。在第 9.3.3 节中，我们也研究了大农场发展与农户生产要素投入之间的关系，家庭农业劳动力占比和机械资产被用来表征农业要素投入（Foster and Rosenzweig，2017；Sheng et al.，2019）。

9.2.3　估计策略

为估计大农场发展对农机服务供给主体转变的影响，识别如下模型：

$$Y_i = \beta_0 + \beta_1 N_i + \boldsymbol{X}_i \beta + \varepsilon_i \tag{9.1}$$

其中，Y_i 表示农户使用农机服务的供给主体，采用整地、播种和收割服务供应主体共同刻画。N_i 为大农场的虚拟变量，如果村庄有大农场经营者，赋值为 1，否则为 0。β_0 是常数项，β_1 和 β 为待估计系数。ε_i 是残差项，并假定其符合正态分布。

既然大农场能够提供更便宜的农机服务，那么其必然诱发更多的小农户使用农机服务。为检验大农场发展对农户采用农机服务的影响，识别如下方程：

$$S_i = \alpha_0 + \alpha_1 N_i + \boldsymbol{X}_i \alpha + \varepsilon_i \tag{9.2}$$

其中，S_i 是农机服务采用情况，由是否采用农机服务的虚拟变量和农机服务采用率共同刻画（Qiu et al.，2021）。α_0 为常数项，α_1 和 α 为待估计系数。其他变量与参数的定义与式（9.1）中的一致。

从理论上来说，如果大农场能为农户提供更为廉价的农机服务，那么农户在使用农机服务的同时会减少农业劳动力的投入和对机械资产的投资。为验证该推断，识别如下方程：

$$I_i = \gamma_0 + \gamma_1 N_i + \boldsymbol{X}_i \gamma + \varepsilon_i \tag{9.3}$$

其中，I_i 是投入选择，用家庭农业劳动占比或机械资产共同刻画。γ_0 是常数项，γ_1 和 γ 为待估计系数。其他变量与参数的定义与式（9.1）中的一致。

式（9.1）到式（9.3）的估计可能面临内生性问题。具体来说，村庄特征可能同时影响大农场的发展和农户行为，即遗漏变量问题可能干扰本章估计。为此，本章使用工具变量法来处理内生性问题（Angrist and Pischke，2009；Freedman et al.，2010；Ma et al.，2013），且村庄与最近县城的距离和村庄地形被用来作为大农场发展的工具变量。首先，这两个变量对农户行为而言都是外生的，且没有其他因素可以对工具变量造成影响。其次，村庄与最近县城的距离是村庄经济和基础设施的重要表征，一定程度上也决定了农业生产成本，从而影响到大农场的发展；地形越复杂的地区，其农业生产成本越高。一般来说，平原地区比丘陵或山区更适合大农场的发展。最后，在稳健性检验中，我们也对工具变量的排他性进行了检验。当式（9.1）到式（9.3）中的因变量为连续变量时，采用两阶段最小二乘法（2SLS）估计，当因变量为二元变量时采用 IV - probit 模型估计。

9.3　实证结果与分析

9.3.1　大农场发展对农机服务供给主体转变的影响

表 9 - 2 展示了式（9.1）的模型估计结果，即大农场发展对小农户使用农机服务供给主体类型的影响。首先，Durbin—Wu—Hausman（DWH）检验表明，表 9 - 2 中的估计面临内生性问题。其次，弱工具变量检验表明，式（9.1）的估计不存在弱工具变量问题。

表 9 - 2 中第（1）列结果显示，大农场的系数在 1% 水平上显著为正，第（2）和（3）列中大农场的系数在 5% 水平上显著为正。这表明，当村庄存在大农场经营主体时，本村农户使用跨区或本地专业化农机服务的可能性降低。相反，他们更可能采用大农场提供的农机服务。正如前文所讨论的，农户选择谁提供的农机服务取决于农机服务的相对价格及其稳定性。与跨区服务组织相比，本地专业化服务组织提供的农机服务更为稳定，但价格更高。不同的是，大农场提供的农机服务既稳定又便宜。此外，由于大农场自置农机首先是为了完成自身的农事作业，然后才会向周边农户提供兼业化服务以增加额外收益，这有利于缩短自置机械的资本回收期。

自 2004 年开始，中国政府对农业机械的购买进行了补贴，补贴总额从 2004 年的 7 000 万元增加到 2019 年的 155 亿元人民币[①]，农业机械补贴的实施已经成为地方政府的绩效考核标准[②]。因此，投资农机设备对大农场的经济效益来说是相当显著的。一些地区（如江苏省）对大农场进行了高额补贴以吸引他们到本地发展，这是因为大规模农地经营已经成为当地官员绩效考核的内容之一。近年来，国家又将发展家庭农场和其他新型农业经营主体作为农业农村发展的政策重点。在此情况下，大农场必然被鼓励进行纵向一体化生产，这也使他们能够提供兼业化的低价农机服务。

---

①　资料来源：http://bk.3456.tv/nongjibk/35475.
②　资料来源：http://www.amic.agri.gov.cn/subsidy/details/185/9840/190.

表 9 - 2　大农场发展对农机服务供给主体转变的影响

变量	大农场整地服务 (1)	大农场播种服务 (2)	大农场收割服务 (3)
大农场	0.898*** (0.263)	0.687** (0.310)	0.694** (0.285)
家庭规模	−0.005 (0.023)	−0.009 (0.025)	−0.001 (0.023)
家庭抚养率	−0.118 (0.179)	−0.068 (0.194)	−0.114 (0.179)
老年人比例	−0.069 (0.124)	−0.199 (0.135)	−0.161 (0.119)
家庭成员有党员	0.071 (0.109)	0.121 (0.117)	−0.002 (0.108)
家庭成员有村干部	−0.201 (0.141)	−0.335** (0.151)	−0.116 (0.141)
农业技能培训	0.546** (0.257)	0.773*** (0.297)	0.291 (0.221)
机井	−0.049 (0.152)	0.106 (0.178)	0.034 (0.154)
承包地面积	0.016 (0.011)	0.011 (0.012)	0.019 (0.013)
地块数量	0.008 (0.020)	0.019 (0.024)	−0.007 (0.019)
农地小调整次数	−0.065 (0.106)	−0.043 (0.117)	0.050 (0.118)
农地大调整次数	−0.079 (0.095)	−0.106 (0.098)	−0.139 (0.091)
农地确权	0.347*** (0.099)	0.334*** (0.104)	0.276*** (0.101)
村庄交通状况 (以"优越"为参照组)			
非常差	0.381 (0.317)	0.975** (0.406)	0.247 (0.292)
差	−0.030 (0.222)	−0.077 (0.244)	−0.006 (0.201)
中等	−0.096 (0.192)	−0.023 (0.207)	−0.024 (0.176)
良好	−0.106 (0.191)	−0.084 (0.205)	0.034 (0.175)
县虚拟变量	控制	控制	控制
常数项	−0.246 (0.285)	−0.167 (0.307)	−0.116 (0.274)
观测值	1 497	1 333	1 591
伪似然对数值	−1 793.68	−1 603.97	−1 935.19
χ^2	100.73***	89.56***	68.35***
DWH 检验	6.575***	2.662*	2.553*
弱工具变量检验	35.698	31.162	37.963

注：*、**、***分别代表10%、5%、1%水平上显著；括号内为稳健标准误。

　　其他控制变量的影响方面，家庭成员中是否有村干部与大农场播种服务呈正相关。可能的解释是，村干部拥有更多关于农机服务市场的信息，故能够获得更为廉价和稳定的农机服务。农业技能培训与大农场整地或播种服务之间也存在正相关关系，这是因为农业培训增加了农户对农机服务作用的认知。此外，农地确权与农场整地、播种和收割服务正相关。其原因在于，农地确权可以提高农地产权安全性，这有助于激励农户对农地的经营性投资（Besley，1995；Jacoby et al.，2002；Ma et al.，2013）。此外，其他控制变量并未对农机服务供给者类型产生显著性影响。

9.3.2　进一步分析 1：大农场发展对农户采用农机服务的影响

表 9 - 3 展示了式（9.2）的模型估计结果，即大农场发展对农户采用农机服务的影响。首先，DWH 检验表明，表 9 - 3 的估计面临内生性问题。其次，弱工具变量检验表明，式（9.2）的估计不存在弱工具变量问题。

表 9 - 3 中第（1）列和第（2）列结果显示，大农场的系数分别在 10% 和 5% 水平上显著为正。这表明，与村庄中不存在大农场的农户相比，处于存在大农场村庄中的农户更可能使用农机服务，且农机服务采用率也更高。在早期的农机服务市场中，跨区农机服务组织主导了市场供给，服务价格也相对较高。随着本地专业化服务组织和大农场的发展，农机服务市场的竞争加剧，致使小农户有更多的选择空间。如上所述，小农户倾向于使用价格更低的农机服务。显然，大农场可以向周边的农户提供廉价的兼业化农机服务。这是因为他们经营的农地面积较大，且农机购置补贴等相关政策也减轻了他们投资机械的资本约束。这也解释了为什么大农场正在成为农村的主要农机服务供给主体。

表 9 - 3　大农场发展对农户采用农机服务的影响

变量	农机服务采用	农机服务采用率
	(1)	(2)
	IV - probit	2SLS
大农场	0.856* (0.460)	0.109** (0.051)
家庭规模	−0.036 (0.048)	−0.003 (0.003)
家庭抚养率	0.868* (0.526)	0.084*** (0.027)
老年人比例	−0.258 (0.221)	−0.010 (0.020)
家庭成员有党员	0.478** (0.229)	0.049*** (0.014)
家庭成员有村干部	−0.118 (0.255)	−0.039* (0.021)
农业技能培训	—	0.012 (0.027)
机井	0.120 (0.312)	0.003 (0.017)
承包地面积	0.089*** (0.031)	0.006*** (0.002)

（续）

变量	农机服务采用	农机服务采用率
	(1)	(2)
	IV - probit	2SLS
地块数量	−0.079** (0.031)	−0.011** (0.004)
农地小调整次数	−0.041 (0.163)	−0.040 (0.025)
农地大调整次数	0.299 (0.232)	0.020** (0.009)
农地确权	−0.290 (0.268)	−0.019 (0.015)
村庄交通状况 （以"优越"作为参照组）		
非常差	−3.623*** (0.561)	0.004 (0.044)
差	−4.167*** (0.296)	−0.042 (0.028)
中等	−4.017*** (0.401)	−0.011 (0.022)
良好	−3.992*** (0.351)	−0.015 (0.022)
县虚拟变量	控制	控制
常数项	5.415*** (0.867)	0.877*** (0.042)
观测值	1 613	1 654
伪似然对数值	−1 252.92	
χ^2	5 743.08***	64.26***
DWH 检验	11.242***	2.614*
弱工具变量检验	8.399	40.796

注：*、**、***分别代表10％、5％、1％水平上显著；括号内为稳健标准误。

9.3.3 进一步分析2：大农场发展对农户生产投入的影响

从逻辑上来讲，如果大农场能够提供廉价的农机服务，那么小农户就会以农机服务替代农业劳动力和自置机械。表9-4展示了式（9.3）的模型估计结果。首先，DWH 检验表明，表9-4的估计面临内生性问题。其次，弱工具变量检验显示，式（9.3）的估计不存在弱工具变量问题。

表9-4中第（1）列结果显示，大农场的系数在1％水平上显著为负。这意味着，当村庄存在大农场，农户会在农业中投入更少的劳动力。鉴于当前从事农业生产的机会成本较高（Yan et al.，2016），廉价的农机服务将为小农户释放更多的劳动力到非农部门提供条件。同样，自置机械也是劳动替代的重要方式之一。从逻辑上来说，如果从事农业生产的机会成本过高，那么小农户就

有可能自置机械。但由于自置机械的沉没成本较高，当农机服务价格相对较低时，小农户则更可能以农机服务来替代自置农机（表9-4第（2）列）。这进一步解释了为什么小农户更倾向于采用大农场提供的农机服务。

表9-4 大农场发展对农户生产投入的影响

变量	家庭农业劳动力占比 (1)	家庭机械资产 (2)
大农场	−1.077*** (0.289)	−11.091** (4.493)
家庭规模	0.009 (0.009)	0.190 (0.175)
家庭抚养率	0.090 (0.078)	3.387* (1.828)
老年人比例	−0.021 (0.051)	−0.502 (1.079)
家庭成员有党员	−0.066 (0.045)	−0.851 (0.810)
家庭成员有村干部	0.048 (0.060)	0.240 (0.887)
农业技能培训	−0.065 (0.084)	1.671 (1.850)
机井	−0.050 (0.056)	−1.170 (0.734)
承包地面积	−0.005 (0.005)	−0.071 (0.091)
地块数量	−0.005 (0.007)	−0.093 (0.134)
农地小调整次数	−0.008 (0.033)	0.136 (0.589)
农地大调整次数	0.064* (0.038)	−0.045 (0.453)
农地确权	0.020 (0.043)	−0.489 (1.037)
村庄交通状况 （以"优越"作为参照组）		
非常差	−0.019 (0.107)	−0.811 (2.077)
差	0.037 (0.092)	0.729 (2.237)
中等	−0.011 (0.084)	−0.925 (1.790)
良好	−0.005 (0.083)	−1.256 (1.813)
县虚拟变量	控制	控制
常数项	0.987*** (0.161)	7.628*** (2.909)
观测值	2 000	2 000
χ^2	38.57***	25.17
DWH 检验	24.991***	9.493***
弱工具变量检验	8.399	8.399

注：*、**、***分别代表10%、5%、1%水平上显著；括号内为稳健标准误。

9.3.4　稳健性检验 1：替换主要自变量

在本章中，村庄是否存在大农场被作为主要自变量。由于经营规模较大，他们可以向周边农户提供低价的农机服务。村庄农地流转规模在某种程度上可以反映大农场的发展状况。为检验本章估计结果的稳健性，我们在估计中用村庄农地流转规模替代了大农场变量①，表 9-5 中的控制变量及估计策略与表 9-2 中的相同。首先，DWH 检验表明，表 9-5 的估计面临内生性问题。其次，弱工具变量检验显示，表 9-5 的估计不存在弱工具变量问题。

表 9-5 中第（1）列估计结果显示，村庄农地流转规模的系数在 1％水平上显著为正；第（2）列和第（3）列中的估计系数均在 5％水平上显著为正。这表明，在农地流转规模越大的村庄，农户越可能采用大农场提供的整地、播种和收割服务，这与表 9-2 的结论一致。事实上，随着农地流转市场的发展，农地也在逐渐向大农场集中。因此，培育家庭农场或其他新型农业经营主体的政策可能加快小农户退出农业生产的速度，这与官方所说的巩固农户家庭经营的目标相悖。

表 9-5　稳健性检验 1：以村庄农地流转规模作为主要自变量

变量	大农场整地服务	大农场播种服务	大农场收割服务
	（1）	（2）	（3）
村庄农地流转规模	0.335*** (0.068)	0.231** (0.095)	0.224** (0.097)
家庭规模	−0.015 (0.020)	−0.021 (0.024)	−0.010 (0.022)
家庭抚养率	−0.079 (0.143)	−0.015 (0.155)	−0.048 (0.150)
老年人比例	0.001 (0.114)	−0.131 (0.136)	−0.110 (0.120)
家庭成员有党员	−0.028 (0.100)	0.026 (0.114)	−0.058 (0.102)
家庭成员有村干部	−0.105 (0.117)	−0.240* (0.136)	−0.069 (0.127)
农业技能培训	0.527** (0.268)	0.734** (0.318)	0.320 (0.232)
机井	−0.094 (0.149)	0.051 (0.174)	0.000 (0.155)
承包地面积	−0.021* (0.013)	−0.013 (0.015)	−0.005 (0.014)
地块数量	−0.016 (0.019)	−0.000 (0.025)	−0.021 (0.021)
农地小调整次数	−0.077 (0.094)	−0.065 (0.110)	0.019 (0.112)
农地大调整次数	−0.042 (0.095)	−0.082 (0.103)	−0.106 (0.095)

---

①　村庄平均农地流转规模为 304.06 亩，并以自然对数的形式引入模型。

（续）

变量	大农场整地服务 (1)	大农场播种服务 (2)	大农场收割服务 (3)
农地确权	−0.218 (0.177)	−0.054 (0.209)	−0.075 (0.182)
村庄交通状况（以"优越"为参照组）			
非常差	0.214 (0.274)	0.832** (0.393)	0.171 (0.285)
差	0.164 (0.192)	0.140 (0.221)	0.129 (0.193)
中等	−0.138 (0.171)	−0.044 (0.197)	−0.055 (0.175)
良好	−0.182 (0.170)	−0.148 (0.196)	−0.035 (0.178)
县虚拟变量	控制	控制	控制
常数项	−0.356 (0.262)	−0.167 (0.295)	−0.187 (0.302)
观测值	1 497	1 333	1 591
Log pseudolikelihood	−4 042.40	−3 653.46	−4 331.44
Wald chi^2	188.76***	113.37***	85.31***
DWH 检验	6.599***	2.513*	2.597*
弱工具变量检验	8.625	8.147	11.410

注：*、**、***分别代表 10%、5%、1%水平上显著；括号内为稳健标准误。

9.3.5　稳健性检验 2：替换因变量

在主模型分析中，我们采用了农户使用的整地、播种和收割服务是由谁提供的虚拟变量作为因变量。然而，小农户可能因为不同的生产需要而选择与不同类型的服务供给主体合作。为检验本章估计的稳健性，我们使用其他服务供给主体作为新的因变量。如果小农户采用了跨区或本地专业化农机服务组织提供的整地、播种或收割服务，赋值为 1，否则为 0。表 9-6 展示了模型估计结果。首先，DWH 检验表明，表 9-6 中的估计存在内生性问题。其次，弱工具变量检验表明，表 9-6 的估计不存在弱工具变量问题。

表 9-6 中第（1）列和第（3）列估计结果显示，大农场的系数在 5%水平上显著为负，而第（2）列中的估计系数不显著。其原因在于，在小麦生产中，播种比整地和收割的劳动强度低得多。这表明，当村庄存在大农场时，农户不太可能采用跨区或本地专业化服务组织提供的农机服务，这与表 9-2 中的结论一致。本章数据的统计分析还显示，分别有 20.24%、25.45% 和

75.02%的农户使用了跨区服务组织、本地专业化服务组织和大农场提供的整地服务。这一数据在播种服务上分别为20.63%、25.58%和74.12%；在收割服务上分别为20.61%、24.39%和73.79%，这进一步论证了本章估计的稳健性。

表9-6 稳健性检验2：使用其他服务供给主体作为因变量

变量	整地服务其他估计主体	播种服务其他估计主体	收割服务其他估计主体
	(1)	(2)	(3)
大农场	−0.707** (0.342)	−0.596 (0.438)	−0.699** (0.357)
家庭规模	−0.009 (0.022)	−0.017 (0.024)	−0.007 (0.022)
家庭抚养率	0.128 (0.178)	0.128 (0.190)	0.124 (0.175)
老年人比例	−0.048 (0.120)	0.013 (0.130)	0.029 (0.114)
家庭成员有党员	−0.101 (0.107)	−0.189* (0.115)	−0.025 (0.104)
家庭成员有村干部	0.228* (0.137)	0.392*** (0.150)	0.151 (0.135)
农业技能培训	−0.251 (0.227)	−0.431* (0.244)	−0.147 (0.207)
机井	0.027 (0.148)	−0.060 (0.160)	−0.005 (0.142)
承包地面积	0.011 (0.012)	0.011 (0.012)	−0.004 (0.011)
地块数量	−0.066*** (0.020)	−0.081*** (0.024)	−0.045** (0.019)
农地小调整次数	0.039 (0.106)	0.005 (0.117)	−0.028 (0.116)
农地大调整次数	−0.057 (0.100)	−0.015 (0.101)	0.017 (0.092)
农地确权	−0.426*** (0.102)	−0.414*** (0.106)	−0.355*** (0.100)
村庄交通状况（以"优越"作为参照组）			
非常差	−0.518* (0.295)	−1.146*** (0.380)	−0.341 (0.268)
差	0.115 (0.202)	−0.027 (0.232)	0.075 (0.186)
中等	0.172 (0.169)	0.022 (0.180)	0.078 (0.156)
良好	0.109 (0.168)	−0.011 (0.177)	−0.074 (0.155)
县虚拟变量	控制	控制	控制
常数项	0.764*** (0.275)	0.936*** (0.305)	0.745*** (0.266)
观测值	1 497	1 333	1 591
伪似然对数值	−1 906.93	−1 690.53	−2 040.08
χ^2	172.25***	163.08***	144.99***
DWH 检验	2.627*	0.935	2.231*
弱工具变量检验	35.698	31.162	37.963

注：*、**、***分别代表10%、5%、1%水平上显著；括号内为稳健标准误。

9.3.6 工具变量的排他性检验

尽管本章所用的工具变量——村庄到最近县的距离和村庄地形均是外生的，但我们并不能保证它们只通过内生变量影响因变量。一般来说，越靠近县城的村庄经济越发达，且在平原地区发展农机服务比在丘陵或山区相对容易且成本更低。由于价格在根本上决定了小农户对农机服务供应商的选择，表9-7给出了工具变量排他性检验的结果，即农机服务价格是否是工具变量影响农户选择农机服务供给主体的中间路径。

如表9-7中第（1）列的结果所示，工具变量对大农场整地服务的选择有显著的积极影响；第（2）列的结果表明，当控制农机服务价格时，工具变量的影响与第（1）列相似，即农机服务价格并没有阻断工具变量对因变量的影响路径。第（3）至（6）列的估计结果具有类似含义。这表明，农机服务价格并非工具变量影响因变量的主要路径。

表9-7 工具变量排他性检验

变量	大农场整地服务		大农场播种服务		大农场收割服务	
	(1)	(2)	(3)	(4)	(5)	(6)
村庄到最近县的距离	-0.045***	-0.041**	-0.033*	-0.030*	-0.029*	-0.024
	(0.017)	(0.018)	(0.018)	(0.019)	(0.016)	(0.016)
村庄地形	-0.325***	-0.318***	-0.228*	-0.237*	-0.303***	-0.287***
	(0.113)	(0.116)	(0.123)	(0.125)	(0.106)	(0.108)
农机服务价格		0.002*		0.000		-0.001
		(0.001)		(0.003)		(0.001)
控制变量	控制	控制	控制	控制	控制	控制
常数项	0.624**	0.448	0.460	0.463	0.579**	0.633**
	(0.283)	(0.299)	(0.297)	(0.320)	(0.262)	(0.277)
观测值	1 497	1 462	1 333	1 319	1 591	1 556
伪似然对数值	-800.79	-777.63	-720.55	-713.57	-882.45	861.12
χ^2	77.40***	74.29***	77.99***	77.34***	63.83***	63.34***

注：*、**、***分别代表10%、5%、1%水平上显著；括号内为稳健标准误。

9.3.7 农业经营模式的决定因素：大农场抑或小农户

表9-3和表9-4中的结果显示，当村庄存在大农场时，小农户倾向于采用农机服务，并减少了对农业的劳动力投入和机械投资。由此表明，大农场可

能会转入更多的农地来扩大经营规模以提高机械使用效率，进一步缩短自置机械的资本回收期，但这会导致更多小农户退出农业生产。随着小农户的退出，中国农业经营模式可能会被大农场主导。与小农户不同的是，大农场拥有自置机械且偏好于纵向一体化生产。为预测未来中国农业的基本经营模式，表9-8展示了大农场对小农户退出农业生产的影响结果，家庭非农劳动力、非农收入和农业种植面积被用来衡量小农户退出农业生产①。首先，DWH检验表明，表9-8的估计面临内生性问题。其次，弱工具变量检验显示，估计中不存在弱工具变量问题。

表9-8中第（1）列估计结果显示，大农场的系数在1%水平上显著为正。这表明，所在村庄具有大农场的农户更有可能进行非农转移；第（2）列估计结果显示，大农场发展增加了农户非农收入；第（3）列的估计结果表明，大农场的系数在5%水平上显著为负。这意味着，当村庄存在大农场时，农户可能通过转出农地或抛荒的方式减少农业种植面积。一般来说，大农场发展可能会诱发小农户转出农地，这是因为大农场往往支付的租金相对较高（Qiu et al.，2020）。此外，比较表9-2和表9-8的结果可以发现，大农场发展的农地转入效应大于其服务供给效应，从而说明大农场可能是未来中国农业经营的主力军。考虑到纵向一体化是大农场经营的首选，未来的农业经营模式可能会从传统的自给自足演变为纵向一体化模式。

表9-8 大农场发展对小农退出农业生产的影响

变量	家庭非农劳动力	家庭非农收入	农业种植面积
	（1）	（2）	（3）
大农场	1.077*** （0.249）	1.306*** （0.424）	−7.429** （3.457）
家庭规模	−0.009 （0.009）	0.020* （0.011）	−0.015 （0.131）
家庭抚养率	−0.090 （0.078）	−0.045 （0.095）	1.275 （1.506）
老年人比例	0.021 （0.051）	−0.041 （0.056）	−1.528*** （0.531）
家庭成员有党员	0.066 （0.045）	0.089* （0.052）	−0.051 （0.749）
家庭成员有村干部	−0.048 （0.060）	−0.048 （0.069）	0.011 （0.684）
农业技能培训	0.065 （0.084）	−0.011 （0.102）	4.057 （4.432）
机井	0.050 （0.056）	0.036 （0.063）	−0.440 （0.500）

---

① 一方面，农民退出农业生产意味着他们将转移到城市打工，这将增加他们的非农收入。另一方面，农民退出农业生产也将减少农业种植面积。

（续）

变量	家庭非农劳动力	家庭非农收入	农业种植面积
	(1)	(2)	(3)
承包地面积	0.005 (0.005)	−0.001 (0.008)	0.435*** (0.164)
地块数量	0.005 (0.007)	0.022*** (0.008)	0.179 (0.158)
农地小调整次数	0.008 (0.033)	−0.001 (0.038)	−0.416* (0.238)
农地大调整次数	−0.064* (0.038)	−0.092** (0.045)	0.569 (0.358)
农地确权	−0.020 (0.043)	0.010 (0.044)	0.537 (0.329)
村庄交通状况 （以"优越"作为参照组）			
非常差	0.019 (0.107)	0.035 (0.125)	1.797 (2.570)
差	−0.037 (0.092)	−0.162 (0.103)	1.262 (1.279)
中等	0.011 (0.084)	−0.018 (0.089)	0.167 (1.025)
良好	0.005 (0.083)	−0.013 (0.087)	0.009 (1.099)
县虚拟变量	控制	控制	控制
常数项	0.013 (0.161)	−0.029 (0.239)	5.147*** (1.921)
观测值	2 000	2 000	2 000
χ^2	38.57***	59.50***	144.48***
DWH 检验	24.991***	50.755***	5.851**
弱工具变量检验	8.399	8.399	8.399

注：* 、** 、***分别代表10%、5%、1%水平上显著；括号内为稳健标准误。

9.4　本章小结

发展农机服务等农业社会化服务被认为是推动小农户与现代农业有机结合的重要举措。然而，传统的农机服务供给主体，如跨区服务组织是否仍能主导农机服务市场尚不清楚。随着本地专业化服务组织和大农场的发展，农机服务市场的竞争变得日益激烈，未来中国农机服务市场将如何发展并不明朗。

本章利用河南省农户调查数据，考察了大农场发展与农机服务供给主体转变的关系。估计结果表明，当村庄存在大农场时，小农户将更少地使用跨区或本地专业化服务组织提供的农机服务，而更倾向于使用大农场提供的农机服务。进一步分析表明，大农场的发展提高了小农户的农机服务采用率，并减少了他们的农业劳动力投入和农机投资。同时，大农场发展也诱发了小农户退出农业生产。

河南省农户调查数据显示，目前已有超过 70% 的小农户采用了大农场提供的农机服务。显然，大农场并不是专业化或全职的服务供给主体，他们的主要目标是进行大规模的农地经营。正因为他们在自主经营农地，他们才能够提供更为低廉的农机服务，而且他们往往只为周边小农户提供服务，这也保证了服务供给的稳定性。此外，政府开展的农机购置补贴进一步降低了他们自置农机的成本。在此过程中，小农户将从农机服务市场的竞争中获益。然而，大农场也存在转入更多农地进行纵向一体化生产的内在动力。这意味着，随着专业化服务退出市场竞争，大农场将一方面主导农机服务市场，另一方面则会诱发小农户退出农业生产，进而引发农业经营的纵向一体化发展。

参考文献

Angrist, J. D., Pischke, J. S., 2009. Mostly Harmless Econometrics [M]. Princeton University Press, Princeton.

Besley, T., 1995. Property Rights and Investment Incentives: Theory and Evidence from Ghana [J]. Journal of Political Economy, 103 (5): 903 - 937.

Diao, X., Cossar, F., Houssou, N., Kolavalli, S., 2014. Mechanization in Ghana: Emerging Demand, and the Search for Alternative Supply Models [J]. Food Policy, 48: 168 - 181.

Feng, S., Heerink, N., Ruben, R., Qu, F., 2010. Land Rental Market, Off - farm Employment and Agricultural Production in Southeast China: A Plot - level Case Study [J]. China Economic Review, 21: 598 - 606.

Foster, A. D., Rosenzweig, M. R., 2017. Are There Too Many Farms in the World? Labor - Market Transaction Costs, Machine Capacities and Optimal Farm Sizes [R]. NBER Working Paper, No. 23909.

Freedman, D. A., Collier, D., Sekhon, J. S., Stark, P. B., 2010. Statistical Models and Causal Inference [J]. Soc. Sci. Elect. Pub. 36 (4): 537 - 538.

Hong, W. J., Luo, B. L., Hu, X. Y., 2020. Land Titling, Land Reallocation Experience, and Investment Incentives: Evidence from Rural China [J]. Land Use Policy, 90: 104271. https://doi.org/10.1016/j.landusepol.2019.104271.

Houssou, N., Diao, X., Cossar, F., Kolavalli, S., Jimah, K., Aboagye, P. O., 2013. Agricultural Mechanization in Ghana: Is Specified Agricultural Mechanization Service

Provision a Viable Business Model [J]. American Journal of Agricultural Economics, 95 (5): 1237 - 1244.

Jacoby, H. G., Rozelle, S., 2002. Hazards of Expropriation: Tenure Insecurity and Investment in Rural China [J]. American Economic Review, 92 (5): 1420 - 1447.

Luo, B., 2018. 40 - year Reform of Farmland Institution in China: Target, Effort and the Future [J]. China Agricultural Economic Review, 10 (1): 16 - 35.

Ma, X., 2013. Does Tenure Security Matter? Rural Household Responses to Land Tenure Reforms in Northwest China [D]. PhD Thesis, Wageningen University, Wageningen, NL.

Ma, X., Heerink, N., van Ierland, E., van den Berg, M., Shi, X., 2013. Land Tenure Security and Land Investments in Northwest China [J]. China Agricultural Economic Review, 5 (2): 281 - 307.

Ma, X., Zhou, Y., Shi, X., 2017. Tenure Security, Social Relations and Contract Choice: Endogenous Matching in the Chinese Land Rental Market [J]. Geophysical Research Abstracts, Vol. 19, EGU2017 - 11617.

Ma, X. L. Heerink,, N., Feng, S. Y., Shi, X. P., 2015. Farmland Tenure in China: Comparing Legal, Actual and Perceived Security [J]. Land Use Policy, 42: 293 - 306.

Qiu, T., Choy, B., S. Li, He, Q., Luo, B., 2020. Does Land Renting - in Reduce Grain Production? Evidence from Rural China [J]. Land Use Policy, 90: 104311.

Qiu, T., Choy, S. T. B., Li, Y., Luo, B., Li, J., 2021. Farmers' Exit from Land Operation in Rural China: Does the Price of Agricultural Mechanization Services Matter [J]. China & World Economy, accepted article.

Rao, F., Spoor, M., Ma, X., Shi, X., 2016. Land Tenure (In) Security and Crop - Tree Intercropping in Rural Xinjiang, China [J]. Land Use Policy, 50: 102 - 114.

Sheng, Y., Ding, J., Huang, J., 2019. The Relationship between Farm Sizes and Productivity in Agriculture: Evidence from Northern China [J]. American Journal of Agricultural Economics, 101 (3): 790 - 806.

Sims, B., Heney, J., 2017. Promoting Smallholder Adoption of Conservation Agriculture through Mechanization Services [J]. Agriculture, 7 (64): 1 - 22.

Sims, B., Kienzle, J., 2016. Making Mechanization Accessible to Smallholder Farmers in Sub - Saharan Africa [J]. Environments, 3 (11): 1 - 18.

Takeshima, H., Nin - Pratt, A., Diao, X., 2013. Mechanization and Agricultural Technology Evolution, Agricultural Intensification in Sub - Saharan Africa: Typology of Agricultural Mechanization in Nigeria [J]. American Journal of Agricultural Economics, 95 (5): 1230 - 1236.

Wang, H., Tong, J., Su, F., Wei, G., Tao, R., 2011. To Reallocate or not: Reconsidering the Dilemma in China's Agricultural Land Tenure Policy [J]. Land Use Policy, 28 (4): 805 - 814.

Yan, J., Yang, Z., Li, Z., Li, X., Xin, L., Sun, L., 2016. Drivers of cropland abandonment in mountainous areas: A household decision model on farming scale in Southwest China [J]. Land Use Policy, 57: 459 - 469.

Yang, J., Huang, Z., Zhang, X., Reardon, T., 2013. The Rapid Rise of Cross - Regional Agricultural Mechanization Services in China [J]. American Journal of Agricultural Economics, 95 (5): 1245 - 1251.

Yi, Q., Chen, M. Y., Sheng, Y., Huang, J. K., 2019. Mechanization Services, Farm Productivity and Institutional Innovation in China [J]. China Agricultural Economic Review, 11 (3): 536 - 554.

Zhang, T., 2020. The Logic of Grain Planting: A Framework of Farmland Property Right, Resource Allocation, and Division of Labor [J]. China Agricultural Economic Review, 12 (1): 173 - 175.

Zhang, X. B., Yang, J., Reardon, T., 2017. Mechanization Outsourcing Clusters and Division of Labor in Chinese Agriculture [J]. China Economic Review, 43: 184 - 195.

第十章 农机服务发展的交易转型

本章提要：本章利用河南省农户调查数据，实证检验了大农场农机服务发展对农地流转的影响。结果表明，大农场农机服务的发展激励了小农户转出农地。进一步分析显示，大农场农机服务的发展增加了小农户的农地租金收入和非农业收入，并减少了他们的农业种植面积。换言之，大农场的农机服务交易正在延伸至农地流转交易。虽然大农场正在成为农机服务市场主要参与主体的事实导致了小农户退出农业生产，但这或许是推进农地规模经营和现代农业的重要契机。

据《中国农业机械工业年鉴》数据显示，中国农业机械总动力已从 2006 年的 72.64 亿千兆瓦增加到 2016 年的 97.25 亿千兆瓦。在此期间，用于水稻、小麦和玉米的收割机数量增加了 200%。数据还显示，农机服务组织数量从 2008 年的 16.56 万个增加到 2016 年的 18.73 万个，农机服务从业人员数量也增加了近 2 倍（从 73 万人到 208 万人）。

然而，据《中国农村经营管理统计年报》数据显示，不再从事农业经营的农户数量从 2012 年的 1 375 万户增加到 2016 年的 1 853 万户。为什么在农机服务快速发展的同时，会有越来越多的农户会退出农业？Qiu 等（2021a）指出，虽然农机服务替代了农业劳动力，但农机服务价格的上涨也在诱使小农户退出农业生产。尤其是在中国农地流转市场快速发展的情况下（Feng et al.，2010；Ma et al.，2015），如果农地租金高于农业生产净利润，退出农业生产将成为城乡流动人口的必然选择。另据《全国农产品成本收益资料汇编》数据显示，水稻、小麦、玉米生产的净利润分别从 2006 年的 2 320 元/公顷、1 770 元/公顷、2 170 元/公顷下降至 2016 年的 2 130 元/公顷、−1 230 元/公顷、−4 500 元/公顷。

除此之外，农机服务市场正在发生的结构转型也发挥了重要作用。据河南省调查数据显示，2017 年，有 75.02%、74.12% 和 73.79% 的农户分别采用了大农场提供的整地、播种和收割服务，而非跨区或本地专业化组织提供的农机服务。Yang 等（2013）认为，以前的跨区服务组织利用全国性的服务市场，能够提供相对便宜的农机服务。但据《中国农村经营管理统计年报》数据显示，近年来，本地农机服务合作社的数量在急剧增加。与跨区和本地专业化农机服务组织相比，大农场不仅能提供兼职化的农机服务，还能自主经营农地。这有利于他们提供价格更低的农机服务，助力小农户家庭经营的持续。但是，大农场同样具有转入农地的内在激励，以提高农机使用效率及缩短自置农机资本回收期（Foster and Rosenzweig，2017）。

尤其在大农场日益主导农机服务市场的情况下，其是否会支持小农户持续经营农业尚不清楚。据我们所知，以往研究尚未探讨大农场农机服务发展会如何影响小农户的农地转出行为。本章除了检验大农场农机服务发展对农户农地流转的影响，还检验了其对农业种植面积、农地租金收入和农业收入的影响，以揭示大农场农机服务发展的作用机制。

10.1 分析框架

本节给出了一个分析框架，以探讨大农场农机服务发展与小农户退出农业生产的关系。首先，假设小农户是否离开农业生产由农业生产的净利润决定。本章只考虑粮食生产，这是因为河南省的大多数小农户都在种植小麦。而且，非农就业的农户种植经济作物的可能性也较小。这是由于种植经济作物属于劳动力密集型工作，且劳动生产的机会成本较高[①]（Qiu et al.，2020）。这意味着，如果粮食生产的利润为负或低于农地租金，那么农户会转出农地，进而退出农业生产。

众多研究认为，农机服务通过节省农业劳动力降低了农业生产成本（Obi and Chisango，2011；Takeshima et al.，2013；Houssou and Chapoto，2015；Sims and Kienzle，2016）。Luo（2018）认为，过去 20 年农业劳动力成本激增，导致农业生产成本急剧增加。在此情况下，发展农机服务被认为是推动小农户与现代农业有机结合的重要途径之一。然而，节省劳动力成本并不能保证粮食生产的正利润，因为农机服务价格的上涨也会降低农业经营收益（Qiu et

---

[①] 本章内容只考虑粮食生产的另一个原因是，农机服务在粮食生产中的应用比在非粮食生产中更普遍。这是因为大多数经济作物的生产环节无法使用机械作业，人工仍然为主要投入品。

al.，2021a)。据《全国农产品成本收益资料汇编》数据显示，2016 年小麦生产的净利润为负值。如果农地流转缺乏市场需求，那么负利润必然诱发农地抛荒（Yan et al.，2016)。

然而，河南省小农户抛荒农地的概率较低。这是因为，河南省的大多数村庄都位于平原地区，有利于农地流转市场的发展。随着大农场的发展，他们转入农地扩大经营规模的可能性也会提高。此外，大农场也有动力投资自有机械（Foster and Rosenzweig，2017；Yi et al.，2019)，这使得他们能够向周边小农户提供兼业化农机服务。对于大农场来说，转入更多的农地可以进一步压缩自置机械的资本回收期，也可以充分利用机械。显然，大农场实施的农地流转与熟人间流转是存在显著差异的。已有研究指出，熟人间流转往往伴随着零租金（Deininger and Jin，2005，2009；Wang et al.，2015；Ma et al.，2015)。然而，Qiu 等（2018）发现，近年来，熟人间农地流转的市场化程度急剧上升。日益提高的农地流转市场化程度使得大农场实施的农地流转伴随更高的租金水平，这很容易诱发小农户转出农地。而且，目前小麦生产的净利润几乎不可能超过农地租金。

Qiu 等（2018）的研究显示，熟人间以营利为目的的农地流转伴随的租金水平已经达到了 320.165 元/（亩·年）。据《全国农产品成本收益资料汇编》数据显示，从 2010 年到 2016 年，小麦生产的最高净利润为 2010 年的 132.17 元/亩，远远低于土地租金。显然，只要农地流转的市场化程度不断提高，那么大农场就可能支付更高的农地租金，这会诱发小农户转出农地并退出农业生产。需要指出的是，大农场农机服务的发展与小农户退出农业生产的关系，不仅取决于农机服务节省了多少劳动力，还取决于农机服务的价格和大农场支付的农地租金。一般来说，大农场扩大农地经营规模的动机为小农户提供了避免农业经营损失的机会，农机服务价格的上升则进一步迫使小农户退出农业生产。

10.2 数据、变量与估计策略

10.2.1 数据来源

本章数据与第九章中的一致，不予赘述。

10.2.2 变量选择与定义

本章因变量为农户退出农业生产。按照 Qiu 等（2021a）的做法，使用两个变量加以衡量：农户是否退出农业生产和农地退出率。如果农户有未耕种的农地，包括租出的和抛荒的，赋值为1，否则为0。农地退出率等于未耕种的承包地面积与家庭承包地总面积的比值。Lin（1992）指出，农地是农户的主要农业生产要素，即在很大程度上，转出或抛荒农地等于退出农业生产。

本章主要自变量是大农场农机服务的发展。参考 Yang 等（2013）和 Qiu 等（2021b）的研究，整地、播种和收割是农业生产的主要劳动密集型环节，而农机服务在这些环节中被广泛使用。为此，本章采用使用大农场提供的整地、播种和收割服务的农户数量占村庄农户总数的比例，作为大农场农机服务发展的代理变量。

此外，本章估计还控制了家庭、土地和村庄特征。家庭特征包括家庭规模、家庭抚养率、家庭老年人比例（Ma，2013）、家庭成员是否有党员或村干部（Qiu et al.，2021b）、家庭成员是否接受过农业技能培训、家庭是否有机井（Yi et al.，2019）。土地特征方面，控制了承包地面积（Feng et al.，2010）、地块数量（Sheng et al.，2019）、农地调整（大调整和小调整）次数（Jacoby et al.，2002；Hong et al.，2020）以及农地确权（Xu et al.，2019）。此外，估计中还控制了村庄交通状况、地形及其与最近县或镇的距离等村庄特征（Ma et al.，2015；Qiu et al.，2020）。具体变量定义与描述见表10-1。

表 10-1　变量定义和描述

变量	定义	均值	标准差
因变量			
农户是否退出农业生产	1＝存在未耕种的农地，0＝其他	0.192	0.394
农地退出率	未耕种的农地占总承包地的比重	0.123	0.294
自变量			
大农场整地服务	村庄使用大农场提供的整地服务的农户比例	0.741	0.151
大农场播种服务	村庄使用大农场提供的播种服务的农户比例	0.736	0.157
大农场收割服务	村庄使用大农场提供的收割服务的农户比例	0.730	0.144
家庭规模	家庭成员人数	4.423	1.793
家庭抚养率	家庭中16岁以下人口占比	0.182	0.186
老年人比例	家庭中60以上人口占比	0.234	0.329
家庭成员有党员	1＝家庭成员有党员，0＝其他	0.133	—
家庭成员有村干部	1＝家庭成员有村干部，0＝其他	0.066	—

（续）

变量	定义	均值	标准差
农业技能培训	1=家庭成员接受过农业技能培训，0=其他	0.031	—
机井	1=家庭有机井，0=其他	0.058	—
承包地面积	分配给农户的承包地规模（亩）	3.790	3.218
地块数量	承包地块数	3.790	3.218
农地小调整次数	二轮土地承包以来农地小调整次数	0.179	0.846
农地大调整次数	二轮土地承包以来农地大调整次数	0.242	0.912
农地确权	1=农户经历过农地确权，0=其他	0.882	—
村庄交通状况	1=非常差，2=差，3=中等，4=良好，5=优越	3.128	0.963
村庄地形	1=山地，2=丘陵，3=平原	2.883	0.343
村庄到最近镇的距离	村庄与最近镇的距离（公里）	4.313	4.381
村庄到最近县的距离	村庄与最近县的距离（公里）	21.817	12.919
镇虚拟变量	镇虚拟变量	—	—

10.2.3　估计策略

为分析大农场农机服务发展与小农户退出农业生产的关系，识别如下模型：

$$Y_i = \beta_0 + \beta_1 M_i + \boldsymbol{X}_i \beta + \varepsilon_i \qquad (10.1)$$

其中，Y_i 表示农户退出农业生产，用农户是否退出农业生产和农地退出率来衡量。M_i 表示大农场农机服务的发展情况，用村庄使用大农场提供的整地、播种和收割服务的农户比例来刻画。$\boldsymbol{X}_i$ 是控制变量组成的向量，包括家庭、土地和村庄特征。β_0 是常数项，β_1 和 β 是待估计参数。ε_i 是残差项，符合正态分布。

然而，式（10.1）的估计可能面临内生性问题。我们认为，大农场农业服务的发展与单个农户退出农业生产之间不存在反向因果关系。这是因为，大农场农机服务的发展是一个村级指标，而农户退出农业生产是一个家庭层面的指标，后者几乎不可能影响前者。其次，遗漏变量，如特殊的社会经济因素，可能会导致自选择偏差。为此，参考 Angrist 和 Pischke（2009）和 Freedman（2010）的研究，采用工具变量法估计式（10.1）。

具体而言，村庄是否有大农场被用作大农场农机服务发展的工具变量。首先，当村庄存在大农场时，他们提供的农机服务可能会得到较好的发展。尽管农户可以采用其他村庄大农场的农业服务，但同一村庄的大农场提供的农业服务则更为方便。其次，村庄大农场的存在会影响大农场农机服务的发展，从而影响农地流转和农户是否会退出农业生产。为此，在稳健性检验部分中，我们也控制了村庄农地流转变量，以验证工具变量的排他性。最后，当因变量为二元变量时，采用 IV-probit 回归模型估计式（10.1）；两阶段最二乘法（2SLS）被用来估计农地退出率变量。

10.3 实证结果与分析

10.3.1 大农场农机服务发展对小农户退出农业生产的影响

表 10-2 展示了大农场农机服务发展影响农户退出农业生产的模型估计结果。首先，Durbin—Wu—Hausman（DWH）检验表明，估计面临内生性问题。其次，弱工具变量检验表明，表 10-2 的估计不存在弱工具变量问题。

表 10-2 中第（1）列和第（2）列结果显示，大农场整地服务的系数在 1‰ 水平上显著为正。类似的，大农场播种服务（表 10-2 中第（3）和（4）列）和大农场收割服务（表 10-2 中第（5）和（6）列）的系数也在 1‰ 水平上显著为正。这表明，大农场农机服务的发展激励了小农户退出农业生产。尽管一些研究指出，农机服务可以替代农业劳动力，降低农业生产成本（Yang et al.，2013；Yi et al.，2019；Qiu et al.，2020），但使用农机服务的成本在过去 10 多年中也在增加，并正在导致小农户退出农业生产（Qiu et al.，2021a）。

此外，提供农机服务的大农场也倾向于转入农地。如前所述，大规模农地经营对缩短自置农机的资本回收期很重要。由于供给农机服务只是大农场的兼职工作，提高农地规模回报率的原始动机将刺激他们进一步扩大农地经营规模，这有可能诱使小农户退出农业生产。例如，据《中国农村经营管理统计年报》数据显示，中国家庭农场的数量从 2013 年的 340 559 个增加到 2016 年的 444 885 个，其转入的农地规模也从 1 959 万亩增加到了 4 014 万亩。而且，大农场支付的农地租金一般高于熟人间流转的租金（Ma et al.，2015；Qiu et al.，2018）。另据《全国农产品成本收益资料汇编》数据显示，近年来粮食生产的净利润有所下降。从理论上讲，如果农业生产的净利润低于农地租金，那么越来越多的农户将退出农业生产。

表 10-2 大农场农机服务发展对农户退出农业生产的影响

变量	农户是否退出农业生产	农地退出率	农户是否退出农业生产	农地退出率	农户是否退出农业生产	农地退出率
	(1)	(2)	(3)	(4)	(5)	(6)
	IV-probit	2SLS	IV-probit	2SLS	IV-probit	2SLS
大农场整地服务	3.801***	0.787***				
	(0.968)	(0.192)				
大农场播种服务			4.103***	0.875***		
			(1.000)	(0.217)		
大农场收割服务					3.701***	0.767***
					(0.966)	(0.188)
家庭规模	−0.039*	−0.012***	−0.039*	−0.012***	−0.041*	−0.012***
	(0.023)	(0.004)	(0.022)	(0.004)	(0.023)	(0.004)
家庭抚养率	0.173	0.020	0.180	0.023	0.176	0.021
	(0.201)	(0.037)	(0.197)	(0.037)	(0.203)	(0.036)
老年人比例	0.105	0.031	0.138	0.039	0.109	0.032
	(0.116)	(0.023)	(0.115)	(0.024)	(0.116)	(0.023)
家庭成员有党员	0.139	0.015	0.143	0.016	0.144	0.016
	(0.099)	(0.019)	(0.098)	(0.019)	(0.099)	(0.019)
家庭成员有村干部	−0.056	−0.011	−0.070	−0.014	−0.069	−0.013
	(0.136)	(0.026)	(0.134)	(0.026)	(0.134)	(0.026)
农业技能培训	−0.171	−0.009	−0.155	−0.006	−0.169	−0.007
	(0.210)	(0.041)	(0.210)	(0.042)	(0.214)	(0.042)
机井	−0.099	−0.034	−0.105	−0.036	−0.110	−0.036
	(0.165)	(0.031)	(0.164)	(0.032)	(0.159)	(0.030)
承包地面积	0.030***	0.007***	0.030***	0.007***	0.028***	0.006**
	(0.010)	(0.002)	(0.010)	(0.003)	(0.010)	(0.003)
地块数量	0.060***	0.000	0.059***	0.000	0.062***	0.000
	(0.021)	(0.004)	(0.021)	(0.004)	(0.022)	(0.004)
农地小调整次数	0.055	0.019	0.074	0.024	0.042	0.017
	(0.062)	(0.021)	(0.061)	(0.022)	(0.069)	(0.023)
农地大调整次数	−0.010	−0.003	−0.002	−0.001	−0.032	−0.007
	(0.092)	(0.024)	(0.091)	(0.024)	(0.092)	(0.024)
农地确权	0.154	0.020	0.144	0.019	0.139	0.017
	(0.137)	(0.027)	(0.136)	(0.027)	(0.138)	(0.027)

（续）

变量	农户是否退出农业生产	农地退出率	农户是否退出农业生产	农地退出率	农户是否退出农业生产	农地退出率
	(1)	(2)	(3)	(4)	(5)	(6)
	IV - probit	2SLS	IV - probit	2SLS	IV - probit	2SLS
村庄交通状况（以"优越"作为参照组）						
非常差	-0.650**	-0.097	-0.744**	-0.120*	-0.537*	-0.072
	(0.306)	(0.061)	(0.308)	(0.065)	(0.294)	(0.058)
差	-0.391**	-0.038	-0.418**	-0.046	-0.343*	-0.028
	(0.197)	(0.040)	(0.192)	(0.041)	(0.196)	(0.040)
中等	-0.245	-0.003	-0.252	-0.006	-0.243	-0.002
	(0.177)	(0.037)	(0.172)	(0.037)	(0.177)	(0.037)
好	-0.208	-0.007	-0.187	-0.004	-0.199	-0.005
	(0.174)	(0.037)	(0.168)	(0.037)	(0.174)	(0.037)
村庄地形（以"平原"作为参照组）						
山地	0.110	0.050	0.102	0.049	0.157	0.060
	(0.358)	(0.085)	(0.354)	(0.086)	(0.362)	(0.086)
丘陵	-0.257	-0.045	-0.184	-0.031	-0.275	-0.048
	(0.264)	(0.055)	(0.264)	(0.058)	(0.270)	(0.058)
村庄到最近镇的距离	0.004**	0.001***	0.004**	0.001***	0.004***	0.001***
	(0.002)	(0.000)	(0.002)	(0.000)	(0.002)	(0.000)
村庄到最近县的距离	-0.010	-0.000	-0.011	-0.001	-0.008	-0.000
	(0.007)	(0.001)	(0.007)	(0.001)	(0.007)	(0.001)
镇虚拟变量	控制	控制	控制	控制	控制	控制
常数项	-3.624***	-0.495***	-3.814***	-0.558***	-3.441***	-0.457***
	(0.757)	(0.151)	(0.765)	(0.167)	(0.731)	(0.143)
观测值	2 000	2 000	2 000	2 000	2 000	2 000
DWH 检验	12.631***	14.269***	13.462***	15.641***	13.987***	15.547***
弱工具变量检验	241.190	241.190	182.134	182.134	252.923	252.923
伪似然对数值	921.79		815.14		1 054.54	
χ^2	255.88***	656.71***	275.25***	502.98***	250.86***	771.07***
Root MSE		0.29		0.29		0.29

注：*、**、***分别代表10%、5%、1%水平上显著；括号内为稳健标准误。

其他控制变量方面，家庭规模与小农户退出农业生产呈现负相关关系。可能的原因是，家庭规模越大，能够从事农业生产的劳动力就越多，进而降低了小农户退出农业生产的可能性；承包地面积与小农户退出农业生产呈正相关关系。可能的解释是，承包地面积越大，需要的农业劳动力就越多，这可能会增加从事农业的机会成本，进而诱使小农户退出农业生产。此外，地块数量与小农户退出农业生产之间也存在正相关关系，这是因为农地细碎化会增加农业生产成本（Wang et al.，2007；Chen et al.，2009；Jia and Petrick，2014）。村庄交通状况与小农户退出农业生产也呈现正相关关系。显然，便利的交通促进了农村劳动力非农转移。村庄与最近镇的距离也与小农户退出农业生产有正向关系，这是因为离镇较远的农村地区往往较穷，也更需要进城打工。其他控制变量的影响不显著。

10.3.2 稳健性检验 1：来自农业种植面积的证据

农业种植面积也可以用来反映农户是否退出农业生产。为检验表 10 - 2 估计结果的稳健性，表 10 - 3 展示了大农场农机服务影响农业种植面积的模型估计结果。表 10 - 3 估计中使用的工具变量和控制变量与表 10 - 2 中的相同。首先，DWH 检验表明，估计面临内生性问题；其次，弱工具变量检验显示，表 10 - 3 的估计不存在弱工具变量问题。

表 10 - 3　稳健性检验 1：来自农业种植面积的证据

变量	农业种植面积		
	（1）	（2）	（3）
大农场整地服务	−13.713*** （4.742）		
大农场播种服务		−15.244*** （5.313）	
大农场收割服务			−13.356*** （4.623）
控制变量	控制	控制	控制
常数项	13.610*** （4.844）	14.709*** （5.226）	12.952*** （4.638）
观测值	2 000	2 000	2 000
DWH 检验	7.703***	8.751***	8.388***
弱工具变量检验	241.190	182.134	252.923
χ^2	692.62***	732.46***	698.96***
Root MSE	7.38	7.45	7.39

注：*、**、***分别代表10%、5%、1%水平上显著；括号内为稳健标准误。

估计结果显示，大农场整地服务、大农场播种服务和大农场收割服务的系数均在1%水平上为负。这表明，随着大农场农机服务的发展，小农户减少了他们的农业种植面积。如前所述，虽然大农场提供的农机服务有助于替代小农户在农业生产中的劳动力投入，但近年来农机服务的价格也在不断上涨。如果假设农地流转缺乏市场需求，农业生产成本的增加必将诱发农地抛荒（Kristensen et al.，2004；Van Doorn and Bakker，2007；Yan et al.，2016；Xu et al.，2019），从而减少农业种植面积。此外，如果假设农地流转的市场需求旺盛，那么农机服务的高价格就会诱发外出务工的农户转出农地。此外，大农场农机服务的发展表明他们对自有机械资产的投资更多，这往往会激励他们进一步扩大经营规模，以确保机器能最大效率地被利用。总体而言，上述证据与表10-2中的一致。

10.3.3　稳健性检验2：来自农地租金收入的证据

表10-2和表10-3的分析显示，大农场可能转入农地，并向农户支付相对较高的农地租金。如果这一推论成立，农户的农地租金收入将随着大农场农机服务的发展而增加。表10-4展示了大农场农机服务的发展对农户农地租金收入的影响。表10-4中的控制变量、估计策略和工具变量与表10-2中的相同。首先，DWH检验表明，估计面临内生性问题。其次，弱工具变量检验显示，表10-4的估计不存在弱工具变量问题。

表10-4　稳健性检验2：来自农地租金收入的证据

变量	农地租金		
	(1)	(2)	(3)
大农场整地服务	9.606*** (1.665)		
大农场播种服务		10.679*** (1.893)	
大农场收割服务			9.356*** (1.631)
控制变量	Yes	Yes	Yes
常数项	−5.953*** (1.290)	−6.723*** (1.447)	−5.491*** (1.224)
观测值	2 000	2 000	2 000
DWH检验	38.267***	38.713***	36.438***
弱工具变量检验	241.190	182.134	252.923
χ^2	275.39***	239.30***	293.97***
Root MSE	2.39	2.46	2.35

注：*、**、***分别代表10%、5%、1%水平上显著；括号内为稳健标准误。

估计结果显示，大农场整地服务、大农场播种服务和大农场收割服务的系数均在1%水平上显著为正。这表明，大农场农机服务的发展增加了农户的农地租金收入，由此证实了我们的推论。尽管一些研究提出，农机服务可以节省农业劳动力，从而减少农地转出（Yang et al.，2013；Qiu et al.，2020），但采用农机服务的成本也可能导致小农户退出农业生产（Qiu et al.，2021a）。此外，大农场实施的农地流转是以市场为导向的，这意味着其支付的农地租金相对较高。显然，如果农地租金高于农业生产的净利润，农户就有很大的可能转出农地。尤其随着近年来粮食生产净利润不断下降，外出务工的农户更可能转出农地。

10.3.4　稳健性检查3：来自农业收入的证据

从理论上讲，如果大农场农机服务的发展会增加农户退出农业生产的可能性，那么在非农转移的过程中农户的农业收入将减少。表10-5展示了大农场农机服务的发展对农户农业收入的影响，控制变量、估计策略和工具变量与表10-2中的一致。首先，DWH检验表明，估计面临内生性问题。其次，弱工具变量检验显示，估计不存在弱工具变量问题。

估计结果显示，大农场整地服务、大农场播种服务和大农场收割服务的系数均在10%水平上显著为负。这意味着，大农场农机服务的发展会减少农户的农业收入。虽然Zhang等（2015）认为，将农业生产的一些劳动力密集型环节外包有利于减少许多发展中国家小农户的贫困，但中国城市化和工业化的发展使小农户大规模非农转移，这已然降低了农业对小农户的重要性。此外，由于从事农业的生产成本和机会成本不断增加，农业生产一定程度上已经成为农民的负担。换句话说，当前中国农机服务的发展不但不能吸引小农户继续从事农业生产，甚至会诱使他们退出农业生产。

表 10-5　稳健性检验3：来自农业收入的证据

变量	农业收入		
	(1)	(2)	(3)
大农场整地服务	−0.354* (0.210)		
大农场播种服务		−0.394* (0.234)	
大农场收割服务			−0.345* (0.205)
控制变量	控制	控制	控制

(续)

变量	农业收入		
	(1)	(2)	(3)
常数项	0.621*** (0.166)	0.649*** (0.183)	0.604*** (0.157)
观测值	2 000	2 000	2 000
DWH 检验			
弱工具变量检验	241.190	182.134	252.923
χ^2	792.53***	783.00***	794.03***
Root MSE	0.29	0.29	0.29

注：*、**、***分别代表10％、5％、1％水平上显著；括号内为稳健标准误。

10.3.5 稳健性检验4：使用新的工具变量

本章使用了村庄是否有大农场作为大农场农机服务发展的工具变量。尽管工具变量与内生变量高度相关，但工具变量的外生性可能受到质疑。这是因为如区域经济等因素可能同时影响大农场是否存在和大农场农机服务的发展。为此，表10-6中使用了村庄地形作为大农场农机服务发展的工具变量。与山区村庄相比，平原地区村庄的大农场发展得更好，村庄地形也是农户行为的严格外生变量。

表10-6展示了使用新工具变量的模型估计结果。首先，DWH检验表明，估计面临内生性问题。其次，弱工具变量检验表明，估计不存在弱工具变量问题。第（1）列和第（2）列的结果显示，大农场整地服务的系数在1％和5％水平上显著为正，这与第（3）、（4）和（5）列中的结果一致。尽管第（6）列中大农场收割服务的影响不显著，但总的来说，表10-6的估计验证了表10-2估计结果的稳健性，即大农场农机服务的发展诱使小农户退出农业生产。

表10-6 稳健性检查4：使用新工具变量

变量	农户是否退出农业生产	农地退出率	农户是否退出农业生产	农地退出率	农户是否退出农业生产	农地退出率
	(1)	(2)	(3)	(4)	(5)	(6)
	IV - probit	2SLS	IV - probit	2SLS	IV - probit	2SLS
大农场整地服务	5.244*** (0.849)	1.255** (0.571)				

（续）

变量	农户是否退出农业生产	农地退出率	农户是否退出农业生产	农地退出率	农户是否退出农业生产	农地退出率
	(1)	(2)	(3)	(4)	(5)	(6)
	IV - probit	2SLS	IV - probit	2SLS	IV - probit	2SLS
大农场播种服务			4.994***	1.220**		
			(0.819)	(0.564)		
大农场收割服务					6.883***	3.849
					(0.306)	(2.812)
控制变量	控制	控制	控制	控制	控制	控制
常数项	-4.489***	-0.807*	-4.271***	-0.776*	-5.281***	-2.686
	(0.510)	(0.423)	(0.480)	(0.416)	(0.118)	(2.055)
观测值	2 000	2 000	2 000	2 000	2 000	2 000
DWH 检验	7.444***	4.691**	7.694***	4.993**	8.138***	5.241**
弱工具变量检验	22.943	22.943	20.805	20.805	2.437	2.437
伪似然对数值	-15.54		-101.62		69.54	
χ^2	38.17***	4.82**	37.18***	4.68**	506.99***	1.87
Root MSE		0.34		0.34		0.61

注：*、**、***分别代表10%、5%、1%水平上显著；括号内为稳健标准误。

10.3.6　稳健性检验5：阻断工具变量发挥作用的另一路径

尽管本章使用的工具变量不存在弱工具变量问题，但其是否能通过另一路径影响小农户退出农业生产并不清楚。换言之，工具变量排他性假设并不一定满足。正如在估计策略中所讨论的，大农场也可能通过农地流转诱导小农户退出农业生产。为此，村庄农地流转变量（即村庄流转农地总规模）被引入到式（10.1）的估计中。表10-7展示了模型估计结果。

表10-7中第（1）列到第（6）列的估计结果显示，村庄农地流转的系数并不显著。这意味着，村庄农地流转对小农户退出农业生产并没有直接影响。与表10-2的结论相比，表10-7中的大农场整地服务、大农场播种服务和大农场收割服务的系数没有明显变化。这表明，村庄农地流转并不是大农场农机服务发展诱导小农户退出农业生产的主要路径，即本章使用的工具变量满足排他性假设。

表 10-7　稳健性检查 5：阻断工具变量发挥作用的另一路径

变量	农户是否退出农业生产	农地退出率	农户是否退出农业生产	农地退出率	农户是否退出农业生产	农地退出率
	(1)	(2)	(3)	(4)	(5)	(6)
	IV - probit	2SLS	IV - probit	2SLS	IV - probit	2SLS
大农场整地服务	3.852***	0.814***				
	(1.140)	(0.224)				
大农场播种服务			4.082***	0.883***		
			(1.155)	(0.246)		
大农场收割服务					3.480***	0.726***
					(1.059)	(0.199)
村庄农地流转	−0.030	−0.003	−0.017	−0.001	0.013	0.006
	(0.034)	(0.006)	(0.031)	(0.006)	(0.026)	(0.005)
控制变量	yes	yes	yes	yes	yes	yes
常数项	−3.588***	−0.205***	−3.762***	−0.561***	−3.335***	−0.443***
	(0.808)	(0.162)	(0.815)	(0.179)	(0.764)	(0.146)
观测值	2 000	2 000	2 000	2 000	2 000	2 000
DWH 检验	11.588***	12.868***	11.942***	13.548***	12.351***	13.370
弱工具变量检验	167.401	167.401	131.529	131.529	234.974	234.974
伪似然对数值	990.67		850.41		1 068.19	
χ^2	254.31***	620.05***	271.68***	500.67***	243.61***	878.69***
Root MSE		0.29		0.29		0.29

注：*、**、***分别代表10%、5%、1%水平上显著；括号内为稳健标准误。

10.4　本章小结

随着农机服务价格的上涨和农机服务市场的结构转型，特别是大农场农机服务的发展，小农户转出农地而退出农业生产的可能性也在不断增加。换句话说，中国培育大农场的政策可能与巩固农户家庭经营的基本性作用的导向并不完全一致。

本章利用河南省农户调查数据，探讨了大农场农机服务发展与小农户退出农业生产的关系。估计结果表明，大农场农机服务的发展诱使了小农户退出农业生产。进一步分析表明，大农场农机服务的发展增加了农户的农地租金收入，并减少了他们的农业收入和农业种植面积。这表明，大农场在实施农机服务交易的过程中也在朝着农地交易转变。

长期以来，农机服务一直被认为是支持中国小农户发展的重要农业社会服务之一。然而，随着培育大农场政策的颁布，大农场自置农机也必然伴随着供给服务的增加。大农场农机服务比跨区服务组织供给的农机服务更加稳定。甚至在一些地区，跨区服务组织是被当地服务组织阻止进入村庄的。而且，大农场在经营农地的同时，也有动力提供更便宜的农机服务，以缩短自置机械的资本回收期。换句话说，中国支持大农场的政策也在影响农机服务市场。

虽然大农场可以提供更便宜且稳定的农机服务，但他们也倾向于转入农地来实现其机械的大规模作业，这很可能会诱使小农户退出农业生产。中国政府和许多研究人员都没有预判到农机服务市场结构转型所引起的深层次影响。显然，大农场主导农机服务市场是农村经济发展的必然趋势，也是促进农地规模经营和农业现代化发展的契机。大农场农机服务的发展或许只是一种过渡现象，未来的农业生产很可能将朝着纵向一体化模式转型。

参考文献

Angrist，J. D.，J. S. Pischke，2009. Mostly Harmless Econometrics ［M］. Princeton University Press，Princeton.

Chen，Z.，W. E. Huffman，S. Rozelle，2009. Farm Technology and Technical Efficiency: Evidence from Four Regions in China ［J］. China Economic Review，20 (2): 153 - 161.

Deininger，K.，S. Jin，2003. The Impact of Property Rights on Households' Investment，Risk Coping，and Policy Preferences: Evidence from China ［J］. Economic Development & Cultural Change，51: 851 - 882.

Deininger，K.，S. Jin，2009. Securing Property Rights in Transition: Lessons from Implementation of China's Rural Land Contracting Law ［J］. Journal of Economic Behavior & Organization，70 (1): 22 - 38.

Diao，X.，F. Cossar，N. Houssou，S. Kolavalli，2014. Mechanization in Ghana: Emerging Demand，and the Search for Alternative Supply Models ［J］. Food Policy，48: 168 - 181.

Feng，S.，N. Heerink，R. Ruben，F. Qu，2010. Land Rental Market，Off - Farm Employment and Agricultural Production in Southeast China: A Plot - Level Case Study ［J］. China Economic Review, 21: 598 - 606.

Foster, A. D. , and M. R. Rosenzweig, 2017. Are There Too Many Farms in the World? Labor - market Transaction Costs, Machine Capacities and Optimal Farm Sizes [R]. NBER Working Paper, No. 23909.

Freedman, D. A. , 2010. Statistical Models and Causal Inference [J]. Social Science Electronic Publishing, 36: 537 - 538.

Hong, W. , B. Luo, and X. Hu, 2020. Land Titling, Land Reallocation Experience, and Investment Incentives: Evidence from Rural China [J]. Land Use Policy, 90. https: // doi. org/10. 1016/j. landusepol. 2019. 104271.

Houssou, N. , and A. Chapoto, 2015. Adoption of Farm Mechanization, Cropland Expansion, and Intensification in Ghana [C]. International Conference of Agricultural Economists, Milan Italy, August, 8 - 14.

Houssou, N. , X. Diao, F. Cossar, S. Kolavalli, K. Jimah, and P. O. Aboagye, 2013. Agricultural Mechanization in Ghana: Is Specified Agricultural Mechanization Service Provision A Viable Business Model [J]. American Journal of Agricultural Economics, 95 (5): 1237 - 1244.

Jacoby, H. G. , and S. Rozelle, 2002. Hazards of Expropriation: Tenure Insecurity and Investment in Rural China [J]. American Economic Review, 92 (5): 1420 - 1447.

Jia, L. , M. Petrick, 2014. How Does Land Fragmentation Affect Off - farm Labor Supply: Panel Data Evidence from China [J]. Agricultural Economics, 45 (3): 369 - 380.

Kristensen, L. S. , C. Thenail, and S. P. Kristensen, 2004. Landscape Changes in Agrarian Landscapes in the 1990: The Interaction between Farmers and the Farmed Landscape. A Case Study from Jutland. Denmark [J]. Journal of Environment Management, 71: 231 - 244.

Luo, B. , 2018. 40 - year Reform of Farmland Institution in China: Target, Effort and the Future [J]. China Agricultural Economic Review, 10 (1): 16 - 35.

Ma, X. , N. Heerink, S. Feng, and X. Shi, 2015. Farmland Tenure in China: Comparing Legal, Actual and Perceived Security [J]. Land Use Policy, 42: 293 - 306.

Obi, A. , F. F. and Chisango, 2011. Performance of Smallholder Agriculture under Limited Mechanization and the Fast Track Land Reform Program in Zimbabwe [J]. International Food and Agribusiness Management Review, 14 (4): 85 - 104.

Qiu, T. , and B. Luo, 2021b. Do Small Farms Prefer Agricultural Mechanization Services? Evidence from Wheat Production in China [J]. Applied Economics online. DOI 10. 1080/00036846. 2020. 1870656.

Qiu, T. , B. Luo, Q. He, 2018. Are Land Rents Lower in Transactions between Acquaintances? New Evidences from Rural China [R]. SSRN Working Paper. SSRN: https: //ssrn. com/abstract=3269680.

Qiu, T., B. Luo, S. T. B. Choy, Y. Li, and J. Li, 2021a. Farmers' Exit from Land Operation in Rural China: Does the Price of Agricultural Mechanization Services Matter? [J]. China & World Economy Forthcoming.

Qiu, T., S. T. B. Choy, S. Li, Q. He, and B. Luo, 2020. Does Land Renting - in Reduce Grain Production? Evidence from Rural China [J]. Land Use Policy, 90: 104311.

Sheng, Y., J. Ding, J. Huang, 2019. The Relationship between Farm Sizes and Productivity in Agriculture: Evidence from Northern China [J]. American Journal of Agricultural Economics, 101 (3): 790 - 806.

Sims, B., J. Kienzle, 2016. Making Mechanization Accessible to Smallholder Farmers in Sub - Saharan Africa [J]. Environments, 3 (11): 1 - 18.

Takeshima, H., A. Nin - Pratt, and X. Diao, 2013. Mechanization and Agricultural Technology Evolution, Agricultural Intensification in Sub - Saharan Africa: Typology of Agricultural Mechanization in Nigeria [J]. American Journal of Agricultural Economics, 95 (5): 1230 - 1236.

Van Doorn, A. M., and M. M. Bakker, 2007. The Destination of Arable Land in a Marginal Agricultural Landscape in South Portugal: An Exploration of Land Use Change Determinants [J]. Landscape Ecology, 22: 1073 - 1087.

Wang, H., J. Riedinger, and S. Jin, 2015. Land Documents, Tenure Security and Land Rental Development: Panel Evidence from China [J]. China Economic Review, 36: 220 - 235.

Wang, X., T. Herzfeld, and T. Glauben, 2007. Labor Allocation in Transition: Evidence from Chinese Rural Households [J]. China Economic Review, 18 (3): 287 - 308.

Xu, D., X. Deng, S. Guo, and S. Liu, 2019. Labor Migration and Farmland Abandonment in Rural China: Empirical Results and Policy Implications [J]. Journal Environmental Management, 232: 738 - 750.

Yan, J., Z. Yang, Z. Li, X. Li, L. Xin, and L. Sun, 2016. Drivers of Cropland Abandonment in Mountainous Areas: A Household Decision Model on Farming Scale in Southwest China [J]. Land Use Policy, 57: 459 - 469.

Yang, J., Z. Huang, X. Zhang, and T. Reardon, 2013. The Rapid Rise of Cross - Regional Agricultural Mechanization Services in China [J]. American Journal of Agricultural Economics, 95 (5): 1245 - 1251.

Yi, Q., M. Chen, Y. Sheng, J. Huang, 2019. Mechanization Services, Farm Productivity and Institutional Innovation in China [J]. China Agricultural Economic Review, 11 (3): 536 - 554.

Zhang, T., 2020. The Logic of Grain Planting: A Framework of Farmland Property Right,

Resource Allocation, and Division of Labor [J]. China Agricultural Economic Review, 12 (1): 173 – 175.

Zhang, X. , J. Yang, T. Reardon, 2015. Mechanization Outsourcing Clusters and Division of Labor in Chinese Agriculture [R]. IFPRI Discussion Paper 01415.

第十一章　农机服务发展的技术转型

本章提要： 本章利用河南省农户调查数据，检验了大农场农机服务与农业生产率的关系。数据显示，目前分别有75.02％、74.12％和73.79％的农户在整地、播种和收割环节使用了大农场农机服务。实证结果表明，大农场农机服务的发展显著降低了小农户的农业生产率。进一步分析表明，大农场农机服务的发展不仅诱使小农户转出农地，减少了其农业收入，还增加了他们对转出农地的意愿。我们还发现，大农场的农机质量要明显低于专业化服务组织的农机质量。这表明，农机服务的组织转型在诱发农机服务的技术转型。

　　尽管中国的农机服务市场在过去20多年中取得了快速发展，但较少有研究分析该市场面临的结构转型及其影响。据河南省农户调查数据显示，有20.24％、25.45％和75.02％的农户分别使用了跨区服务组织、本地专业化服务组织和大农场提供的农机服务。而且，各类服务组织提供的播种服务的比例为20.63％、25.58％和74.12％；收割服务的比例为20.61％、24.39％和73.79％，这与Yang等（2013）的结论并不一致。鉴于大农场农机服务的快速发展，小农户的农业生产率是否能因此提高值得关注。事实上，在农机服务提高农业生产率这一推断背后的假设是，农机服务对农业生产率的改善是稳定的，或是随着农地规模的增加而增加（Yang et al.，2013；Houssou et al.，2013；Diao et al.，2014）。在 Foster 和 Rosenzweig（2017）以及 Sheng 等（2019）的研究中，机械资产或农机服务被用来解释农地规模和农业生产率之间的非线性关系，这是因为机械资产可以大幅改善规模经济性。

　　然而，大农场不仅会为周边小农户提供农机服务，也可能转入农地以扩大经营规模。当大农场完成自己的农业生产时，他们可能会通过供给服务来提高农机使用率，并缩短自置机械的资本回收期。但与 OECD 国家的农场类似，中国的农场，尤其是家庭农场，也面临着投资先进农机设备的高额沉没成本，且随着时间的推移成本越来越高（Yi et al.，2019）。因此，与专业化服务组织相比，大农场往往投资数量较少、质量较差的机械资产。同时，农业生产是大农场的主要工作，转入农地则是提高自有机械利用率的主要途径。显然，当小农户转出农地时，农地经营面积的减少将对农业生产率产生负面影响（Paul et al.，2004；Feng et al.，2010；Hornbeck and Naidu，2014；Qiu et al.，2020）。因此，大农场农机服务可能并不会带来小农户农业生产率的改善。

然而，很少有研究分析过中国农机服务市场结构转型或大农场农机服务发展与农业生产率的关系。本章研究内容包括两方面。首先，我们分析了大农场农机服务与农业生产率的关系。其次，通过进一步分析，探讨了大农场农机服务何以影响到农业生产率。同时，我们还考察了农地转出和投资低质量农机的影响。

11.1　分析框架

为了分析大农场农机服务发展与农业生产率的关系，及其隐含的农机服务技术转型趋势，本小节构建了一个分析框架。需要指出的是，本章的农业生产率是以粮食产量来衡量的。这意味着，如果生产技术、化肥和种子等投入保持不变，大农场农机服务发展只能通过影响农地肥力或收获（或运输）过程中的粮食损失来决定农业生产率。实际上，农户报告的粮食产量是由粮食自然产量与人工或机械操作造成的损失共同决定的。换言之，农业机械化本身并不影响农地产出率。

与人工耕作相比，农业机械化可以改善土壤结构，提高收割效率。整地通过将一定深度的密实土层变为疏松细密的细耕层，从而增加土壤的孔隙度，有利于雨水的渗透和储存。这会促进土壤中潜在养分向有效养分的转化，并诱发作物根系的延伸；与人工收割相比，机器收割的效率更高，并减少了收割过程中的谷物损失。同样，机播也确保了相对较高的秧苗成活率，有利于提高农业生产率。

大农场和专业化服务组织在农机服务方面的差异体现在如下几个方面。首先，由于资本存量的限制，大农场尤其是家庭农场，倾向于投资小型旋耕机。如果土壤板结不严重，小型旋耕机完全可以胜任整地任务，提高农地肥力。但是，由于中国北方大量使用化肥以及常年干旱，导致土壤板结严重。换言之，只有深耕才能增加土壤的孔隙度，并有利于雨水的渗透和储存。因此，大农场使用小型旋耕机不太可能提高农地产出率，而专业化服务组织可能投资深耕机。

其次，大农场往往投资便宜的收割机，而专业化服务组织普遍使用较贵的进口收割机，如久保田收割机。这些进口收割机减少了收割过程中的谷物损失。此外，机播效率也由机械资产的质量决定。例如，小麦生产中普遍使用手扶式播种机，不但效率低下，还不能保证足够的播种深度。一般来说，由于大农场的首要目标是完成自己的农事任务，他们缺乏投资高质量机械资产的动机和资本。

除了机械质量对农地肥力和粮食损失的影响外，大农场农机服务的发展也可能通过农地流转来影响农业生产率。如前所述，大农场的首要目标是完成自己的农事任务。为了进一步缩短自置机械的资产回收期，扩大农地经营规模，将是提高机械利用率的有效方式。尽管有研究指出，采用农机服务可以提高农业生产率，节省劳动力成本（Obi and Chisango，2011；Yang et al.，2013；Diao et al.，2014；Yi et al.，2019），但农机服务的高价格仍增加了小农户的经济负担，可能诱使他们退出农业产业（Qiu et al.，2021）。这意味着，农机服务的发展并不会抑制农地流转市场的活跃度。尤其考虑到大农场实施的农地流转比熟人间流转的租金水平更高（Deininger and Jin，2003，2009；Feng et al.，2010；Wang et al.，2015）。在这种情况下，粮食生产的低利润很可能诱发小农户转出农地。

相关研究发现，农地规模和农业生产率之间存在正相关关系（Paul et al.，2004；Hornbeck and Naidu，2014），农地流转则被认为是提高农业生产率的重要途径（Carter and Yao，2002；Deininger and Jin，2003，2009；Wang et al.，2015）。但对于小农户而言，由于农地经营面积小，他们倾向于使用老人或儿童等家庭剩余劳动力来替代农机服务（Foster and Rosenzweig，2017）。Qiu 和 Luo（2021）的研究表明，小农户采用农机服务的概率远低于中等规模农户，且他们倾向于在农业生产中使用更多的家庭劳动力。此外，较小的农地规模也限制了小农户自置机械和进行土地相关投资的积极性（Feng et al.，2010；Ma，2013），这并不利于农业生产率的提高。正如文献中指出的，土地相关性投资与粮食产量密切相关（Jacoby et al.，2002）。此外，农地转出还意味着农户不再依赖农地经营性收入，这会降低他们在农业生产中的时间和管理投入，这可能是农地转出伴随着低生产率的重要原因。

综上所述，大农场农机服务的发展可能导致农业生产率的下降。首先，大农场的机械资产比专业化服务组织的质量更低，这可能导致农地肥力下降和收割时的粮食损失。其次，大农场倾向于转入农地以降低其资本回收期。最后，当小农户转出农地后，经营面积的减少将导致农业生产率的下降。虽然农机服务被认为可以提高农业生产率，但如果考虑农机服务供给主体，情况可能并非如此。

11.2 数据、变量和估计策略

11.2.1 数据来源

本章所使用的数据与第十章中的一致，不予赘述。

11.2.2 变量选择与定义

本章因变量是农业生产率。参考 Feng 等（2010）、Sheng 等（2019）和 Qiu 等（2020）的做法，用小麦亩产量衡量农业生产率。需要注意的是，尽管 Foster 和 Rosenzweig（2017）采用利润来衡量农业生产率，但本章并未使用小麦生产的利润。这是因为，利润会随着要素价格或政策的变化而变化。

本章主要的自变量是大农场农机服务发展。由于小麦生产中劳动密集型环节的机械化程度更高，故本章采用整地、播种、收割三个劳动密集型环节共同表征小麦生产中农机服务的使用情况（Yang et al.，2013；Qiu and Luo，2021）。具体而言，采用村庄使用大农场农机服务的农户比例来衡量大农场农机服务的发展。

此外，本章还控制了家庭、土地和村庄特征。家庭特征包括家庭规模、家庭抚养率、老年人比例（Ma，2013；Ma et al.，2015）、家庭成员是否有党员或村干部、家庭成员是否接受过农业技能培训、家庭是否有机井（Feng et al.，2010）。土地特征方面，引入了承包地面积（Foster and Rosenzweig，2017）、地块数量（Yi et al.，2019）、优质地块比例（Sheng et al.，2019）、农地调整（大调整和小调整）次数（Rao et al.，2017；Ma et al.，2020）和农地确权（Hong et al.，2020）。与前几章类似，估计中还控制了村庄交通状况（Qiu et al.，2020）以及村庄与最近的镇或县的距离等代表村庄特征的变量（Qiu et al.，2021）。本章估计中还控制了镇虚拟变量。具体变量定义与描述详见表 11-1。

表 11-1 变量定义和描述

变量	定义	均值	标准差
因变量			
小麦亩产量	小麦亩产（百千克/亩）	5.821	2.168

（续）

变量	定义	均值	标准差
自变量			
大农场整地服务	村庄使用大农场提供的整地服务的农户比例	0.741	0.151
大农场播种服务	村庄使用大农场提供的播种服务的农户比例	0.736	0.157
大农场收割服务	村庄使用大农场提供的收割服务的农户比例	0.730	0.144
家庭规模	家庭成员人数	4.423	1.793
家庭抚养率	家庭中 16 岁以下人口占比	0.182	0.186
家庭老年人比例	家庭中 60 以上人口占比	0.234	0.329
家庭是否有党员	1＝家庭成员有党员，0＝其他	0.133	—
家庭是否有村干部	1＝家庭成员有村干部，0＝其他	0.066	—
农业技能培训	1＝家庭成员接受过农业技能培训，0＝其他	0.031	—
机井	1＝家庭有机井，0＝其他	0.058	—
承包地面积	分配给农户的承包地规模（亩）	5.225	3.551
地块数量	承包地块数	3.790	3.218
高质量地块比例	高质量地块面积占比	0.198	0.386
农地小调整次数	二轮土地承包以来农地小调整次数	0.179	0.846
农地大调整次数	二轮土地承包以来农地大调整次数	0.242	0.912
农地确权	1＝农户经历过农地确权，0＝其他	0.882	—
村庄交通状况	1＝非常差，2＝差，3＝中等，4＝好，5＝优越	3.128	0.963
村庄到最近镇的距离	村庄与最近城镇的距离（公里）	4.313	4.381
村庄到最近县的距离	村庄与最近县城的距离（公里）	21.82	12.919
镇虚拟变量	镇虚拟变量	—	—

11.2.3 估算策略

为探究大农场农机服务发展与农业生产率间的关系，识别如下模型：

$$Y_i = \beta_0 + \beta_1 M_i + \mathbf{X}_i \beta + \varepsilon_i \tag{11.1}$$

其中，Y_i 表示农业生产率，用小麦亩产量来衡量。M_i 为大农场农机服务发展状况，使用大农场整地服务、大农场播种服务和大农场收割服务三个变量共同刻画。β_0 是常数项，β_1 和 β 为待估计参数。ε_i 是残差项，符合正态分布。

然而，大农场农机服务的发展与农业生产率间的关系存在内生性。这是因为区域文化和种植传统等未观察到的因素可能同时影响大农场农机服务的发展和农业生产率，即自选择偏差可能影响式（11.1）的估计结果。参照 Angrist 和 Pischke（2009）及 Freedman（2010）的做法，工具变量法通常被用于处理内生性问题。本章选择了两个村级变量——村庄是否存在大农场和村庄地形作为大农场农机服务发展的工具变量。首先，村庄大农场的出现增加了大农场农机服务。同时，与山区或丘陵地区相比，大农场农机服务更有可能在平原地区发展，这是因为复杂的地形增加了农地规模经营的难度。其次，大农场的出现只能通过影响农机服务供给来影响小麦亩产量。同样，其他变量也只能通过影响大农场农机服务来影响大农场的发展。此外，村庄地形是严格的外生变量。由于式（11.1）中的因变量是连续变量，故采用两阶段最小二乘法（2SLS）进行估计。

为进一步分析大农场农机服务发展对农业生产率的影响机制，本章也考察了大农场农机服务对农户农地转出和农业收入的影响，并采用了与式（11.1）类似的工具变量和估计策略。此外，本章还分析了联合收割机数量对农业生产率和大农场农机服务发展的影响，并比较了大农场与专业化服务组织拥有的机械资产的质量差异。最后，考虑到大农场既能提供农机服务，又能转入农地，本章也检验了大农场农机服务发展与小农户农地转出意愿的关系，这有助于预测中国未来农业经营模式的发展。

11.3　实证结果

11.3.1　大农场农机服务发展对农业生产率的影响

表 11-2 汇报了大农场农机服务发展影响农业生产率的模型估计结果。首先，Durbin—Wu—Hausman（DWH）检验表明，表 11-2 的估计面临内生性问题。其次，弱工具变量检验表明，估计中不存在弱工具变量问题。再者，过度识别检验表明，本章工具变量是有效的。

表 11-2 的估计结果显示，大农场整地服务、大农场播种服务和大农场收割服务的系数在 10% 水平上显著为负。这表明，大农场农机服务的发展降低了小农户的农业生产率。尽管一些研究提出，采用农机服务有利于提高农业生产率（Yang et al.，2013；Houssou et al.，2013；Diao et al.，2014；Houssou and Chapoto，2015），但很少有研究关注不同服务组织供给农机服务的效果差异。此外，在已有研究中，农机服务提高农场生产率是基于小农户不减少农业种植面积的假设，且只考虑是否采用农机服务。换句话说，这些研究并没

有关注农机服务的特点或质量。

　　尽管大农场可以提供兼业化农机服务，但其主要目标是自营农业。为了缩短自置机械的资本回收期，大农场是具有扩大农地经营规模的内在动力的。但与熟人间的农地流转不同，大农场通常实施的都是市场型农地流转，伴随着更高的农地租金（Qiu et al.，2018；Tang et al.，2019；Qiu et al.，2020）。考虑到近年来粮食生产的利润大幅下降（Luo，2018；Qiu et al.，2020），外出务工的农户必然倾向于转出农地，但转出农地又会降低农业经营规模和生产率（Qiu et al.，2020）。此外，与大农场相比，专业化服务组织更可能投资高质量的机械资产。这是因为，跨域服务组织能够利用全国市场，大幅缩短资本回收期。但是，大农场通常只向周边小农户提供农机服务，其面临的资本约束也要更强。为此，他们倾向于投资廉价的农机，从而导致深耕不足和粮食损失。

表 11-2　大农场农机服务发展对农业生产率的影响

变量	小麦亩产量		
大农场整地服务	−2.499* (1.373)		
大农场播种服务		−2.660* (1.556)	
大农场收割服务			−2.440* (1.327)
家庭规模	−0.042 (0.027)	−0.042 (0.027)	−0.040 (0.027)
家庭抚养率	0.289 (0.297)	0.277 (0.300)	0.278 (0.296)
家庭老年人比例	−0.006 (0.137)	−0.025 (0.139)	−0.010 (0.136)
家庭是否有党员	0.082 (0.129)	0.082 (0.130)	0.078 (0.129)
家庭是否有村干部	0.186 (0.147)	0.192 (0149)	0.190 (0.147)
农业技能培训	0.118 (0.154)	0.123 (0.158)	0.131 (0.155)
机井	0.221 (0.147)	0.234 (0.146)	0.225 (0.146)
承包地面积	0.005 (0.009)	0.004 (0.009)	0.005 (0.009)
地块数量	0.008 (0.024)	0.008 (0.024)	0.005 (0.024)
高质量地块比例	0.141 (0.109)	0.157 (0.108)	0.148 (0.108)
农地小调整次数	−0.285** (0.130)	−0.290** (0.134)	−0.271** (0.128)
农地大调整次数	−0.030 (0.102)	−0.034 (0.103)	−0.015 (0.101)
农地确权	0.447** (0.188)	0.436** (0.187)	0.460** (0.188)

（续）

变量	小麦亩产量		
村庄交通状况 （以"优越"为参照组）			
非常差	−0.313（0.385）	−0.257（0.408）	−0.367（0.362）
差	−0.462*（0.258）	−0.438*（0.262）	−0.475*（0.255）
中等	−0.379（0.240）	−0.372（0.242）	−0.383（0.238）
好	−0.270（0.242）	−0.283（0.240）	−0.279（0.239）
村庄到最近镇的距离	−0.004（0.030）	0.003（0.030）	−0.007（0.029）
村庄到最近县的距离	−0.004（0.006）	−0.003（0.006）	−0.005（0.006）
镇虚拟变量	控制	控制	控制
常数项	6.606***（1.031）	6.707***（1.148）	6.506***（0.972）
观测值	1 650	1 650	1 650
DWH 检验	5.77**	5.35**	4.71**
弱工具变量检验	86.81	67.50	88.32
过度识别检验	1.08	1.31	1.05
Root MSE	1.55	1.56	1.55

注：*、**、***分别代表10%、5%、1%水平上显著；括号内为稳健标准误。

其他控制变量的影响方面，农地小调整次数与小麦亩产量负相关。其原因是，不安全的农地产权减少了土地有关性投资，导致农地产出率下降（Jacoby et al.，2002；Ma，2013）。然而，农地大调整次数的影响并不明显。这是因为，在1998年第二次土地承包后，样本地区几乎没有再进行过农地大调整。同样，农地确权与小麦亩产量也呈现正相关关系。正如 Hong 等（2020）的研究显示，农地确权提高了农地产权的稳定性，有助于激励农民进行土地相关性投资，从而提高了农业生产率。此外，村庄交通状况与小麦亩产量负相关。可能的解释是，村庄的交通条件越好，农户就越有可能采用新技术，从而提高农业生产率。其他控制变量的影响均不显著。

11.3.2 进一步分析 1：大农场农机服务发展对农户农地流转的影响

正如分析框架中所论证的，大农场农机服务发展对农业生产率的负面影响源于他们倾向于以更高的农地租金转入农地，从而减少了小农户的农地经营规模。为验证该推断，表11-3展示了大农场农机服务发展对农地转出的影响。

其中，农地转出以转出农地面积占承包地总面积的比例来衡量。表11-3中的控制变量、工具变量和估计策略与表11-2的相同，DWH检验、弱工具变量检验与过度识别检验的结果也与表11-2的相同。

表11-3的结果显示，大农场整地服务、大农场播种服务和大农场收割服务的系数均在1%水平上显著为正。这表明，大农场农机服务的发展导致了小农户退出农业生产。以往研究认为，农机服务可以节省农业劳动力，降低农业生产成本（Zhang，2020）。特别是对于小农户来说，采用农机服务可以避免自置机械的沉没成本（Yi et al.，2019）。从理论上来讲，农机服务的发展应该鼓励小农户继续从事农业生产。特别是近年来，中国政府颁布了发展农业社会化服务的相关政策，通过降低农业生产成本来促进小农户经营的现代化。然而，支持大农场的政策却导致了农业要素市场的转型，并导致小农户退出农业生产。换句话说，当前大农场农机服务发展正在激励小农户转出农地，而非继续从事农业生产。

表11-3　进一步分析1：大农场农机服务发展对农户农地流转的影响

变量	农地转出		
大农场整地服务	0.789*** (0.192)		
大农场播种服务		0.883*** (0.216)	
大农场收割服务			0.766*** (0.188)
家庭规模	−0.012*** (0.004)	−0.012*** (0.004)	−0.012*** (0.004)
家庭抚养率	0.019 (0.037)	0.023 (0.037)	0.019 (0.037)
家庭老年人比例	0.032 (0.023)	0.040* (0.024)	0.033 (0.023)
家庭是否有党员	0.014 (0.019)	0.016 (0.020)	0.015 (0.019)
家庭是否有村干部	−0.009 (0.026)	−0.012 (0.026)	−0.011 (0.026)
农业技能培训	−0.008 (0.041)	−0.005 (0.043)	−0.006 (0.042)
机井	−0.034 (0.031)	−0.036 (0.032)	−0.036 (0.030)
承包地面积	0.007*** (0.002)	0.007*** (0.003)	0.007*** (0.003)
地块数量	0.000 (0.004)	0.000 (0.005)	0.000 (0.004)
高质量地块比例	−0.005 (0.018)	−0.011 (0.018)	−0.008 (0.018)
农地小调整次数	0.022 (0.020)	0.026 (0.020)	0.020 (0.021)
农地大调整次数	−0.002 (0.024)	−0.000 (0.024)	−0.007 (0.024)
农地确权	0.019 (0.027)	0.018 (0.027)	0.015 (0.027)

（续）

变量	农地转出		
村庄交通状况 （以"优越"为参照组）			
非常差	−0.096 (0.061)	−0.121* (0.065)	−0.071 (0.057)
差	−0.039 (0.040)	−0.048 (0.041)	−0.028 (0.040)
中等	−0.004 (0.037)	−0.008 (0.037)	−0.004 (0.037)
好	−0.006 (0.037)	−0.003 (0.037)	−0.004 (0.037)
村庄到最近城镇的距离	0.001*** (0.000)	0.001*** (0.000)	0.001*** (0.000)
村庄到最近县城的距离	−0.000 (0.001)	−0.000 (0.001)	0.000 (0.001)
镇虚拟变量	控制	控制	控制
常数项	−0.497*** (0.151)	−0.562*** (0.166)	−0.457*** (0.143)
观测值	2 000	2 000	2 000
DWH 检验	14.33***	15.97***	15.62***
弱工具变量检验	122.88	96.53	127.60
过度识别检验	0.64	0.27	0.65
Root MSE	0.29	0.29	0.29

注：*、**、***分别代表10%、5%、1%水平上显著；括号内为稳健标准误。

11.3.3　进一步分析2：大农场农机服务发展对农户农业收入的影响

为进一步检验大农场农机服务发展与小农户转出农地之间的关系，表11-4展示了大农场农机服务发展影响农户农业收入的模型估计结果。其中，农业收入等于农业收入占家庭总收入的比例。从逻辑上来说，如果大农场农机服务发展诱使小农户退出农业生产，那么小农户的农业收入就应该减少。表11-4中的控制变量、工具变量和估计策略与表11-2中的相同，DWH检验、弱工具变量检验、过度识别检验的结果也与表11-2中的一致。

表11-4的结果显示，大农场整地服务、大农场播种服务和大农场收割服务的系数均在1%水平上显著为负。这意味着，大农场农机服务发展减少了农户的农业收入。如果以往研究中关于农机服务能提高农业生产率的论点成立（Yang et al.，2013；Houssou et al.，2013；Zhang et al.，2015；Yi et al.，2019），那么大农场农机服务的发展应该能提高农业生产率，增加小农户农业收入。但随着大农场转入农地数量的增加，小农户往往会从农业部门转移到非

农业部门，这将导致农户家庭非农业收入比例的增加。

表 11-4　进一步分析 2：大农场农机服务发展对农业收入的影响

变量	农业收入		
大农场整地服务	−25.553*** (9.501)		
大农场播种服务		−27.796*** (10.364)	
大农场收割服务			−24.941*** (9.264)
家庭规模	−0.212 (0.232)	−0.205 (0.233)	−0.201 (0.232)
家庭抚养率	3.239 (3.202)	3.128 (3.214)	3.220 (3.218)
家庭老年人比例	−2.430*** (0.878)	−2.646*** (0.918)	−2.444*** (0.877)
家庭是否有党员	−0.292 (1.028)	−0.349 (1.040)	−0.321 (1.037)
家庭是否有村干部	−0.654 (1.384)	−0.567 (1.389)	−0.581 (1.390)
农业技能培训	14.943 (11.190)	14.849 (11.213)	14.891 (11.245)
机井	−0.129 (0.878)	−0.080 (0.871)	−0.077 (0.875)
承包地面积	0.678*** (0.195)	0.632*** (0.195)	0.646*** (0.199)
地块数量	0.273 (0.223)	0.268 (0.223)	0.263 (0.225)
高质量地块比例	2.708* (1.658)	2.884* (1.684)	2.779* (1.675)
农地小调整次数	−0.594 (0.414)	−0.719* (0.428)	−0.523 (0.415)
农地大调整次数	−0.955 (1.285)	−1.006 (1.288)	−0.804 (1.267)
农地确权	2.034 (1.285)	2.045 (1.287)	2.157* (1.308)
村庄交通状况（以"优越"为参照组）			
非常差	6.020** (2.855)	6.739** (3.018)	5.217* (2.695)
差	3.499** (1.609)	3.752** (1.663)	3.163** (1.552)
中等	2.455* (1.469)	2.562* (1.494)	2.439* (1.471)
好	3.233* (1.831)	3.123* (1.819)	3.160* (1.829)
村庄到最近城镇的距离	−0.003 (0.003)	−0.001 (0.003)	−0.006* (0.003)
村庄到最近县城的距离	−0.058 (0.042)	−0.049 (0.041)	−0.068 (0.043)
镇虚拟变量	控制	控制	控制
常数项	16.465** (6.783)	17.993** (7.436)	15.265** (6.348)
观测值	2 000	2 000	2 000
DWH 检验	6.49**	7.85***	7.456***
弱工具变量检验	122.88	96.53	127.60
过度识别检验	0.29	0.47	0.27
Root MSE	16.13	16.25	16.15

注：*、**、***分别代表 10%、5%、1%水平上显著；括号内为稳健标准误。

11.3.4 进一步分析3：机械资产的差异是否重要

大农场农机服务的发展之所以降低了农业生产率，不仅是因为大农场倾向于转入更多的农地，还因为大农场拥有的机械资产质量远低于专业化服务组织。虽然没有统计数据可以证明这一说法，但我们可以提供一些间接证据。从逻辑上来讲，如果大农场的机械资产质量较差，那么专业化服务组织在农机服务市场上拥有的机械资产数量越多，那么当地的农业生产率应该越高。为此，表11-5引入了一个县级指标——联合收割机数量，用来表示专业化服务组织拥有的机械资产数量。考虑到可能面临的内生性问题，县级小麦种植面积被用来作为联合收割机数量的工具变量。表11-5中的控制变量和估计策略与表11-2相同。

首先，DWH检验显示，表11-5中的估计存在内生性问题。其次，弱工具变量检验表明，估计中不存在弱工具变量问题。表11-5中第2列的结果显示，联合收割机数量的系数在1%水平上显著为正。这表明，当专业化服务组织拥有机械资产数量越多，本地的农业生产率就越高。表11-5中第3、4、5列的估计结果还显示，联合收割机数量的系数在1%水平上显著为负。这意味着，专业化服务组织拥有的机械资产数量越多，大农场农机服务的发展越可能受到抑制。事实上，与专业化服务组织相比，大农场并没有足够的资金投资高质量农机，这很可能会同时降低大农场的生产率和小农户的农业生产率。

表 11-5 进一步分析3：机械资产差异的影响

变量	小麦亩产量	大农场整地服务	大农场播种服务	大农场收割服务
联合收割机数量	6.411***	−0.104***	−0.119***	−0.084***
	(0.593)	(0.018)	(0.019)	(0.017)
家庭规模	−0.175**			
	(0.082)			
家庭抚养率	−0.778			
	(0.645)			
家庭老年人比例	0.118			
	(0.410)			
家庭是否有党员	0.513			
	(0.369)			

（续）

变量	小麦亩产量	大农场整地服务	大农场播种服务	大农场收割服务
家庭是否有村干部	−0.084 (0.456)			
农业技能培训	1.250 (0.787)			
机井	−0.485 (0.466)			
承包地面积	−0.130* (0.076)			
地块数量	0.417*** (0.095)			
高质量地块比例	0.242 (0.349)			
农地小调整次数	−0.485 (0.367)			
农地大调整次数	0.719* (0.380)			
农地确权	2.635*** (0.448)			
村庄交通状况 （以"优越"为参照组）				
非常差	0.908 (0.917)	−0.050* (0.018)	−0.013 (0.033)	−0.014 (0.030)
差	0.976 (0.627)	−0.050** (0.021)	−0.031 (0.023)	−0.027 (0.021)
中等	2.309*** (0.591)	−0.043** (0.020)	−0.028 (0.021)	−0.017 (0.020)
好	1.642*** (0.581)	−0.016 (0.019)	−0.010 (0.020)	0.003 (0.020)
村庄到最近城镇的距离	0.093 (0.060)	−0.000** (0.000)	−0.000 (0.000)	−0.000*** (0.000)
村庄到最近县城的距离	−0.069*** (0.013)	0.003*** (0.000)	0.004*** (0.000)	0.002*** (0.000)
常数项	−4.391*** (1.337)	0.841*** (0.032)	0.828*** (0.034)	0.804*** (0.030)

（续）

变量	小麦亩产量	大农场整地服务	大农场播种服务	大农场收割服务
观测值	2 000	2 000	2 000	2 000
DWH 检验	409.49***	71.91***	86.27***	54.22***
弱工具变量检验	119.49	201.01	201.01	201.01
Root MSE	4.89	0.18	0.19	0.17

注：*、**、***分别代表10％、5％、1％水平上显著；括号内为稳健标准误。

11.3.5 进一步分析4：比较不同农机服务供应主体拥有的机械资产

在表11-5中，我们提供了间接证据来证明大农场拥有的机械资产的质量相对较低。为了进一步证实本章推论，我们进行了一个案例调查。图11-1和图11-2给出了大农场和专业化服务组织拥有的机械。图11-1的左边是小型旋耕机，这是小农户和大农场普遍使用的。右边则是深耕机，这种机器对小农户而言比较昂贵。如果土壤表面很薄，小型旋耕机可以完成整地任务，并改善土壤结构。然而，由于河南省化肥使用量较高，且机械作业和常年干旱对土壤表面造成了破坏，土壤板结在被调研区域相当严重。在这种情况下，小型旋耕机无法进行深耕，也无法改善土壤结构和质量；使用深耕机则有利于改善土壤肥力，提高农业生产率。

图11-1　小型旋耕机（左）和深耕机（右）

图11-2展示了不同农机服务供给主体所拥有的收割机。左边的是小型收割机，每台价格约为5万至8万元。右边的是进口收割机，每台价格约为14.3万至21.5万元。虽然机械化普遍应用于小麦生产，以替代农业劳动力，

但却增加了收割过程中的粮食损失。据调查，玉米在收割时的损失率高达10%，而水稻和小麦的损失率分别为3.83%和4.12%[①]。其原因在于，小型收割机存在碾压精度低，啮合紧密度差的特点，这都降低了收割效率。相反，进口收割机的设计则有坚实的理论基础，并进行了大量的现场试验。然而，大农场缺乏投资进口收割机的足够资金，且投资进口收割机对他们来说也是不经济的。

图11-2 小型收割机（左）和进口收割机（右）

11.3.6 进一步分析5：大农场农机服务对农户农地流转意愿的影响

上文已经证实了大农场农机服务发展与农业生产率的关系，并指出大农场农机服务的发展会诱导小农户转出农地。为预测中国未来农业发展的方向，本部分进一步检验了大农场农机服务发展对农户农地转出意愿的影响。从逻辑上来讲，如果大农场农机服务的发展激发了农户转出农地的意愿，就可以推断纵向一体化将成为未来主要的农业经营模式。为此，本章引入农地转出意愿变量作为因变量，其被赋值从1（非常不愿意转出农地）到5（非常愿意转出农地）。由于农地转出意愿是有序变量，故参照 De Luca 和 Perotti（2011）、Roodman（2011）以及 Botezat 和 Pfeiffer（2014）的做法，采用扩展的有序probit 回归模型进行估计。表11-6中的控制变量和工具变量与表11-2中的相同。

首先，DWH 检验显示，表11-6的估计面临内生性问题。其次，弱工具

---

① http：//k. sina. com. cn/article _ 2 324 832 692 _ 8a9 221b 402 000ropw. html.

变量检验表明，表 11-6 的估计不存在弱工具变量问题。再者，过度识别检验结果不显著表明，本章使用的工具变量是有效的。表 11-6 的估计结果显示，大农场整地服务、大农场播种服务和大农场收割服务的系数均在 1% 水平上显著为正。这表明，大农场农机服务的发展激发了小农户转出农地的意愿。当前，农户从事农业生产的机会成本日益增加（Yan et al.，2016；Xu et al.，2019），加之农机服务价格的上涨，小农户退出农地经营的意愿益发强烈。而且，大农场转入农地时支付的租金也相对较高，这也会诱发小农户转出农地的需求（Qiu et al.，2020）。上述分析表明，当前农机服务市场的发展正在强化农户农地转出需求，将可能深刻改变未来中国农业经营的格局。

表 11-6　进一步分析 5：大农场农机服务发展对农户农地转出意愿的影响

变量	农地转出意愿		
大农场整地服务	3.863*** (0.655)		
大农场播种服务		4.349*** (0.626)	
大农场收割服务			3.123*** (0.670)
家庭规模	−0.006 (0.016)	−0.005 (0.014)	−0.007 (0.017)
家庭抚养率	0.015 (0.119)	0.016 (0.104)	0.004 (0.131)
老年人比例	0.133* (0.076)	0.118* (0.068)	0.148* (0.083)
家庭成员有党员	0.224*** (0.068)	0.198*** (0.062)	0.247*** (0.073)
家庭成员有村干部	0.132 (0.085)	0.114 (0.076)	0.149 (0.092)
农业技能培训	−0.149 (0.146)	−0.134 (0.129)	−0.158 (0.159)
机井	−0.050 (0.078)	−0.044 (0.069)	−0.062 (0.085)
承包地面积	−0.012 (0.008)	−0.010 (0.007)	−0.017* (0.009)
地块数量	0.044*** (0.015)	0.035** (0.014)	0.058*** (0.016)
农地小调整次数	−0.027 (0.063)	−0.023 (0.055)	−0.039 (0.068)
农地大调整次数	0.079 (0.064)	0.070 (0.057)	0.090 (0.068)
农地确权	0.083 (0.069)	0.069 (0.061)	0.095 (0.075)
村庄交通状况 （以"优越"为参照组）			
非常差	−0.407** (0.189)	−0.368** (0.170)	−0.442** (0.205)
差	−0.256** (0.129)	−0.233** (0.115)	−0.270* (0.140)
中等	−0.161 (0.117)	−0.146 (0.104)	−0.176 (0.127)
好	−0.138 (0.117)	−0.121 (0.104)	−0.154 (0.127)

（续）

变量	农地转出意愿		
村庄到最近城镇的距离	0.003*** （0.001)	0.002*** （0.001)	0.003*** （0.001)
村庄到最近县城的距离	−0.001 （0.003)	−0.000 （0.002)	0.000 （0.003)
镇虚拟变量	控制	控制	控制
观测值	2 000	2 000	2 000
DWH 检验	17.03***	18.99***	12.05***
弱工具变量检验	122.88	96.53	127.60
过度识别检验	0.00	0.01	0.00
伪似然对数值	−1 225.44	−1 325.25	−1 116.48

注：*、**、***分别代表10%、5%、1%水平上显著；括号内为稳健标准误。

11.4 本章小结

由于大农场提供农机服务的普遍化，跨区和本地专业化服务组织正在失去其市场竞争力。据河南省农户调查数据显示，目前已有超过 75.02%、73.79% 和 74.12% 的农户分别在整地、播种和收割环节中采用了大农场提供的农机服务。但与专业化服务组织相比，大农场的资本约束更强，很难保证以高质量的机械实施农事作业，从而可能在引发技术转型的过程中导致农业生产率下降。

本章利用河南省农户调查数据实证检验了大农场农机服务发展与农业生产率的关系。实证结果表明，大农场农机服务发展对农户农业生产率存在负面影响。进一步分析表明，大农场农机服务的发展不仅鼓励小农户转出农地，减少了他们的农业收入，还强化他们的农地转出意愿。研究还发现，大农场的机械资产质量比专业化服务组织的低得多，这并不利于保障现阶段的农业生产率。

在当今中国，发展农业社会化服务被认为是推动小农户与现代农业有机结合的重要途径。然而，小农户并不总是会对发展农机服务的政策做出积极回应。在本章分析中，我们发现，支持大农场发展的政策已经诱发了农机服务市场的结构转型。一方面，大农场投资的低质量农机不能保证农业生产率的提高。另一方面，大农场的发展还会诱使小农户退出农业生产。两方面的证据都表明，大农场农机服务的发展对农业生产率确实存在负面影响。但需要注意的是，随着小农户持续退出农业生产，大农场很有可能成为中国农业生产的主力军，届时纵向一体化或将成为农业经营的主导模式。为此，政府应该针对性地增加农机补贴，以提高大农场的农机质量。我们认为，大农场农机服务发展与农业生产率的负向关系只是暂时现象，培育大农场和有序引导小农户退出农业生产的政策正在引导中国农业走向现代化规模与集约经营的轨道。

参考文献

Angrist, J. D., Pischke, J. S., 2009. Mostly Harmless Econometrics [M]. Princeton: Princeton University Press.

Botezat, A., Pfeiffer F., 2014. The Impact of Parents' Migration on the Well – Being of Children Left Behind: Initial Evidence from Romania [R]. IZA Discussion Paper No. 8225, Institute for the Study of Labor (IZA).

Carter, M. R., Yao. Y., 2002. Local versus Global Separability in Agricultural Household Models: The Factor Price Equalization Effect of Land Transfer Rights [J]. American Journal of Agricultural Economics, 84 (3): 702 – 715.

De Luca, G., Perotti, V., 2011. Estimation of Ordered Response Models with Sample Selection [J]. Stata Journal, 11: 213 – 239.

Deininger, K., Jin, S., 2003. The Impact of Property Rights on Households' Investment, Risk Coping, and Policy Preferences: Evidence from China [J]. Economic Development & Cultural Change, 51: 851 – 882.

Deininger, K., Jin, S., 2009. Securing Property Rights in Transition: Lessons from Implementation of China's Rural Land Contracting Law [J]. Journal of Economic Behavior & Organization, 70 (1): 22 – 38.

Diao, X., Cossar, F., Houssou, N., Kolavalli, S., 2014. Mechanization in Ghana: Emerging Demand, and the Search for Alternative Supply Models [J]. Food Policy, 48: 168 – 181.

Faleye, T., Adebija, J. A., Farounbi, A. J., 2012. Improving Small – Farm Productivity through Appropriate Machinery in Nigeria [J]. International Research Journal of Agricultural Sience & Soil Science, 2 (9): 386 – 389.

Feng, S., Heerink, N., Ruben, R., Qu, F., 2010. Land Rental Market, Off – Farm Employment and Agricultural Production in Southeast China: A Plot – Level Case Study [J]. China Economic Review, 21: 598 – 606.

Foster, A. D., Rosenzweig, M. R., 2017. Are There Too Many Farms in the World? Labor – Market Transaction Costs, Machine Capacities and Optimal Farm Sizes [R]. NBER

Working Paper, No. 23909.

Freedman, D. A., 2010. Statistical Models and Causal Inference [M]. Cambridge: Cambridge University Press.

Hong, W., Luo, B., Hu, X., 2020. Land Titling, Land Reallocation Experience, and Investment Incentives: Evidence from Rural China [J]. Land Use Policy, 90. https: // doi. org/10. 1016/j. landusepol. 2019. 104271.

Hornbeck, R., Naidu, S., 2014. When the Levee Breaks: Black Migration and Economic Development in the American South [J]. American Economic Review, 104: 963 – 990.

Houssou, N., Chapoto, A., 2015. Adoption of Farm Mechanization, Cropland Expansion, and Intensification in Ghana [C]. International Conference of Agricultural Economists, Milan Italy, August 8 – 14.

Houssou, N., Diao, X., Cossar, F., Kolavalli, S., Jimah, K., Aboagye, P. O., 2013. Agricultural Mechanization in Ghana: Is Specified Agricultural Mechanization Service Provision A Viable Business Model [J]. American Journal of Agricultural Economics, 95 (5): 1237 – 1244.

Jacoby, H. G., Rozelle, S., 2002. Hazards of Expropriation: Tenure Insecurity and Investment in Rural China [J]. American Economic Review, 92 (5): 1420 – 1447.

Luo, B., 2018. 40 – year Reform of Farmland Institution in China: Target, Effort and the Future [J]. China Agricultural Economic Review, 10 (1): 16 – 35.

Ma, X., 2013. Does Tenure Security Matter? Rural Household Responses to Land Tenure Reforms in Northwest China [D]. PhD Thesis, Wageningen University, Wageningen, NL.

Ma, X., Heerink, N., Feng, S., Shi, X., 2015. Farmland Tenure in China: Comparing Legal, Actual and Perceived Security [J]. Land Use Policy, 42: 293 – 306.

Ma, X., Heerink, N., van Ierland E., Land, H., Shi, X., 2020. Decisions by Chinese Households Regarding Renting in Arable Land – The Impact of Tenure Security Perceptions and Trust [J]. China Economic Review, 60, 101328. https: //doi. org/10. 1016/ j. chieco. 2019. 101328.

Obi, A., Chisango. F. F., 2011. Performance of Smallholder Agriculture under Limited Mechanization and the Fast Track Land Reform Program in Zimbabwe [J]. Int. Food and Agribusiness Management Review, 14 (4): 85 – 104.

Paul, C., Nehring, R., Banker, D., Somwaru, A., 2004. Scale Economies and Efficiency in U. S. Agriculture: Are Traditional Farms History [J]. Journal of Productivity Analysis, 22: 185 – 205.

Qiu, T., He, Q., Choy, S. T. B., Li, Y., Luo, B., 2021. The Impact of Land Renting – in on Farm Productivity: Evidence from Maize Production in China [J]. China Agricultural Economic Review, 13 (1): 78 – 95.

Qiu, T. , Luo, B. , 2021. Do Small Farms Prefer Agricultural Mechanization Services? Evidence from Wheat Production in China [J]. Applied Economics, online. DOI 10. 1080/00036846. 2020. 1870656.

Qiu, T. , Luo, B. , Choy, S. T. B. , Li, Y. , Li, J. , 2021. Farmers' Exit from Land Operation in Rural China: Does the Price of Agricultural Mechanization Services Matter [J]. China & World Economy, 29 (2): 99 – 122.

Rao, F. , Spoor, M. , Ma, X, Shi, X. , 2017. Perceived Land Tenure Security in Rural Xinjiang, China: The Role of Official Land Documents and Trust [J]. China Economic Review, 60, 101038. https: //doi. org/10. 1016/j. chieco. 2017. 03. 009.

Roodman, D. , 2011. Fitting Fully Observed Recursive Mixed – Process Models with Cmp [J]. Stata Journal, 11: 159 – 206.

Sheng, Y. , Ding, J. , Huang, J. , 2019. The Relationship between Farm Sizes and Productivity in Agriculture: Evidence from Northern China [J]. American Journal of Agricultural Economics, 101 (3): 790 – 806.

Sims, B. , Heney, J. , 2017. Promoting Smallholder Adoption of Conservation Agriculture through Mechanization Services [J]. Agriculture, 7 (64): 1 – 22.

Sims, B. , Kienzle, J. , 2016. Making Mechanization Accessible to Smallholder Farmers in Sub – Saharan Africa [J]. Environments, 3 (11): 1 – 18.

Stavis, B. , 1978. The Politics of Agricultural Mechanization in China [J]. Journal of Development Economics, 6: 897 – 297.

Wang, H. , Riedinger, J. , Jin, S. , 2015. Land Documents, Tenure Security and Land Rental Development: Panel Evidence from China [J]. China Economic Review, 36: 220 – 235.

Xu, D. , Deng, X. , Guo, S. , Liu, S. , 2019. Labor Migration and Farmland Abandonment in Rural China: Empirical Results and Policy Implications [J]. Journal of Environmental Management, 232: 738 – 750.

Yan, J. , Yang, Z. , Li, Z. , Li, X. , Xin, L. , Sun, L. , 2016. Drivers of Cropland Abandonment in Mountainous Areas: A Household Decision Model on Farming Scale in Southwest China [J]. Land Use Policy, 57: 459 – 469.

Yang, J. , Huang, Z. , Zhang, X. , Reardon, T. , 2013. The Rapid Rise of Cross – regional Agricultural Mechanization Services in China [J]. American Journal of Agricultural Economics, 95 (5): 1245 – 1251.

Yi, Q. , Chen, M. , Sheng, Y. , Huang, J. , 2019. Mechanization Services, Farm Productivity and Institutional Innovation in China [J]. China Agricultural Economic Review, Online. DOI 10. 1108/CAER - 12 - 2018 - 0244.

Zhang, T., 2020. The Logic of Grain Planting: A Framework of Farmland Property Right, Resource Allocation, and Division of Labor [J]. China Agricultural Economic Review, 12 (1): 173 - 175.

Zhang, X., Yang, J., Reardon, T., 2015. Mechanization Outsourcing Clusters and Division of Labor in Chinese Agriculture [R]. IFPRI Discussion Paper 01415.

第十二章　结论与展望

　　农机服务在中国发展的这二三十年，使得农业的机械化和规模经营成为可能，也极大地解放了农村劳动力。由此，学界和政界形成了着力推动农机服务发展，实现小农户与现代农业有机结合的共识。但随着农村劳动力的大规模非农转移，他们的后代也开始适应城市生活。可以想象，现在 50 多岁的这一批农民，在 20 年后终将退出历史舞台，他们的后代几乎不可能接他们的班。如此一来，未来中国农业必须进行经营格局的重大调整，这也解释了为何在发展农机服务的同时，培育家庭农场与其他新型农业经营主体是同步开展的。本书通过系统阐述当前农机服务发展与小农户的互动关系，进而阐释了农机服务市场正在发生的转型及其可能对农业经营格局产生的影响。一方面，我们应该肯定农机服务在农民进城务工过程中对农业基本盘的支撑作用。另一方面，我们更应该看到其正在发生的转型可能暗含着发展农机服务只是阶段性策略，而且这种变化已经从单纯的价格诱导小农户退出，转变为服务供给者与农地需求者的一体化，大大加速了农业经营的纵向一体化进程。因此，本书既可以帮助读者理解农机服务之所以能够发展的理论逻辑，也有利于读者判断未来农机服务发展的可能路径。

12.1　本书主要结论

　　第一，传统理论普遍认为农业的季节性、分散化经营特征决定其难以卷入分工经济，但农机服务既可以通过横向一体化或连片种植，实现交易规模和交易密度的增加，又可以通过纵向一体化，提升交易的迂回程度，实现农机服务供给的专业化、规模化、集约化，从而提高农业生产的规模经济性。

　　第二，农机服务的交易半径和市场容量受制于农业的时令特征和作业周期性，这为构建种植业"纬度布局"提供了理论依据。换言之，我国农作物种植的东西布局并不利于农机服务市场克服时令约束，南北布局则可以较好地利用农作物成熟期的差异来提升跨区作业的效率。

第三，尽管中央1号文件多次提及要发展面向小农户的农业社会化服务，但由于服务价格的快速上涨，不同农户可替代要素的差异，以至于小规模农户和大规模农户对农机服务的使用率远低于中等规模农户。同时，农机服务市场的发展还存在诱发小农户退出农业生产。相关部门应正视该经济发展规律，因势利导，建立健全农业经营模式转型配套机制。

第四，中国农机服务市场正在从传统的跨区域、专业化作业向农业规模经营主体提供的兼业化、本地化作业发展，由此加速了农机服务的区域性、多中心、本地化发展。但该转型趋势受限于农业规模经营主体的规模、资本、技术等条件，可能导致市场中低价格、低品质农机数量的激增，从而对农机服务发展和农业生产经营产生不利影响。

第五，中国农机服务发展的组织转型在提高农业规模经营主体的兼业化、本地化农机服务普及率的同时，还会加速农地流转市场化和小农户离农，推动农机服务交易向农地流转交易转型，实现农业经营的纵向一体化发展，这将是未来中国农业经营格局的重要组织形式。

12.2　本书主要贡献

第一，理论阐述了农机服务发展对农业规模经济性的提升作用，并从横向分工和纵向分工两个维度阐述其实现逻辑。以往对中国农机服务发展的研究以实证分析为主，重点讨论了农机服务发展对农业生产率、农业生产要素配置等的影响，缺乏理论机理的阐述。本研究通过拓展传统分工理论和"干中学"理论模型，探讨了农机服务发展诱发农业规模报酬递增的内在逻辑。对于传统分工理论认为的农业不适合卷入分工，从而难以形成规模报酬递增的判断，本研究从农作物连片种植形成的横向分工，以及农业生产迂回交易形成的纵向分工两个维度，探讨了农业经济何以能够卷入分工，并形成规模经济性，这为发展农业社会化服务提供了坚实的理论基础。

第二，从要素市场的互动中，揭示了农机服务发展对农业生产率的差异化、小农户退出、服务使用率等的影响，纠正了业界对农机服务发展的盲目乐观情绪，并为提前应对中国农业经营模式转型提供了经验证据。以往研究普遍认为，农机服务在降低农业劳动力约束、提升农业生产率等方面发挥着重要作用，但较少关注不同农户是否会形成差异化的服务采用、为何会形成差异化的服务采用，这种差异化又是否会对农业生产率产生影响，及由此可能造成的要素配置调整和农业生产组织方式转变。本研究首先从农机服务价格和不同农户面临的要素约束出发，阐明了小规模农户和大规模农户对农机服务的较低采用率，然后从服务采用率差异探讨了不同规模农户农业生产率的差异。在此基础上，进一步论证了当前农机服务发展对小农户退出农业生产的激发作用。由此表明，不是任何农户都会对农机服务产生积极响应，农机服务也并不必然保障小农户家庭经营的可持续性。在农村要素市场发生重要调整的阶段，需要提前做好农业家庭经营向规模化和纵向一体化经营转型的准备。

第三，首次揭示了农机服务发展的转型趋势，并从组织转型、交易转型和技术转型三个维度阐明了农机服务发展可能面临的挑战。现有研究仍主要关注农机服务的功能性，对其正在发生的转型趋势缺乏足够关注，从而难以为及时准确应对市场环境变化提供前瞻性支持。本研究从农户使用的农机服务来源差异出发，揭示了我国农机服务的组织形式正在由传统的跨区作业和专业化服务向大农场经营主体的兼业化服务转变，且这一比例已经超过70%。但在兼业化供给农机服务的同时，大农场经营主体也具有租入农地，降低资本回收期的内在激励，从而在诱发农地流转市场化过程中导致更多的小农户退出农业经营。而且，由于大农场经营主体本身面临资本约束，其购置的农机具有价格便宜、质量差的特征，从而导致整地和收割效率不足，并最终反映为农业生产率的下降。因此，为应对农机服务发展组织转型带来的交易转型和农业经营的纵向一体化，中国政府亟须出台相关政策，在机械质量提升、经营效率改善等方面扶持大农场经营主体，从而为农业经营模式顺利转型打下坚实基础。

12.3　研究展望

本书主要目的在于传递一种信息，在经济大变革时期的任何政策与经济现象都具有极大的不确定性。我们既不能寄希望于某种特殊的模式或经验能一直适用于解决中国发展的问题，但又不能不对这些经验做深入探讨。每个发展阶段都具有其独特属性，这种特殊性能否适用于今后的发展不仅需要考虑政策因素，还要考虑经济发展本身的规律。尤其是在政策上出现多种举措并行，且看似并不协调的时候，更需要理解中央政府的意图与现实的发展趋势。农业农村问题是中国经济改革中无法忽视的一块，其未来如何发展将直接影响国家的战略布局。正如前文所言，农业社会化服务的发展在现阶段是作为国家应对农村劳动力非农转移的阶段性策略。政府既希望农村能够源源不断地向城市输送青壮年，尤其是低成本劳动力，以支撑中国经济的持续发展，但同时又必须竭力避免农村劳动力流失后出现的农地抛荒、农业生产效率下降等危害国家安全的情况出现。

　　显然，要使得农民离地不离农，就必须发展替代性要素，以使农民能以更低的成本经营农业。然而，问题的关键不在于农业社会化服务能在多大程度上实现农民增收，而在于能多大程度上缓和农民离农的速度。实际上，国家在进行农机补贴的时候，不仅仅是针对农机服务供给主体进行补贴，对于规模经营主体，尤其是种粮大户也在大力进行补贴与奖励。一方面是补贴服务供给者，另一方面又在补贴大农场自置农机，那么如果大农场占据了中国大部分的耕地，农机服务市场还有生存空间吗？我想其中的逻辑大家都能够明白。因此，问题的关键不在于农机服务为农户带来了什么，而在于什么时候农机服务可以退出中国农村要素市场的主要领域，这显然取决于新型农业经营主体的成长速度与城市化进程。

　　因此，在这样一个农村要素市场发生重要变革的时期，对于农机服务的研究不能仅仅局限于其对生产效率、要素配置的影响，更多的关注点应该放在政府行为，尤其是农机补贴发放结构的调整、小农户对农机服务的态度与使用方式、农机服务供给者的结构调整、农机服务供给的组织形式、农业经营纵向一体化进度等方面，以便对新阶段的农业经营格局演变有全新的认识。尤其是对于粮食主产区，其作为实施农业规模经营与农机服务发展的重要准自然实验，能够更为全面地展示中国农业经营模式的变革，而且这种变革也必将对国家粮食安全产生深刻影响。但对非粮食主产区，尤其是地块细碎、非粮化程度高的地区，农地规模经营的进度会相对更长，也更为困难，农机服务会长期存在，且难以形成规模优势。本地化、多中心的农机服务，尤其是兼业化服务会在这些地区更为普遍。换句话说，中国的农业在政府和市场的共同作用下，可能出现"返祖"与历史非简单地"重复"，即从自给自足，到社会化大分工，最后进入纵向一体化。

后　记

　　时光荏苒，这已经是笔者的第三本著作，个中辛酸与乐趣不足道哉。从《种粮的逻辑》到《中国农地流转市场转型逻辑》，是笔者从接受指导到独立著述、自建研究框架的转变。从《中国农地流转市场转型逻辑》到《中国农机服务发展研究》，则是研究视野的一次微调，总体变化不大。这三本书很大程度上是笔者微观逻辑分析能力的训练。但是，笔者又陷入了一种路径依赖，难以融入宏大叙事，也较难走出自己的舒适区。孔子在《十翼》中有言，太极生两仪，两仪生四象，四象生八卦。天地万物皆由阴阳互动衍生，无论"过阳"和"过阴"都难以长久。如果受自我认知限制，而拒绝做出调整，实际上就是将阳（即自我认知或笃信的东西）无限扩张，这是一件非常危险的事情。越沉迷于自我，相信的东西越绝对，实际上就背离了中华文化内涵的"中道"。笔者接受的教育是舶来的西式模式，也赞同西方思维在可处理性方面极具优势，但正是这样的教育，对中华传统文化造成了重大冲击，难以从辩证、万物互联和崇尚自然或自然规律的角度去看待世界发展，之于科学研究同样存在细分模式下的思维和眼界禁锢，从而背离"一生二，二生三"的本质。

　　进入一个新的、宏大的和充满挑战的（内卷的）领域，既是自我修正，也是重新塑造世界观和认识论。现如今，从政治经济学角度分析中国经济增长、文化传承、财政配置以及企业发展，甚至包括扶贫工作等，都是令笔者热衷且欢喜的分析。政治问题永远处于一个国家宏观设计的中心，谈论经济而枉顾政治因素往往容易南辕北辙。但又不能凡事都谈政治，否则会忽略经济发展的自然规律。殊不知，政治和经济的边界本来就是模糊的，世界上也并没有那么多边界清晰的事物。在面对自然规律的时候，西方人倾向于改造，中华传统文化则强调天人合一，崇尚自然。人与自然本难以分割，背离自然就背离了和谐，背离了不变的规律。

　　回过头来谈《中国农机服务发展研究》一书，首先，农机服务的暂时兴起是符合自然规律的。一般的经济学规律告诉我们，人都是追逐利润最大化的。如果不是，那一定是约束条件发生了改变。随着中国社会经济的快速发展，农村劳动力非农转移是符合自然规律的。在这种情况下，农民既想进城务工，又暂时无法退出农地经营，在农业劳动力不足的情形下就会产生对替代性生产要素的巨大需求。由此，传统理论认为农业难以卷入社会化分工的基本前提——分散化和规模性不足就得到了放宽，农机服务等外包服务因为大量农户的需求而获得了巨大的市场容量。而且，农机服务的好处在于，分工可计量特征高、监督成本低，这也是为何农机服务在粮食生产中更为普遍的原因。当然，对于经济作物的整地等环节，农机服务依然具有很高的使用率。换言之，农机服务兴起是社会经济快速发展的必然阶段性特征。

　　其次，农机服务发展是政治作用的结果，而且顺势而为的策略选择和配套机制在其中扮演了重要角色。试想，如果没有农机补贴和国家对农业社会化服务发展的强力支持，农机服务会如现在如此盛行吗？我想至少不会进度这么快。人是理性的动物，权衡购置农机的成本和预期收益就决定了，缺乏补贴时进入市场的供应主体数量必然相应减少。那么国家为什么要鼓励和支持农业社会化服务发展呢？从政治的角度来说，农业最大的功能是稳定而非带动国民经济增长。农业既提供了国民的生活必需品，又担负着几亿农民的生活保障。当这些农民因经济发展而脱离农业生产时，必须避免由此带来的农业生产效率下降，以稳定农产品供给，这也是国家推动农机服务发展的初衷和根本原因。所谓将小农户与现代农业有机结合不过是一个临时策略，目的是降低农业生产成本以稳定农业生产。所以，顺势而为，利用人力改造世界也需顺应自然规律，这是中央决策层的大智慧。

　　但是，看问题不能只看到"阳"的一面（即国家大力鼓励引导农业社会化服务发展），也需要看到"阴"的一面（即官方早已观测到"阳"不可持续，而采取了相应后招）。随着农民大量进城，以及老一代农民不久将退出历史舞台，农业的发展会对集约化、规模化形成强烈依赖。在这个过程中，土地会逐渐向新型农业经营主体集中。因此，在政府文件中，培育新型农业经营主体是与鼓励引导农业社会化服务发展同时开展的。很明显，农机服务的发展并不能保证离农的小农户会继续保持农业经营。此时，必须在供给替代性要素的同时搭建农地流转平台，以支持农民的多重需求。这也是为什么在农机服务发展的同时，本书也给出了其正在呈现的转型趋势，既包括组织转型，又包括交易转型。而且，这种趋势会越来越快。

　　当然，更令笔者欣喜若狂和佩服的是最近中央提出的提高农机质量战略。笔者曾在 2020 年撰写论文《Development of large farms' AMS and the productivity in agriculture：Evidence from wheat production in China》，试图说明在农地规模经营主体逐渐成为农机服务的主要供应主体时，农业生产率将面临阶段性下降趋势。其原因在于，农地规模经营主体与专业化服务组织相比存在资金不足等劣势，这会使得他们选择价格更便宜、工艺更差的小型机械，从而导致土地深耕不足和收割损耗，最终反映为农业生产率的下降。而且，在交易转型的影响下，拥有农机的规模经营主体存在持续扩大经营规模的倾向，这会进一步加剧低质量农机对农业生产率的抑制性。不曾想到，国家文件2021年就针对这一情况做出了明确指示，着实令人佩服。可以看到，农机服务的发展前景早已体现在国家政策文件之中，而且存在阴阳互动的局势。既要看到国家对发展农机服务的支持，也要看到农机服务必然走向没落的结局，以及国家的未雨绸缪。因此，跳出农经看农经，或许不失为一种好的策略，凡事总脱不了阴阳二字。

当然，在这里我要特别感谢我的博导，是他鼓励我跳出微观视野看问题，这是莫大的鼓舞。有时候人们会误以为老师偏好于学生从事自己所擅长的领域，并将其说成是传承，这从情感上来说是没有错的。但从博导的鼓励来说，笔者认为老师都是希望学生能够形成一个更宏大的视角，寻求自己喜欢且能够为之奋斗的东西。我一直相信，30～40岁是一个人成长的关键阶段，只有不断尝试，不断经历，才可能丰富自己的认知，拓展自己的视野，然后再专注于具体事物，方能兼具宏观视角和微观逻辑，不至于偏听则暗。

本书受到中国博士后科学基金项目"农地流转市场化与粮食生产率提升机制研究"的资助。当然，要特别感谢对本书完成过程中给予笔者无私帮助的罗必良教授、何勤英教授、Boris Choy教授、史新杰研究员等，没有你们的帮助，本书是不可能完成的。同时，要将最诚挚的感激之情给予我的父母和爱人，是他们的默默付出，才使得我有足够的时间去完成这项工作。